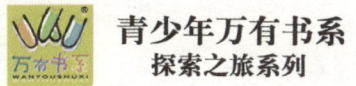
青少年万有书系
探索之旅系列

DAKAI AOMI ZHI MEN
打开奥秘之门

   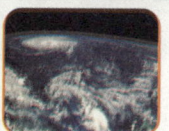

青少年万有书系编写组 编写

北方联合出版传媒（集团）股份有限公司
辽宁少年儿童出版社
沈阳

编委会名单（按姓氏笔画排序）

冯子龙　许科甲　胡运江
钟　阳　梁　严　谢竞远
薄文才

图书在版编目（CIP）数据

打开奥秘之门/青少年万有书系编写组编写.—沈阳：
辽宁少年儿童出版社，2014.1（2022.8 重印）
（青少年万有书系.探索之旅系列）
ISBN 978-7-5315-6029-6

Ⅰ.①打… Ⅱ.①青… Ⅲ.①科学知识—青年读物②科学知识—少年读物 Ⅳ.①Z228.2

中国版本图书馆 CIP 数据核字（2013）第 003931 号

出版发行：北方联合出版传媒（集团）股份有限公司
　　　　　辽宁少年儿童出版社
出 版 人：胡运江
地　　址：沈阳市和平区十一纬路25号
邮　　编：110003
发行部电话：024-23284265　23284261
总编室电话：024-23284269
E-mail：lnsecbs@163.com
http：//www.lnse.com
承　印　厂：三河市嵩川印刷有限公司

责任编辑：朱艳菊
责任校对：谭颜葳
封面设计：红十月工作室
版式设计：揽胜视觉
责任印制：吕国刚

幅面尺寸：170 mm×240 mm
印　　张：12　　字　数：330千字
出版时间：2014年1月第1版
印刷时间：2022年8月第4次印刷
标准书号：ISBN 978-7-5315-6029-6
定　　价：45.00元

版权所有　侵权必究

全案策划　唐码书业（北京）有限公司
WWW.TANGMARK.COM

图片提供　台湾故宫博物院　时代图片库　等
www.merck.com　www.netlibrary.com
digital.library.okstate.edu　www.lib.usf.edu　www.lib.ncsu.edu

版权声明

经多方努力，本书个别图片权利人至今无法取得联系。请相关权利人见书后及时与我们联系，以便按国家规定标准支付稿酬。

联系人：刘　颖　联系电话：010-82676767

ZONGXU 总 序

青少年最大的特点是多梦和好奇。多梦，让他们心怀天下，志存高远；好奇，让他们思维敏捷，触觉锐利。而今我们却不无忧虑地看到，低俗文化在消解着青少年纯美的梦想，应试教育正磨钝着青少年敏锐的思维。守护青少年的梦想，就是守护我们的未来。葆有青少年的好奇，就是葆有我们的事业。

正是基于这一认识，我社策划编写了《青少年万有书系》丛书，试图在这方面做一些有益的尝试。在策划编写过程中，我们从青少年的特点出发，力求突出趣味性、知识性、神秘性、前沿性、故事性，以最大限度调动青少年读者的好奇心、探索性和想象力。

考虑到青少年读者的不同兴趣，我们将丛书分为"发现之旅系列""探索之旅系列""优秀青少年课外知识速递系列""历史地理系列"等。

"发现之旅系列"包括《改变世界的发明与发现》《叹为观止的世界文明奇迹》《精彩绝伦的世界自然奇观》和《永无止境的科学探索》。读者可以通过阅读该系列内容探究世界的发明创造与奇迹奇观。比如神奇的纳米技术将如何改变世界？是否真的存在"时空隧道"？地球上那些瑰丽奇特的岩洞和峡谷是如何形成的？在该系列内容里，将会为读者一一解答。

"探索之旅系列"包括《揭秘恐龙世界》《走进动物王国》《打开奥秘之门》。它们将带你走进神奇的动物王国一探究竟。你将亲临恐龙世界，洞悉动物的奇趣习性，打开地球生命的奥秘之门。

"优秀青少年课外知识速递系列"涵盖自然环境、科学科技、人类社会、文化艺术四个方面的内容。此系列较翔实地列举了关于这四大领域里的种种发现和疑问。通过阅读此系列内容，广大青少年一定会获悉关于自然以及人类历史发展留下的各种谜团的真相。

"历史地理系列"则着重于为青少年朋友描绘气势恢宏的世界历史和地理画卷。其中《世界历史》分金卷和银卷，以重大历史事件为脉络，并附近千幅珍贵图片为广大青少年读者还原历史真颜。《世界国家地理》和《中国国家地理》图文并茂地让读者领略各地风情。该系列内容包含重大人类历史发展进程的介绍和自然人文风貌的丰富呈现，绝对是青少年读者朋友不可错过的知识给养。

现代社会学认为,未来社会需要的是更具想象力、更具创造力的人才。作为编者,我们衷心希望这套精心策划、用心编写的丛书能对青少年起到这样的作用。这套丛书的定位是青少年读者,但这并不是说它们仅属于青少年读者。我们也希望它成为青少年的父母以及其他读者群共同的读物,父女同读,母子共赏,收获知识,收获思想,收获情趣,也收获亲情和温馨。

谁的青春不迷茫?愿《青少年万有书系》能够为青少年在青春成长的路上指点迷津,带去智慧的火花,带来知识的宝藏。

Contents
目录 >>

DAKAI AOMI ZHI MEN

PART ① 奥秘宇宙篇 1

宇宙的起源 2
    大爆炸学说 2
    宇宙的年龄 2
    永不停止的宇宙运动 2

宇宙到底有多大? 3
    爱因斯坦的有限宇宙模型 3
    牛顿的"箱子宇宙" 3
    霍金的"几维"宇宙论 3

漂浮的宇宙岛——河外星系 4
    发现"宇宙岛" 4
    河外星系的起源 4
    河外星系的分类 4

奇异的银河系 5
    银河系的结构——赫歇耳的
    银河"飞碟"说 5
    沙普利的银河系模型 5
    银河系的旋臂结构 5

庞大的太阳系 6
    太阳系的起源 6
    太阳系的主宰——太阳 6

宇宙到底有多大? 7
    太阳系的八大行星 7
    太阳系的众多天体 7

太阳大气层的奇妙现象 8
    太阳黑子的出没 8
    美丽的日珥 8
    太阳耀斑的爆发 9
    太阳风与太阳风暴 9

无水的水星 10
    水星上为何无液态水? 10
    表面貌似月球 10
    水星凌日 10

行星之王——木星 11
    木星上的大红斑 11
    木星的"意外"光环 11
    木星的卫星 11

地球的兄弟——火星 12
    真实的火星概貌 12
    火红色的星球 12
    火星的两颗卫星 12
    大气尘暴现象 12
    火星上的生命探索 13

美丽的指环王——土星 ... 14
- 木星的孪生兄弟 ... 14
- 土星的运行周期 ... 14
- 土星的美丽光环 ... 15
- 奇特的土卫六 ... 15

启明星——金星 ... 16
- 地球的姐妹行星 ... 16
- 金星的年轻地貌 ... 16
- 在金星上看到的奇观 ... 16

颠倒的行星世界——天王星 ... 17
- 颠倒的行星世界 ... 17
- 天王星的结构和特征 ... 17
- 天王星的卫星 ... 17

神秘的蓝色海王星 ... 18
- 笔尖下发现的行星 ... 18
- 蓝色的海王星 ... 18
- 海王星的光环与黑斑 ... 18

行踪诡秘的冥王星 ... 19
- 偶然的发现 ... 19
- 与众不同的轨道 ... 19
- 被行星家族"开除" ... 19

了解月球的秘密 ... 20
- 月球的起源 ... 20
- 无水的月海和众多的环形山 ... 20
- 奇异的月球辉光 ... 21
- 千姿百态的月亮 ... 21

宇宙中的长发美女——彗星 ... 22
- 最早发现的哈雷彗星 ... 22
- 彗星的"尾巴" ... 22
- 彗星的轨道 ... 23
- 彗星的神奇爆发 ... 23

神奇的流星雨 ... 24
- 流星雨的发现与记载 ... 24
- 流星雨的命名 ... 24
- 壮观的流星暴 ... 24
- 著名星座流星雨 ... 24

"天外来客"——陨石 ... 25
- 陨石的故乡 ... 25
- 陨石的类别 ... 25
- 罕见的陨石冲击坑 ... 25
- 最大的单块石陨石 ... 25

吞噬一切的黑洞 ... 26
- 可怕黑洞的发现 ... 26
- 黑洞的"隐身术" ... 26
- 黑洞的强大引力 ... 26

PART 2
神秘地球篇 27

地球形成的奥秘 ... 28
- 彗星碰撞说 ... 28
- 宇宙星云说 ... 28
- 气体潮生说 ... 28

细算地球的年龄 ... 29
- 开尔芬的热传导计算 ... 29
- 海盐和沉积岩测算法 ... 29
- 放射性元素与地球年龄 ... 29

地球的复杂结构 ... 30
- 地球的外衣——大气圈 ... 30
- 生命的摇篮——水圈 ... 30
- 生命的领地——生物圈 ... 30
- 地球的皮肤——地壳 ... 31
- 地球的中间层——地幔 ... 31
- 地球的心脏——地核 ... 31

地球的"皱纹"——褶皱 ... 32
- 什么是褶皱？ ... 32
- 褶皱是怎样形成的？ ... 32
- 褶皱有哪些形态？ ... 32

大地的颤动——地震 ... 33
- 为什么会发生地震？ ... 33
- 地震强弱的差别 ... 33
- 地震多发地带 ... 33

火山在怒吼 ... 34
- 火山也休眠？ ... 34
- 奇异的火山形态 ... 34
- 火山喷发的"舞姿" ... 34

你所不知道的海水 ... 35
- 海水从何而来？ ... 35
- "五颜六色"的海水 ... 35
- 海水为什么是咸的？ ... 35

为什么会有潮涨潮落？ ... 36
- 什么是潮汐现象？ ... 36
- 谁操纵着潮涨潮落？ ... 36
- 潮汐能有何用途？ ... 36

瀑布的形成与消失 ... 37
- 瀑布奇观的形成 ... 37
- 瀑布的神奇消失 ... 37

沧海桑田如何变幻？ ... 38
- 渤海的"前世" ... 38
- 曾经沧海的新疆 ... 38
- 喜马拉雅山的变化 ... 38
- 沧海桑田的转化之因 ... 38

地球之肾——沼泽 ... 39
- 什么是沼泽？ ... 39
- 水体沼泽 ... 39
- 陆地沼泽 ... 39

美丽的雪域冰川 ... 40
- 冰川的形成 ... 40
- 冰川"漫步" ... 40

岩石也是有故事的 ... 41
- 岩石形成说的"水火之争" ... 41
- 最主要的岩类——沉积岩 ... 41
- 最原始的岩石——岩浆岩 ... 41
- 会"变身"的岩石——变质岩 ... 41

蒙面女郎——沙漠 ... 42
- 沙漠的形成 ... 42
- 宝贵的沙漠之水 ... 42
- 怪异的鸣沙现象 ... 42

奇特的溶洞 ... 43
- 别具情趣的溶洞风景 ... 43
- 世界上最大的溶洞 ... 43
- 中国溶洞之最 ... 43

瑰丽夺目的极光 ... 44
- 极光是如何形成的？ ... 44
- 极光的多彩身姿 ... 44

迷离的海市蜃楼 45
  梦幻美景——海市蜃楼 45
  为什么会出现海市蜃楼? 45
  海市蜃楼的两大特点 45
雾的出现和妙趣 46
  常在秋冬出现的雾 46
  雾的种类 46
彩虹的小秘密 47
  彩虹为什么常在雨后出现? 47
  彩虹真是七色的吗? 47
  美丽的双彩虹 47
不祥的"圣婴"——厄尔尼诺 48
  可怕的厄尔尼诺 48
  谁在助"圣婴"作恶? 48

PART 3 神奇地理篇 49

珠穆朗玛峰还能长高吗? 50
  珠峰的形成 50
  珠峰的高度变化 50
  世界上最高的风向标——
  珠峰旗云 50
撒哈拉有过"绿洲时代"吗? 51
  岩画引出的思考 51
  撒哈拉沙漠的形成 51
"死亡之海"——罗布泊 52
  昨日辉煌,今日萧瑟 52
  奇怪的"大耳朵" 52
  诡异的"死亡之海" 52

"魔鬼三角"百慕大 53
  航海者的神秘失踪 53
  飞机群的神秘失踪 53
  对百慕大的种种猜测 53
死海真的"不死"吗? 54
  死海中的生物 54
  淹不死的死海 54
  死海的神奇功效 54
  死海的"成长" 55
  死海正在慢慢"死亡"吗? 55
魔藻之海——马尾藻海 56
  唯一没有海岸的海 56
  壮观的海上"草原" 56
  魔鬼之海 56
  形成之谜 56
神秘莫测的间歇泉 57
  间歇泉为什么时停时喷? 57
  冰岛的"盖策泉" 57
  黄石公园的间歇泉 57
奇异的贝加尔湖 58
  贝加尔湖有多老多深? 58
  最大的淡水库 58
  淡水中的海豹 58
神秘的南极"无雪干谷" 59
  "无雪干谷"中的兽骨 59
  上冷下热的范达湖 59
雷神之水——尼亚加拉瀑布 60
  尼亚加拉瀑布的形成 60
  尼亚加拉瀑布的发现 61
  跨越两国的瀑布 61
  独特的冬日美景 61
人间地狱——死亡谷 62
  人间活地狱——美国死亡谷 62
  动物的墓场——那不勒斯死亡谷 ... 62

悬疑重重——克罗诺基山区死亡谷...62
吸擒生灵——印尼爪哇岛死亡谷...63
望而却步——昆仑山"地狱之门"...63

蒙着面纱的神农架 ... 64
神农架野人 ... 64
白色动物的乐园 ... 64
熊山的传说 ... 65
天然中草药王国 ... 65
神奇的冷暖洞 ... 65

地球最大的"伤疤"——东非大裂谷 ... 66
地壳断裂而成的陷落带 ... 66
大裂谷中的火山奇观 ... 66
东非大裂谷的未来命运 ... 66

"魔鬼城"奇观 ... 67
变化莫测的景观 ... 67
"城市建筑"的缩影 ... 67
谁造就了魔鬼城? ... 67

红色心脏——艾尔斯岩 ... 68
威廉巧遇艾尔斯岩 ... 68
神石的"家世" ... 68
一天中的颜色变化 ... 68
雨中的艾尔斯岩 ... 68

PART 4 动物世界篇 69

绝妙的动物语言 ... 70
声音语言 ... 70
气味语言 ... 70
运动语言 ... 71
色彩语言 ... 71
超声语言 ... 71

形形色色的防身术 ... 72
扑朔迷离的保护色 ... 72
惟妙惟肖的拟态术 ... 72
针锋相对的自卫术 ... 72
貌似强大的威慑术 ... 73
偃旗息鼓的装死术 ... 73
出其不意的"闪电战" ... 73

神奇的肢体再生 ... 74
陆地动物的肢体再生 ... 74
水生动物的肢体再生 ... 74
对动物肢体再生的研究 ... 74

尾巴的奇特功能 ... 75
捕获食物的工具 ... 75
控制方向的手段 ... 75
攻防自如的武器 ... 75
表达情感的"语言" ... 75

人类望尘莫及的特异功能 ... 76
闻味识主人——狗 ... 76
听音辨方位——猫头鹰 ... 76
远距离寻物——鹰 ... 76
潜水能手——海豹 ... 77
跳高冠军——沫蝉 ... 77
举重健将——蚂蚁 ... 77

动物如何谈情说爱? ... 78
用情不专的鸳鸯 ... 78
性情高洁的戴冕鹤 ... 78
深情款款的大象 ... 78
情调浪漫的鸵鸟 ... 78

动物的记忆力 ... 79
- 幼龟回家 ... 79
- 蜜蜂认路 ... 79
- 老马识途 ... 79
- 章鱼记事 ... 79
- 动物记忆从何而来 ... 79

动物界里的"数学家" ... 80
- "几何专家"——蜜蜂 ... 80
- "作图专家"——蜘蛛 ... 80
- "计算专家"——蚂蚁 ... 80
- "代数天才"——珊瑚虫 ... 80
- "排列绝才"——丹顶鹤 ... 80

动物"气象员" ... 81
- 昆虫气象员 ... 81
- 鸟类气象员 ... 81
- 水中气象员 ... 81
- "活晴雨表"——青蛙 ... 81

灭绝原因成谜的恐龙 ... 82
- 谁最先发现了恐龙化石 ... 82
- "恐龙"之名的由来 ... 82
- 多种多样的恐龙 ... 82
- 恐龙的灭绝之谜 ... 83

充满传奇色彩的"象的墓地" ... 84
- 轰动一时的象牙宝库 ... 84
- 真的有"象的墓地"吗? ... 84
- 罕见的"大象葬礼" ... 84

南极绅士——企鹅 ... 85
- "企鹅"之名的由来 ... 85
- 企鹅为什么不能飞? ... 85
- 抗冰雪、斗寒风的"勇士" ... 85

聪明的海豚 ... 86
- 比猴子还强的学习能力 ... 86
- 海豚的"游泳衣"——"水罩" ... 86
- 见义勇为的"海上救生员" ... 86

鲸鱼为何集体自杀? ... 87
- 鲸鱼自杀的现象 ... 87
- 鲸鱼自杀的6种说法 ... 87

蝴蝶的神秘迁飞 ... 88
- 壮观的蝴蝶迁飞景象 ... 88
- 蝴蝶迁飞的原因 ... 88
- 蝴蝶迁飞的能量来自何处? ... 89
- 蝴蝶迁飞时如何定向导航? ... 89

鸟类的飞行绝技 ... 90
- 鸟类飞行的起源 ... 90
- 鸟类如何飞行 ... 90
- 鸟类飞行的启示 ... 90

PART 5
植物王国篇 91

生存竞争下的自我保护 ... 92
- 留下种子 ... 92
- 落叶 ... 92
- 产生化学物质 ... 92
- 散发特殊气味 ... 92
- 长刺或长毛 ... 93
- 占据地盘 ... 93
- 争夺阳光 ... 93
- 改变生长规律 ... 93
- 善于伪装 ... 93

奇妙的植物运动 94
- 负向地性运动 94
- 向触性运动 94
- 感震运动 94
- 感温运动 94
- 感光运动 94

植物种子的旅行 95
- 靠动物传播 95
- 风中远行 95
- 水上漂流 95
- 弹射旅行 95

树木的年纪——年轮 96
- 年轮的形成 96
- 年轮的创造性运用 96
- 气候"播报员" 96
- 辨明方向的"指南针" 96
- 火山爆发的记录表 97
- 大气污染的资料储存库 97
- 酸雨的指示器 97

植物还能报时？ 98
- 凌晨3点开放的蛇麻花 98
- 相约黄昏的茉莉和烟草 98
- 晚上9点开放的昙花 98
- 轰动一时的"花时钟" 98

植物的"七情六欲" 99
- 冰雪聪明的植物 99
- 表达激动的情绪 99
- 爱听恭维话 99

植物也会欣赏音乐 100
- 爱听小提琴声的水稻 100
- 喜好《蓝色狂想曲》的大豆和玉米 100
- 植物普遍喜欢音乐 100

植物也会"出汗" 101
- "汗水"与露水的区别 101
- 吐水现象 101
- 会"哭泣"的树 101

会跑的植物 102
- "遇水而安的迁徙者"——卷柏 102
- "草原流浪汉"——风滚草 102
- "随遇而安"的步行仙人掌 102

会发光的植物 103
- 灯草 103
- 灯笼树 103
- 放光草地之谜 103

会"跳舞"的植物 104
- 出色的"舞蹈家"——跳舞草 104
- 随音乐起舞的"风流树" 104
- 植物为什么会"跳舞"呢？ 104

奇妙的食虫植物 105
- 茅膏菜 105
- 捕蝇草 105
- 猪笼草 105
- 植物为何要吃虫？ 105

恐怖的"吃人植物" 106
- "吃人植物"的传闻 106
- 真的有"吃人植物"吗？ 106
- 科学探究之路 107

拥有神奇功能的树 108
- 米树 108
- 糖树 108
- 储水树 108
- 牛奶树 108

会变色的花 109
　"魔术大师"木芙蓉 109
　一藤双花的金银花 109
　色彩缤纷的棉花 109
　开谢有别的杏花和菊花 109
　变色的"戏法" 109
时开时合的睡莲 110
　缤纷的色彩 110
　妩媚的姿态 110
　时开时合的缘由 110
生命力顽强的仙人掌 111
　仙人掌家族 111
　不可思议的耐渴本领 111
　夜间"氧吧"与吸尘"高手" 111
　带刺的美味 111
　仙人掌与墨西哥的"不解之缘" 111
"独木成林"的榕树 112
　榕树的分布与特性 112
　茂密的枝叶和庞大的根系 112
　树冠最大的树——孟加拉榕树 112

PART 6
人类生命篇　113

人类的起源 114
　关于人类起源的神话传说 114
　追寻人类起源 114
　人类的祖先是谁？ 114
胎儿在母体中如何生活？ 115
　灵敏的触觉 115

有趣的味觉 115
敏锐的听觉 115
敏感的视觉 115
人的性别是由什么决定的？ 116
　遗传基因的载体——染色体 116
　人体性别的密电码——性染色体 116
　人的性别由谁决定？ 116
人体器官的再生 117
　器官再生的秘诀 117
　人体有再生功能吗？ 117
　肝脏的再生功能 117
　人体再生还有多远？ 117
人体发音的奥秘 118
　人体发音的主要器官 118
　人是如何发音的呢？ 118
　青春期声音为何会发生变化？ 118
人为什么要打喷嚏呢？ 119
　打喷嚏的重要作用 119
　打喷嚏的多种原因 119
　为什么有人见太阳就打喷嚏？ 119
认识人类的皮肤 120
　皮肤有什么重要作用 120
　皮肤保证大脑发育 120
　皮肤的新陈代谢 120
　人类皮肤为何有颜色差异？ 121
　人类皮肤是"细菌乐园" 121
人类的血型 122
　谁第一个发现了血型？ 122
　人类血型有多少种？ 122
　人类血型是如何进行遗传的？ 122
神奇的人体生物钟 123
　什么是人体的生物钟？ 123
　生物钟的作用 123
　名人的生物钟 123

人类的奇妙梦境 124
- 梦在心理学上的解释 124
- 梦境会成真吗？ 124
- 梦的情景预言 124

人类记忆的奥妙 125
- 记忆如何产生？ 125
- 记忆跟什么有关？ 125
- 记忆可以移植吗？ 125

人体真的会自燃吗？ 126
- 奇异的自燃 126
- 人体为何自燃？ 126

奇妙的人体辉光 127
- 神秘有趣的辉光 127
- 说不清的原因 127

探寻人类寿命的极限 128
- 人类寿命年限的推算 128
- 世界五大长寿之乡 128
- 什么因素决定人类的寿命？ ... 129
- 突破人类寿命极限的研究 129

离奇的舍利子 130
- 舍利子究竟是什么？ 130
- 佛祖和高僧的舍利子 130
- 发光的舍利子 130

PART 7 奥妙科学篇　131

黄金分割的惊人发现 132

- 黄金分割率有何奇异之处？ ... 132
- 黄金分割的发现历史 132
- 黄金分割率的广泛应用 133
- 令人惊奇的人体黄金分割 133

奇妙的磁铁 134
- 磁铁为什么能吸铁？ 134
- 最早使用磁铁的人 134
- 磁铁在现代的广泛应用 134

纳米究竟是什么？ 135
- 什么是纳米？ 135
- 纳米技术是什么？ 135
- 法力无边的纳米半导体材料 ... 135
- 将给医学带来变革的纳米技术 ... 135

伦琴发现的X射线 136
- 伦琴是怎样发现X射线的？ ... 136
- 患者的福音——X射线的医学应用 ... 136
- X射线的危害与防治 136

富兰克林与避雷针 137
- 富兰克林的闪电实验 137
- 避雷针的发明 137
- 避雷针为何能避雷？ 137

激光的现代应用 138
- 激光的三大特性 138
- 激光用途的广泛性 138
- 神奇的激光全息摄影 138

飞速发展的电脑 139
- 电脑的发明 139
- 诱人的发展前景 139

数字地球时代即将来临 140
- 什么是数字地球？......140
- 数字地球的技术基础和"3S"技术..140
- 数字地球的神奇作用......140
- 数字地球带你遨游世界......141
- 信息时代的"数字化校园"......141

神奇的机器人 142
- 古代机器人......142
- 第一台现代机器人......142
- 现代机器人的分类......142
- 受欢迎的服务机器人......142
- 一机多用的地面军用机器人......143
- 神通广大的微型机器人......143
- 聪明能干的智能机器人......143
- 美好的发展前景......143

划时代的基因工程 144
- 什么是基因工程？......144
- 广阔的农业应用前景......144
- 保护环境，促进工业发展......144
- 造就更健康的生命......144

克隆技术的正反作用 145
- 什么是克隆？......145
- 震惊世界的克隆羊"多莉"......145
- 克隆技术的利弊......145

汽车的发明轨迹 146
- 世界上第一辆汽车......146
- 终于走向"封闭"的汽车......146
- "长鼻子"汽车短暂受宠......146
- 流线型汽车与"甲壳虫"......147
- 风格化、统一化格局形成......147
- 魅力独具的概念车......147
- 未来的汽车是什么样子？......147

海上巨无霸——航空母舰 148
- 航空母舰的诞生及特点......148
- 航空母舰的巨大威慑力......148
- 最大的航空母舰——"尼米兹"级航空母舰......148

遨游天际的人造卫星 149
- 能观测天气的"神人"——气象卫星..149
- 太空中的"国际信使"——通信卫星..149
- 无孔不入的"太空间谍"——侦察卫星......149

无法估量的核能威力 150
- 什么是核能？......150
- 应用核能发电......150
- 经济高效的核电站......150
- 崭新的核医学......150

PART 8
历史文化篇 151

迄今最早的人类文明——苏美尔文明 152
- 重见天日的苏美尔文明......152
- 最早的城市文明......152

人类已知的最古老文字——楔形文字..................153

最早的英雄史诗——《吉尔迦美什史诗》..................153

苏美尔文明的衰落..................153

奇诡难解的埃及金字塔之谜 154

紧密坚固的巨大建筑..................154

难以破解的数字巧合..................154

护卫死者的"咒语"..................155

尼罗河谷的"星象图"..................155

世界第八大奇迹——
秦始皇陵兵马俑 156

世界最大的地下皇陵——秦始皇陵..156

秦始皇陵的三个兵马俑坑..................156

兵马俑坑布局的奥秘..................156

高超的艺术水平..................157

楼兰古城的神秘消失 158

邂逅古城遗迹..................158

显赫一时的丝路古城..................158

神秘消失的古代商城..................158

埃及艳后的猝死 159

历史上的"埃及艳后"..................159

克里奥帕特拉的猝死..................159

对自杀之说的质疑..................159

武则天留下的无字碑 160

壮观的无字碑..................160

关于无字碑的两种说法..................160

庞大的吴哥窟建筑群 161

高棉古典建筑艺术的杰作..................161

梦幻般的浮雕回廊..................161

吴哥窟的离奇荒弃..................161

印度尼西亚的婆罗浮屠 162

石头上的画卷..................162

奇妙的数字组合..................162

建筑与设计之谜..................162

"迷宫"克诺索斯 163

传说中的迷宫..................163

名不虚传的迷宫..................163

炫目的壁画艺术..................163

爱情的见证——泰姬陵 164

"永恒面颊上的一滴眼泪"..................164

完美的独特建筑..................164

世界上最美丽的陵墓..................164

拿破仑的至爱——
枫丹白露宫 165

富丽气派的行宫府邸..................165

拿破仑的辉煌见证..................165

神秘的玛雅文明 166

丛林中的巨石遗迹..................166

戛然而止的文明音韵..................166

气度非凡的金字塔..................166

令人惊叹的数学体系..................167

超越时代的天文历法..................167

秘鲁纳斯卡地画的奥妙 168

纳斯卡地画的发现..................168

神秘的纳斯卡地画……………………168	庞贝古城的毁灭 ▶▬▬▬ 173
谁是巨画的主人？…………………169	
探寻地画制作的奥秘………………169	
纳斯卡地画是供水系统图吗？……169	

中美洲最古老的文明——
奥尔梅克文明 ▶▬▬▬ 170
　　古老文明神秘现身…………………170
　　3000多年前的文明火花……………170
　　玄妙的巨石头像……………………170

	一锄掘出千古奇观……………………173
	令人惊叹的古城遗迹…………………173
	比罗马大剧场还古老的角斗场………173
	千年古城一夜消失……………………173

美洲的"黄泉大道" ▶▬▬▬ 171
　　黄泉大道与蝴蝶宫…………………171
　　举世闻名的金字塔…………………171
　　神秘的黄泉大道与星象……………171

斜而不倒的比萨斜塔 ▶▬▬▬ 174
　　两次暂停的建造历史………………174
　　独特的建筑风格……………………174
　　不断倾斜的原因……………………175
　　斜而不倒的建筑奇迹………………175

印加文化的摇篮——库斯科城 ▶▬▬▬ 172
　　离太阳最近的城市…………………172
　　印加文化的摇篮……………………172
　　巍然屹立的古堡……………………172

Part 1
奥秘宇宙篇

| 世界之最 | 恒星死亡前喷发出的气体形成的飞镖星云,是迄今所知宇宙中最冷的地方,那里的温度低于零下270摄氏度。 |

▶ 大爆炸学说
▶ 宇宙的年龄
▶ 永不停止的宇宙运动

宇宙的起源

关于宇宙的起源,民间有着很多美丽的传说:盘古开天、女娲补天、上帝造万物……但这些毕竟只是神话故事,并没有从科学的角度来研究和探索这一问题。随着科学技术的不断进步,对于宇宙的起源、宇宙的年龄、宇宙的运动等问题,科学家给出了新的答案。

■ 大爆炸学说

在现代宇宙学所有关于宇宙起源的学说中,大爆炸学说是最具影响力的一种。天文学家勒梅特认为,现在的宇宙是由一个"原始原子"爆炸形成的。美国天文学家伽莫夫在此观点的基础上,于1948年正式提出了大爆炸学说。

大爆炸学说认为,宇宙是由大约150亿年前发生的一次大爆炸形成的。在爆炸发生之前,宇宙内的物质和能量不断积聚并逐渐浓缩,当达到一定的温度和密度时就发生了大爆炸。大爆炸使物质四散而去,宇宙空间开始不断膨胀,温度也相应下降。后来,相继出现了星系、恒星、行星乃至生命,它们都是在这种膨胀冷却的过程中逐渐形成的。

宇宙大爆炸(想象图)

这是人们对宇宙大爆炸的想象图,宇宙大爆炸学说能够解释较多的观测事实,所以被绝大多数天文学家所接受。

■ 宇宙的年龄

浩瀚的宇宙

天文学中的"宇宙"指人类目前所能观测到的最大的天体系统。浩瀚的宇宙中有很多五颜六色、千姿百态的天体。

宇宙的年龄是指宇宙从某个特定时刻到现在的时间间隔。根据大爆炸理论,宇宙开始膨胀的时刻就是宇宙纪年的开始。按照哈勃定律,将星系的距离除以各自的速度,可估算出那一刻距今的时间约为200亿年。这段时间对所有星系来说是相同的,因为宇宙的开端就在200亿年前。按照这一推论结果,宇宙中一切天体的年龄都不应超过200亿年。

根据热核反应提供恒星能源的理论,人们估计最老恒星的年龄为100亿至150亿年。采用卢瑟福利用物质中放射性同位素含量测定其形成年代的方法,人们测定了地球上最古老的岩石、宇航员从月球上带回的岩石以及一些陨石样本,发现它们的年龄均不超过47亿年。两种方法得出的天体年龄竟与"宇宙的年龄范围"惊人的一致,这又增强了大爆炸理论的可信度。

■ 永不停止的宇宙运动

宇宙自诞生的那一刻起,无时无刻不在运动变化。如大爆炸理论所说,宇宙是不断膨胀的,它的运动是绝对的。我们生活在地球上,

- 爱因斯坦的有限宇宙模型
- 牛顿的"箱子宇宙"
- 霍金的"几维"宇宙论

世界之最 距离地球最近的星团是毕星团,它属于疏散星团,距离地球仅143光年。

奥秘宇宙篇

宇宙到底有多大?

人造卫星
浩瀚奇妙的宇宙,一直吸引着人们去不懈地探索。自1957年人类首次成功发射人造卫星以来,已有20多个国家和国际组织发射了人造卫星。

时时刻刻都在做宇宙旅行,每天的日出日落就是最好的证明。可以说,宇宙中几乎没有不运动的星体。

宇宙是广漠的空间和其中存在的各种天体以及弥漫物质的总称,星团、星系、星云、恒星、行星、卫星、彗星和无数的小行星、难以计数的流星等等都包含在宇宙之中。可以说,广袤无垠的宇宙包含了万事万物。

那么,宇宙究竟有多大呢?

■ 爱因斯坦的有限宇宙模型

爱因斯坦在1917年提出了有限宇宙模型,他认为应该把宇宙看成一个在空间尺度方面有限闭合的连续区,宇宙物质均匀分布,在数学上表现为一个"无界而有限、有限而闭合"的四维连续体,即宇宙是封闭的"宇宙球"。

根据爱因斯坦的观点,宇宙中任意一点上发出的光线,都会沿着时空曲面在100亿年后返回出发点。这种学说给人们带来了很多疑问:时空曲率是正是负,还是零?

美国一位科学家在观察宇宙光时,确实看到了呈光圈状的星系发出的光线,这使爱因斯坦的"宇宙球"理论的可信度大大提高。

■ 牛顿的"箱子宇宙"

牛顿认为,宇宙犹如一个没有边际的大箱子,无数的恒星就分布在这个既没有边际又空虚的大箱子里,是万有引力吸引着它们在这个空间中存在。牛顿的这一观点引出了有名的"光度怪论":如果宇宙真的是无限的,恒星又如此均匀地分布着,那么夜晚的天空将会变得无比明亮。

■ 霍金的"几维"宇宙论

英国物理学家斯蒂芬·霍金的观点比较容易让人接受,他认为宇宙是有限而无界的,只是比地球多了几维。用地球来举例,在地球上,无论从南极走到北极,还是从北极走到南极,我们始终都找不到边界,因为地球是有限而无界的。地球如此,宇宙也是如此。

至于宇宙比地球多的那几维,举例来说,一个在地面上滚动的小球掉进了一个小洞中,我们认为小球在洞里面,它是存在的,而对于一个意识里只有"二维"世界的动物来说,它会认为小球已经不存在了。之所以有这样的结论,主要是因为这些动物对"三维"世界没有清楚的认识。同样的道理,人类生活在"三维"世界里,要想更多地认识多维的宇宙的大小,还需要做更多的研究和探索。

爱因斯坦
阿尔伯特·爱因斯坦(1879~1955年),举世闻名的德裔美国科学家,现代物理学的开创者和奠基人。他以创立相对论闻名,而其提出的"宇宙球"理论也有相当深远的影响。

| 世界之最 | 星系团"壁垒"是宇宙中最大的星系，至少长5亿光年，宽2亿光年，厚1500万光年。 | ▶ 发现"宇宙岛"
▶ 河外星系的起源
▶ 河外星系的分类 |

漂浮的宇宙岛——河外星系

河外星系简称"星系"，是位于银河系之外的天体系统。目前已发现大约10亿个河外星系，据估计，河外星系的总数可能在千亿以上。它们如同辽阔海洋中星罗棋布的岛屿，因此被称为"宇宙岛"。

■ 发现"宇宙岛"

在天文学还不是很发达的时候，人们观测到星空中有一些云雾状天体，但不能确定这些"星云"是否属于银河系。1924年，美国天文学家哈勃准确推算出了仙女座大星云与地球之间的距离，结果证实，它远在银河系之外，它所在的星系是和地球所在的银河系类似的恒星系统。

■ 河外星系的起源

1755年，德国哲学家康德提出的"宇宙中有无限多星系"观点，被认为是宇宙岛假说的渊源。

关于星系起源的理论，最有代表性的是宇宙湍流假说和引力不稳定性假说。宇宙湍流假说认为，宇宙在膨胀时形成旋涡，这些旋涡可以阻止宇宙膨胀，并在旋涡处形成原星系。引力不稳定性假说认为，在30亿年间，星系团物质由于引力的不稳定而形成原星系，并进一步形成星系或恒星。二者都认为星系形成已有100亿年。

■ 河外星系的分类

星系可根据不同形态分为四大类：椭圆星系、旋涡星系、不规则星系和特殊星系。

椭圆星系外形呈圆形或椭圆形，中心亮，

椭圆星系

同一类型的河外星系质量差别很大，有巨型和矮型之分，其中椭圆星系的质量差别最大。根据哈勃的分类，椭圆星系按其椭率大小可分为E0、E1、E2、E3……E7八个次型，E0是圆星系，E7是最扁的椭圆星系。

边缘渐暗。旋涡星系的外形呈旋涡结构，有明显的核心，核心呈透镜形。不规则星系的外形没有明显的核心和旋臂，看不出旋转的对称结构，呈不规则的形状。

除上述三大类别以外，还有特殊星系，它们的特点是星系核有明显的活动。

旋涡星系

这是大熊星座里美丽的大旋涡星系M81，它是地球上能看到的最明亮的星系之一。

- 银河系的结构——赫歇耳的银河"飞碟"说
- 沙普利的银河系模型
- 银河系的旋臂结构

世界之最 距离地球约2400亿光年、暂名为A1689-zD1的星系是距离地球最远的星系。

奥秘宇宙篇

奇异的银河系

银河之光

银河系在每年的6至9月期间都会特别亮，因为这一时期地球的夜半球会转向银河系物质密集的中心。

月朗星稀的夏夜，仰望星空，你会看到天幕上有一条由无数星星组成的银色亮带，那就是人们常说的"银河"。银河系是一个非常庞大的天体系统，总质量相当于1400亿个太阳质量的总和，包括1000多亿颗恒星以及各种各样的星云、星际气体等。

■ 银河系的结构——赫歇耳的银河"飞碟"说

17世纪，伽利略最先用望远镜观察银河，发现这是一个恒星密集的区域。

18世纪，英国天文学家赫歇耳，用自己磨制的反射望远镜，在前人观察研究的基础上，研究了若干天区内的恒星。1785年，他绘制了一幅轮廓参差、太阳居中的银河系结构图。经过多次观察，他认为银河系比他最初估计的大得多，银河系中心的恒星很多，离中心渐远，恒星的数量也不断减少，但是看不到边缘。

赫歇耳的观测表明，银河系的确是一个庞大的天体系统，由很多恒星构成，整个形状像一个巨大的飞碟。

■ 沙普利的银河系模型

美国天文学家哈洛·沙普利也探寻了银河系的大小和形状。他利用威尔逊天文台的胡克望远镜，对球状星团进行了探寻。

沙普利在假设没有明显星际消光的前提下，于1918年建立了银河系透镜形模型，显示出银河系恒星和球状星团对称分布的形态。在此模型中，太阳并不处于银河系的中心，而是在偏离银河系中心的地方。由球状星团组成的天体才是银河系的中心，此中心距离太阳将近3万光年，在人马座方向。

大约50年后，沙普利的银河系模型得到大量观测的印证，正式被天文界所公认。

■ 银河系的旋臂结构

20世纪30年代，人们发现银河系整体形状像一个薄薄的圆盘，是一个巨型旋涡星系。它的中心部分叫作"银核"，外层叫作"银晕"。

在旋涡星系中，由亮星云、年轻亮星和其他天体构成的从里向外旋转的"带子"，叫作"旋臂"。目前，已经发现有4条螺旋状的旋臂从银河系中心延伸出来，其中的3条分别是靠近银核方向的人马座主旋臂、猎户座旋臂和英仙座旋臂。太阳就位于猎户座旋臂上。20世纪70年代，人们又发现了第四条旋臂，它跨越狐狸座和天鹅座。

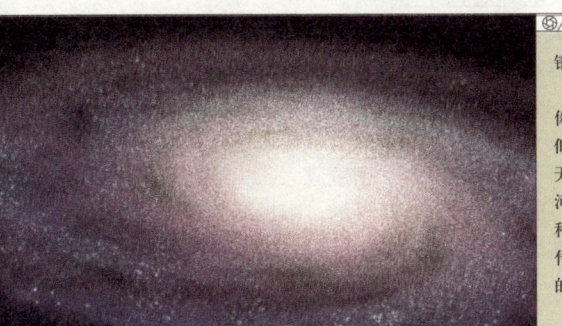

银河

抬头仰望晴朗的夏夜时，你常常能看到一条淡淡的纱巾似的光带跨越整个星空，好像天空中的一条大河，那就是银河。在古代，人们对银河有着种种猜测，我国民间至今还流传着牛郎织女每年七夕在银河的鹊桥相会的故事。

| 世界之最 | 1801年，意大利天文学家皮亚齐发现了谷神星，它是人类最早发现的小行星，直径约933千米。 | ▶ 太阳系的起源
▶ 太阳系的主宰——太阳 |

庞大的太阳系

太阳系由太阳、八大行星、至少66颗卫星、约100万颗小行星、无数的彗星、流星和行星际物质组成。其中各个天体主要由氢、氦等气体、冰以及含有铁、硅等元素的岩石构成，它们的总表面面积约为17亿平方千米。

■ 太阳系的起源

太阳系的起源包含两个基本问题：太阳系中的行星物质从何而来和行星是怎样形成的。由此，产生了各种各样的学说。

星云说在19世纪的太阳系起源说中占据了统治地位。但是，该学说不能解释行星排列的质量分布等问题，导致灾变说一度盛行。

灾变说的代表人物是英国天文学家金斯。他认为太阳是最先形成的，行星是在某种重大突发事件中从太阳中分离出来的。后来有人提出，形成行星的气体流是从掠过太阳的太空天体中抛射出来的。但天文学家计算后认为，气体中的物质在空间弥散开后，不会产生凝聚现象。所以，灾变说很快就被否定了。

1944年，苏联地球物理学家施米特提出了俘获说，认为太阳从邻近空间或银河系中俘获物质，形成原行星云，最后形成了行星系。

近年来，随着现代天体物理学的发展，现代星云说又逐渐占据了主导地位。现代星云说的主要观点是：太阳系原始星云是巨大的星际云瓦解成的一个小星云，一开始就在自转，并在自身引力作用下收缩，中心部分形成太阳，外部演化成星云盘，星云盘后来形成行星及其卫星等天体。

小行星
小行星是太阳系内和行星一样环绕太阳运动，但体积和质量比行星小得多的天体。

■ 太阳系的主宰——太阳

太阳处于整个太阳系的中心，是太阳系里唯一自己发光发热的气体星球。它没有固体的星体或核心，不会像地球那样整体自转。

太阳的直径为139.2万千米，是地球的109倍；体积为141亿立方千米，是地球的130万倍；质量近2000亿吨，是地球的33万倍，是太阳系所有行星质量总和的745倍，集中了太阳系99.8%的质量。因此可以毫无疑问地说，太阳是太阳系至高无上的主宰。

太阳从中心到边缘，依次可分为核反应区、辐射区、对流区和大气层。太阳的平均密度为1.4克/立方厘米，比水大一些。太阳里外的密度是不一样的，它的外壳气体密度很小，越往里面，物质越稠密，密度越大。太阳核心的密度可能为160克/立方厘米，比钢铁的密度还大将近20倍。

太阳
太阳是银河系中一颗普通的恒星，目前已经度过了主序生涯的一半左右。

- 太阳系的八大行星
- 太阳系的众多天体

世界之最 美国天文学家于2004年发现的金牛座内行星，是目前已知最年轻的行星，大约诞生在100万年前。

奥秘宇宙篇

宇宙到底有多大？

太阳现在的年龄约为50亿年。它凭借其强大的引力，紧紧地将太阳系中所有的天体都控制住，使太阳系家族的成员们井然有序地围绕着自己旋转，形成一个非常庞大且紧密联系的天体系统。

■ 太阳系的八大行星

到目前为止，在太阳系共发现了八颗大行星。这些行星按由近到远的距离排列，依次是：水星、金星、地球、火星、木星、土星、天王星、海王星。

八大行星按照性质、大小、化学组成以及和太阳之间的距离等标准，大致可以分为三种类型。水星、金星、地球和火星因有着坚硬石质外壳，被称为"类地行星"，木星和土星被称为"巨行星"，天王星、海王星被称为"远日行星"。

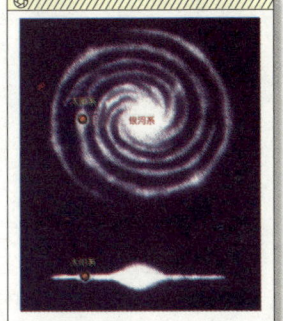

太阳系的位置
太阳系位于银河系边缘，银河系第三旋臂——猎户座旋臂上，是由太阳以及在其引力作用下围绕它运转的天体构成的天体系统。

类地行星的构成以石质和铁质为主，半径和质量比较小，但密度大。巨行星和远日行星的内部组成主要是氢、氦、冰、甲烷和氨等，石质和铁质所占的比例非常小，体积都非常大，质量和半径远远比地球大，但密度比较小。

这些行星日夜围绕太阳旋转，其运动轨道具有一些共同的特征：在运动方向上，除了金星以外，其余七大行星的公转方向、自转方向和卫星绕行的公转方向，都跟太阳自转的方向相同，即自西向东，这是太阳系行星运转的同向性；八大行星的轨道面，几乎与黄道面相重合，这是它们的共面性；在运行轨道的形状上，除了水星的轨道较扁外，其余七大行星的轨道都近似于圆形，这是它们的近圆性。

■ 太阳系的众多天体

除了太阳和八大行星之外，太阳系还有许多天体，包括行星的卫星、行星环、小行星、彗星、柯伊伯带天体、外海王星天体、理论中的奥尔特云、行星间的尘埃、气体和粒子等行星际物质。

在火星和木星的轨道间横亘着一条小行星带，存在着数十万颗大小不等、形态各异的小行星。小行星和行星一样，都诞生自太阳星云，但它们的体积过于微小。

太阳系中的彗星现已发现1600多颗，彗星围绕太阳所做的运动呈奇特的形状变化。大部分彗星都是朝同一方向绕太阳公转，但也有逆向公转的。

太阳系中还有很多数不清的大小流星体，有些流星体是成群的，是彗星瓦解的产物。大流星体会降落到地面成为陨石，这些从天而降的"星星"正是整个太阳系赐予我们的礼物。

创造之柱
这团被称为"创造之柱"的鹰状星云是恒星的摇篮。有科学家认为，太阳可能诞生在与其类似的环境里。

世界之最 位于半人马座的比邻星是离太阳最近的一颗恒星，它距离太阳只有4.22光年，约为399233亿千米。

▶ 太阳黑子的出没
▶ 美丽的日珥

太阳大气层的奇妙现象

仰望天空，最引人注目的就是给人类带来光明和温暖的太阳。从古至今，人类对太阳一直充满了崇拜之情。实际上，太阳是唯一能被我们观测到表面细节的恒星。虽然就总体而言，太阳是一个稳定、平衡、发光的气体球，但它的大气层却始终处于局部的剧烈运动之中，这与太阳及太阳周围空间的磁场密切相关。

■ 太阳黑子的出没

在太阳的光球层上，有一些旋涡状的气流，像一个浅盘，中间下凹，看起来是黑色的，这就是太阳黑子。太阳黑子是太阳活动最明显的标志之一。之所以叫它"黑子"，是因为它的温度大约为4500开尔文，比太阳表面正常温度要低1000至2000摄氏度，看起来显得较黑。

太阳黑子活动有一定的周期性，这个周期平均为11年。在前4年左右的时间里，黑子不断产生，越来越多，活动加剧，黑子数达到极大的那一年，称为"太阳活动峰年"；在随后7年左右的时间里，黑子越来越少，活动逐渐减弱，黑子数极小的那一年，

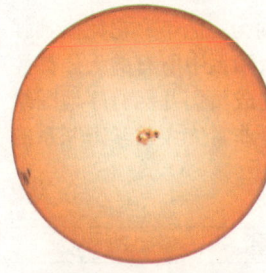

太阳黑子
图中的黑色物体即为太阳黑子，其周围的斑驳特征反映了太阳表面激烈的对流活动。

称为"太阳活动谷年"。国际规定，从1755年起算的黑子周期为第一周，从后顺序排列，2008年后太阳活动将进入第二十四周。

太阳黑子的突出特点是具有强大的磁场，范围从小太阳黑子的500高斯到大太阳黑子的4000高斯不等。太阳黑子的爆发，不仅会干扰地球磁场，给航天、通信、电网带来危害，还会使气温、气压和大气环流发生变化，形成恶劣的天气，而且会影响人体的生物电，对人的身体健康和情绪造成一定伤害。

■ 美丽的日珥

日珥是发生在太阳色球层的一种太阳活动现象，一般突出在日面边缘的外面。当日珥出现时，太阳大气层的色球犹如燃烧着的草原，舌状气体呈玫瑰红色，如烈火升腾，千姿百态，有的似拱桥，有的如浮云，有的像喷泉，而整体看起来又恰似贴附在太阳边缘的耳环，"日珥"的名称也是因此而来的。

日珥的亮度要比太阳光球层暗很多，因此只有在日全食时才能直接看到。日珥的温度非常高，可达5000至8000开尔文。大部分日珥物质升到一定高度后，会慢慢降落到日面上，但也有一些漂浮在日冕的低层，既不瓦解，也不降落。虽然日珥物质的密度比日冕高1000至10000倍，但两者却能共存几个月。

日珥
日全食时，可见到太阳的周围镶着红色的环圈，上面跳动着鲜红的火舌，这种火舌状物体就是日珥。

- 太阳耀斑的爆发
- 太阳风与太阳风暴

世界之最 名为"OGLE-TR-122b"的恒星是目前所知的最小的恒星，仅仅比木星大16%。

奥秘宇宙篇

■ 太阳耀斑的爆发

太阳耀斑是黑子形成前产生的灼热氢云，它与日珥有共生现象。"来得快，消失得也快"是耀斑的主要特点。耀斑一般只持续几分钟到几十分钟，极少数能持续几个小时。但在出现的短时间内，耀斑释放出的能量，却相当于地球上数百万次强火山爆发的能量总和。

大的黑子群上面，很容易出现耀斑。小的耀斑伴随着太阳黑子的出现经常能看到，但特大耀斑却只出现在太阳活动峰年。

耀斑对地球环境也有很大影响。耀斑爆发时，大量的高能粒子到达地球轨道附近，会危及宇宙飞行器内的宇航员和仪器的安全。当耀斑辐射来到地球附近时，会使无线电通信受到干扰甚至中断。耀斑发射的高能带电粒子流与地球高层大气作用，可产生极光，它能够干扰地球磁场而引起磁暴。

跃时期喷射出的粒子流，与太阳抛射物质或爆发现象有关，被称为"扰动太阳风"。

使彗星产生尾巴的正是太阳风。彗星在靠

日全食中的"钻石环"

日全食即将结束前的情景——第一束阳光穿过月盘边缘的山谷时，产生了一个闪亮的"钻石环"。

■ 太阳风与太阳风暴

太阳风是太阳上以每秒200至800千米的速度运动的带电粒子流。它从太阳大气最外层的日冕洞中，向空间持续抛射粒子流。这种粒子流的主要成分是氢粒子和氦粒子。

太阳风分为两种，一种射流速度比较小，微粒含量也不大，被称为"持续太阳风"；另一种是在太阳活

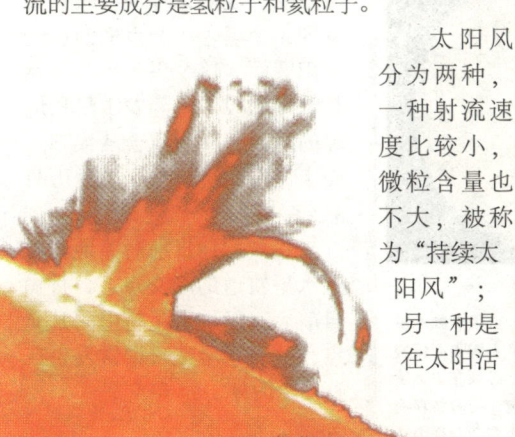

近太阳时，星体周围的尘埃和气体就会被太阳风吹向一侧，形成"尾巴"。

如果一段时间内太阳风异常强大，就会形成太阳风暴。太阳风暴是太阳因能量增加而使得自身活动加强，从而向广袤的宇宙空间释放出的大量带电粒子流所形成的高速粒子流。

太阳风的粒子流到达地球的电离层时，会对地球的通信等造成影响，致使全球的卫星通信产生障碍，甚至中断。飞机如果失去了地面导航，就犹如瞎了眼睛的人一般；而人造卫星若失去了地面通信，则可能迷失方向，甚至会脱离地球轨道。这些，都是太阳风暴可能引起的灾难。

太阳耀斑

太阳耀斑是一种最剧烈的太阳活动。其主要观测特征是，日面上突然出现迅速发展的闪耀亮斑，其寿命仅在几分钟到几十分钟之间，亮度上升迅速、下降较慢。

| 世界之最 | 水星是太阳系运转速度最快的行星，其公转周期仅为88个地球日，平均速度为每秒48千米。 |

- 水星上为何无液态水？
- 表面貌似月球
- 水星凌日

无水的水星

在古罗马神话中，水星是商业、运输和防盗之神。古希腊人把水星称为"Hermes"，就是"商业之神"的意思。

水星是最靠近太阳的行星，它的直径为4878千米，体积仅是地球的5.62%，18颗水星合起来才抵得上一个地球。

■ 水星上为何无液态水？

水星是我们的祖先根据"五行"命名的，这个名字并不代表水星上就有水。其实，水星上是没有液态水的。这是因为：

首先，水星在行星中距离太阳最近，受到太阳强大的引力作用，围绕太阳旋转很快。水星自转使得水星总是保持相同的一面朝着太阳，另一面背着太阳，没有昼夜之分。向着太阳的一面，温度高达400摄氏度以上，就算有水也化成了蒸汽；而背着太阳的一面，温度则非常低，也不可能有液态水。

其次，水星是太阳系中最小的行星，本身的引力很小，很难吸引住周围的大气，因此也就无法留住任何液态水了。

但水星上却可能存在固态的水。1991年，科学家在水星北极地区观测到一个亮斑。据推测，这个亮斑可能是贮存在水星表面或地下的冰反射了太阳光而形成的。

■ 表面貌似月球

1973年11月3日，美国发射了"水手10号"宇宙飞船，对水星进行了飞近探测。"水手10号"在与水星三次相会的过程中，向地面发回了5000多张照片。最后一次，"水手10号"距离水星表面仅372千米，拍摄了非常清晰的水星电视图像，天文学家惊奇地发现，水星表面和月球表面极为相似。

> **水星表面**
> 水星地表是灰色的，与月球表面相似，它的表面有许许多多陨石撞击后留下的环形山和一些裂缝。

水星上面有很多由于陨石撞击而形成的大大小小的环形山，另外还有高山、平原、辐射纹、裂谷、盆地等。据统计，水星上有上千座环形山，这些环形山的坡度比月球环形山的坡度要平缓一些。

■ 水星凌日

当水星和地球的轨道处于同一个平面上，太阳、水星和地球又恰好排成一条直线时，就会发生水星凌日现象。观测这种现象时，会发现一个黑色小圆点横向穿过太阳圆面，这个黑色小圆点就是水星的投影。随着水星和地球的运动，小黑点会从太阳圆面上慢慢飘过，整个过程历时5个多小时。

每年5月8日前后，地球经过水星轨道的降交点。11月10日前后，经过水星轨道的升交点，所以水星凌日通常发生在这两个时期。

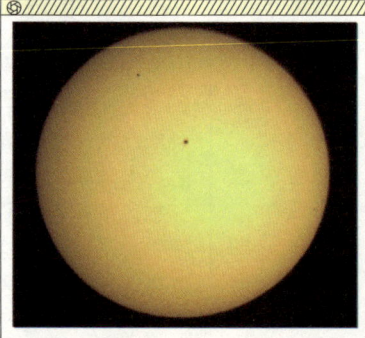

水星凌日

水星凌日现象发生时，可以看到水星的投影像一个小黑点一样从太阳表面慢慢飘过。想要观看水星凌日，必须在望远镜上安装防太阳辐射的滤光镜，或者将观测图像传至显示屏上观看，否则会对视力造成严重伤害。

- 木星上的大红斑
- 木星的"意外"光环
- 木星的卫星

世界之最 木星自转一周需9小时50分,是八大行星中自转速度最快的。

奥秘宇宙篇

行星之王——木星

木星大气层(模拟图)

从图中可以看出,木星上的大气运动十分剧烈,并可能由此产生频繁的电闪雷鸣,这使木星的"脾气"显得格外暴躁。

木星的光环由亮环、暗环和晕三部分组成。亮环在暗环之外,晕是一层极薄的尘云,把亮环和暗环包围了起来。木星环宽9000多千米,厚度只有几千米,距离木星中心大约128000千米,以7小时一周的速度围绕木星旋转。

■ 木星的卫星

木星是太阳系中卫星最多的一颗行星。目前人类已经发现的木星卫星超过60颗,它们如一串珍珠围绕着木星旋转,与木星共同组成木星系。

木星是八大行星中最大的一颗,可称得上"行星之王"。它的直径约142800千米,体积是地球的1316倍,质量是地球的318倍。

■ 木星上的大红斑

木星最显著的特征之一就是它表面的大红斑。这块大红斑东西方向最长时可达到40000千米,南北宽度常保持在14000千米,大到足以圈下3个地球。它位于木星南半球20度的区域,呈椭圆形,看起来很像木星的"眼睛"。

有人认为,大红斑是木星表面的一个大熔岩湖,岩浆在湖中上下翻腾。也有人认为,它可能是冰凉的氨凝结物,稳稳地在木星的大气层中漂浮。目前,科学家普遍认为,它是木星上层大气中一次持久的风暴,是一团激烈上升的气流,由于这些气流物质中含有大量的红磷化物,所以呈红色。

■ 木星的"意外"光环

木星同土星一样也有一个光环,但木星的光环比较暗淡,肉眼很难看见。

1610年1月,伽利略发现了木星最亮的4颗卫星,因此它们被命名为"伽利略卫星"。它们环绕在离木星40万千米至190万千米的轨道带上,由内而外依次是伊奥、欧罗巴、嘉里美和卡利斯托,分别被简称为"木卫一"、"木卫二"、"木卫三"、"木卫四"。

除4颗伽利略卫星外,其余的卫星半径多在几千米到20千米之间,它们都围绕着木星公转。

木星与它的卫星们

处于上方的是木卫一,下方的是木卫二,可以明显地看出两个卫星颜色的不同。

| 世界之最 | 火星是八大行星中自转周期最接近地球的行星，周期为1.026天。 |

- 真实的火星概貌
- 火红色的星球
- 火星的两颗卫星
- 大气尘暴现象

地球的兄弟——火星

火星是太阳系中的第四大行星，距离地球最近，它的自转周期和角度分别为24时37分和23度59分，与地球极其相似。因此，火星和地球一样，也有四季的更替。

火星被罗马人冠以"战神"之名，它那炽热的火红色神秘外表，总令人浮想联翩。更因为它与地球有着诸多相似之处，所以人们对它情有独钟，一直想揭开它的神秘面纱。

■ 真实的火星概貌

火星的直径为6787千米，表面大气非常稀薄，绝大部分是二氧化碳，只有少量的水汽和氧。所以，它是一个非常荒凉寒冷的星球。

火星的温差极大，中午时，赤道温度可超过20摄氏度，而处于漫长极夜的两极温度却只有零下139摄氏度。

火星的自转周期比地球多半个多小时，公转周期比地球长一倍，约为687天。

■ 火红色的星球

火星的表面遍布红色的土壤和岩石，这是由于这种土壤中含有大量的氧化铁，加上长期的紫外线照射，铁生成了一层红色和黄色的氧化物。因此，火星看起来仿佛笼罩在一片火海之中。

火星河床　火星上干涸的河床多达数千条，长度从数百千米到几千千米不等，蜿蜒曲折，纵横交错，极为壮观。

火星的地形比较多样，有高山、平原、峡谷，但由于重力较小，它的南北半球地形有着强烈的对比：南半球是充满陨石坑的古老高原，北半球是被熔岩填平的年轻平原，两者之间以

火星　火星在夜空中看起来是血红色的。西方人以罗马神话中的战神玛尔斯的名字将其命名为"Mars"。

明显的斜坡分隔。火星赤道区域有无数条干涸的河床，又长又宽，蜿蜒曲折，纵横交错，蔚为壮观。流水侵蚀而成的众多峡谷亦分布于各地，南北极都有由干冰和水冰组成的极冠，风和沙丘也广布整个星球。

火星上最壮观的是位于南半球的水手大峡谷，它绵延5000多千米，深度达6千米以上。同时，火星上海拔24千米的奥林匹斯山是太阳系中最高的山脉。

■ 火星的两颗卫星

火星仅有两颗卫星，一颗叫作"福波斯"，是火卫一；另一颗叫作"德莫斯"，是火卫二。它们的形状都很不规则，表面参差不平，布满了大大小小的陨石坑。福波斯上甚至有一座直径达8000米的环形山和由环形山组成的山链，还有最深达500米的沟纹。

■ 大气尘暴现象

1971年，美国发射的"水手9号"探测器到达火星上空时，一场"大尘暴"正席卷着整个火星。厚厚的黄尘遮住了火星的表面，探测器一时无法拍摄火星的地表形态。

世界之最 火星是类地行星中拥有卫星最少的行星，卫星数目为2个。

火星上为什么会刮起这么大的尘暴呢？原来，火星上的气候十分干燥，空气中漂浮着大量的尘粒。由于尘粒有吸热作用，这使得这部分气流的温度加剧升高，并将更多的尘粒携带至空中。于是，火星上的风越刮越大，直至尘粒漫天飞舞，形成尘暴。火星尘暴每小时可以运动数十千米。

规模较小的尘暴时时都会发生，而大规模的尘暴差不多每年都会发生一次。当火星的南半球到了夏季，天气特别炎热时，空气流动加剧，尘暴也极其猛烈，从南半球一直蔓延到北半球，形成席卷火星全球的"大尘暴"。

火星上的生命探索

火星上是否存在生命，一直是科学家关注的焦点。意大利天文学家斯基阿帕雷在1877年曾经发现火星表面分布着无数有规则的暗线条。这些长4800千米、宽120千米的暗线条像网络一样纵横交错。斯基阿帕雷推测，这些线条可能是天然分割大陆联结海湾的水道，因此将它们命名为"沟渠"。后来，"沟渠"译成英文时被误译为"运河"。

斯基阿帕雷本人并没有把他所发现的暗线条与人类的运河联系起来，人们对这一发现也并没有给予过多关注，直到美国天文学家洛韦尔发表他的"火星说明书"。

火星南极极冠
科学家最近研究确认，火星极冠不是由水冰构成的，而是由固态二氧化碳凝结形成的干冰构成。

美国天文学家洛韦尔通过长时间的观测，试图说服人们相信火星上存在人类。他认为火星的极冠由冰雪构成，到了夏季，冰雪可以融化成为生物需要的水源。火星表面密布着很多智慧生物建筑的灌溉系统，斯基阿帕雷发现的暗线条向中央地区交汇，显示出把极地的水引向赤道地区的意图。而每个暗线条交错处的斑点就是火星文明的绿洲地区。

洛韦尔把他的观测结果先后写成了《火星》《火星及其运河》《火星——生命的住所》三本书，它们被人们称为"火星说明书"，其观点也很快得到了人们的认可。

但事实上，火星表面严重缺乏生物赖以生存的水和空气，怎么会有智慧生物存在呢？后来，科学家们经过精细的观察研究，否定了火星人和智慧生物的说法。

"勇气号"火星车（效果图）
2004年1月4日，美国"勇气号"火星探测器成功登陆火星。图为"勇气号"释放在火星陆地上的火星车效果图。

世界之最 土星的平均密度只有0.70克/立方厘米，是八大行星中密度最小的一颗。

▶ 木星的孪生兄弟
▶ 土星的运行周期

美丽的指环王——土星

土星在古代被叫作"镇星"或"填星"，它运动迟缓，被人们视为掌握时间和命运的象征。罗马神话中称之为"第二代天神克洛诺斯"。无论是东方还是西方，人们都把这颗星和与人类密切相关的农业联系在一起。

土星是太阳系第二大行星。它与邻居木星十分相像，有着美丽的光环，表面也是液态氢和氦的海洋，上方同样被色彩斑斓的云带所缭绕，吸引着人们不断去探寻。

土星
土星是太阳系第二大行星，其公转周期为29.5年。我国古代有28宿，土星几乎每年都处于不同的星宿中，有镇住或填满该宿的意味，所以又被称为"镇星"或"填星"。

■ 木星的孪生兄弟

土星与木星很像一对孪生兄弟，它有很多地方与木星相似。土星与木星同属于巨行星。在太阳系八大行星中，土星的大小和质量仅次于木星，占第二位。土星由于快速自转而呈扁球形，赤道半径约为60000千米，整个体积是地球的745倍，质量是地球的95.18倍。

土星内部也与木星相似，有由岩石构成的核心。核的外面是5000千米厚的冰层和8000千米厚的由氢组成的壳层，表面是液态氢和氦的海洋，最外面被色彩绚丽的云带包围着。

土星的云层呈带状并形成区层，这也颇似木星，但由于外层的云薄而显得较模糊。土星风暴和旋涡发生在云中，看起来为橙红或白色椭圆状。

■ 土星的运行周期

土星是扁球形的，绕太阳公转的轨道是椭圆形的，轨道半径约为14亿千米。它与太阳的距离在近日点时和在远日点时相差约1.5亿千米。土星绕太阳公转一周大约要29.5个地球年，平均速度约为每秒9.64千米。土星上也有四季，但是土星的每一个季节的时间长达7年多，由于土星与太阳距离遥远，所以即使是夏季也极其寒冷。

土星自转速度很快，但不同纬度自转的速度却各不相同。赤道上的自转周期是10小时14分，纬度60度处则变成10小时40分。

木星和土星
土星的云层有变幻着的与木星相似的图案，但总体来看，要比木星暗淡得多。

奥秘宇宙篇

- 土星的美丽光环
- 奇特的土卫六

世界之最 土星的自转速度非常快,这使得它的形状变扁,成为太阳系中最扁的一颗行星。

■ 土星的美丽光环

土星的光环在太阳系行星的光环中是最惹人注目的,它结构比较复杂,在阳光照射下色彩斑斓,非常美丽,引起了人们的无限遐想。

1610年,意大利天文学家伽利略观测到,在土星的球状本体旁有奇怪的附属物。1659年,荷兰学者惠更斯证实这是离开本体的光环,并正确地推断出了光环的几何形状。

土星的光环主要由碎冰块、岩石块、尘埃、颗粒等物质构成,它们排列成一系列的圆圈,绕着土星旋转。这些光环极薄但很宽,虽然厚不到1千米,却从行星表面朝外延伸约420000千米。土星的光环不是一个整体,它包含7层小环,环外沿直径约为274000千米。

美国"旅行者1号"探测器对土星光环做过近距离观测,发现土星光环的整体形状像一张巨大的密纹唱片,从土星的云层顶端向外延伸。光环的7层小环中,最明亮、宽阔的是A环与B环,在A环与B环之间有一圈黑暗的宽缝,它就是有名的卡西尼环缝。距离土星最近的、亮度最暗的是D环,透明度最高的是C环,A环以外有F、G、E三个环,其中E环处于最外层,十分稀薄和宽广。内环转速最快,外环最慢。

土星的光环除了7层小环外,还有更多数不清的细环。这些细环有的很完整,有的却有些残缺。这些细环的形状有锯齿形的,有呈辐射状排列的,还有好几条环"扭结"在一起的。

土星光环
土星的光环十分引人注目。这些光环实际上由无数直径在7厘米至9米之间的冰块组成,环的结构极其复杂,它们在阳光照射下显得色彩斑斓。

■ 奇特的土卫六

土星还是太阳系中卫星数目较多的一颗行星,周围有许多大大小小的卫星紧紧围绕着它旋转,就像一个小家族。

土卫六(右)
土卫六是土星最大的卫星,也是太阳系第二大卫星,平均半径2575千米,质量$1.345×10^{23}$千克,平均密度$1.880×10^3$千克。

近几年,随着观测技术的不断提高,发现的大行星卫星的数量急剧攀升,目前已发现的土星卫星超过60颗。土星卫星的形态各种各样,这使天文学家们对它们产生了极大的兴趣。

土星的卫星中,最著名的是"土卫六"。土卫六没有磁场,有时在土星的磁层外运行,直接暴露在太阳风下,这就可能造成电离,并从大气层的顶部带走一些分子。土卫六是目前发现的太阳系卫星中唯一有大气存在的卫星。

过去,人们认为,土卫六的表面温度不太低,因而推断土卫六上可能有生命存在。但是,"旅行者1号"发现,土卫六的直径只有5150千米,并不是太阳系中最大的卫星(木卫三的直径最大,为5262千米)。它有一个浓厚的大气层和一个液态的表面,大气层有400千米厚,大气的主要成分是氮,占98%,还有少量的乙烷、乙烯及乙炔等气体。土卫六的液态表面下有一个冰幔和一个岩石核心,液态表面的温度大约是零下143摄氏度,冰不会升华,表面的水不能参与大气层中的化学变化。在这样的环境下,"旅行者1号"未发现任何生命存在的痕迹。

15

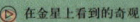

| 世界之最 | 金星是太阳系中肉眼能看到的最亮的行星，亮度最大时为-4.7等，比著名的天狼星还亮14倍。 |

- 地球的姐妹行星
- 金星的年轻地貌
- 在金星上看到的奇观

启明星——金星

中国古人称黎明前出现在东方天空的金星为"启明"。古希腊人认为金星是爱与美的化身。而在罗马神话中，爱与美的女神是维纳斯，因此金星也被人们称做"维纳斯"。

金星是太阳系中唯一一颗没有磁场的行星。它与太阳的距离仅大于水星，由近及远排在八大行星的第二位，是天空中最亮的行星，运行轨道最接近圆形。

> **金星**
>
> 金星是离地球最近的行星，中国古人称之为"太白"或"太白金星"，是地球上用肉眼能看到的除太阳和月亮之外最亮的天体，犹如一颗耀眼的钻石。古希腊人称它为"爱与美的女神阿佛洛狄忒"，而罗马人则赞誉它为"美神维纳斯"。

■ 地球的姐妹行星

金星的自转周期为243天，公转周期为224.7天。金星上的一昼夜相当于地球上的117天。金星的半径为6073千米，是地球的0.95倍，体积是地球的0.88倍，质量是地球的0.82倍，密度是地球的0.95倍。其化学成分和物理状况与地球极为相似，因而又被称为地球的"姐妹行星"。

与地球一样，金星有着浓厚的大气层，但其密度远大于地球，组成成分也有很大区别。地球的大气以氮气、氧气为主，两者合计占气体总量的99%，其余为惰性气体、二氧化碳等；而金星的大气却以二氧化碳为主，其比重占到总量的97%，其余是一氧化碳、氩气等。

阳光照射到金星表面，大量的二氧化碳会阻止热辐射返回太空，这使金星表面常处于460摄氏度以上的高温状态，因此金星上基本没有昼夜、季节和地区之分。

金星伴月

由于金星亮度大，每天早晚出现在地平线上，所以当金星和月亮正好位于同一条直线上时，就会出现金星伴月的美景，这种天象用肉眼就很容易观测到。

■ 金星的年轻地貌

金星的表面形成比较晚，大约是300万至200万年前才形成的。金星表面70%是起伏不大的平原，20%是低洼地，还有10%左右是高地。总体而言，金星表面地势比较平坦。最高的山峰达10590米，比珠穆朗玛峰还高。金星上还有一条从南向北穿过赤道的长达1200千米的大峡谷。

金星表面的火山和火山活动很多，至少85%的金星表面覆盖着火山岩。除了几百座大型火山外，金星表面还零星地分布着10万多座小型火山。而从火山中喷出的熔岩流，形成了长长的沟渠，其中最长的一条超过7000千米。

■ 在金星上看到的奇观

如果站在金星上，看到的最有趣的现象就是太阳的西升东落。这是因为金星自转与公转方向相反，这在太阳系八大行星中是绝无仅有的。

那么，在金星上能看到蓝天白云吗？答案令人失望。金星上是一个橙黄色的世界，天空、云、地表上的物体全是橙黄色的。科学家分析，造成这种现象的原因可能是金星上的大气层太厚，吸收了太阳光中的蓝色部分。因此，金星上的白天也并不开阔明朗，大概和地球上的阴雨天相似。

- 颠倒的行星世界
- 天王星的结构和特征
- 天王星的卫星

世界之最　天王星是在现代天文史上被发现的第一颗行星。

奥秘宇宙篇

颠倒的行星世界——天王星

天王星的怪异磁场
天王星内部构造独特，因而其磁场也非常特殊。

天王星是太阳系中离太阳第七远的行星，从直径来看，它是太阳系中的第三大行星，体积比海王星大，质量却比海王星小。

由于其他行星的名字都取自希腊或罗马神话，为保持一致，德国天文学家波德首先提出把天王星称为"乌拉诺斯"（天王星），但直到1850年这个名字才被广泛使用。

■ 颠倒的行星世界

天王星是在土星外面绕太阳公转的，公转一周需要84.01个地球年。天王星的自转方式非常奇特，就像一个耍赖的小孩躺在地上打滚。这使天王星上的春秋两季有着快速的昼夜交替，约每隔16.8小时太阳就升起一次。而冬夏两季则截然不同，当其南半球对着太阳时，南半球处于夏季，这时的太阳总不落下，整个夏季南半球始终是白昼。这时的北半球则处于冬季，整个冬季要度过长达21年的漫长黑夜。因此，有人把天王星称为"一个颠倒的行星世界"。

■ 天王星的结构和特征

在太空里，天王星呈现蓝色，这是其外层大气层中的甲烷吸收了红光的结果。

天王星基本上是由岩石和各种各样的冰组成的，仅含有少量的氢和氦，而其大气层则含有大约83%的氢、15%的氦和2%的甲烷。

如其他所有的气态行星一样，天王星也有云带围绕自己快速飘动。但是它们太微弱了，以至于只有通过探测卫星加工的图片才可看到。

天王星也有光环，它们是由直径达10米的粒子和细小的尘土组成的。已知的天王星光环有11层，但都非常暗淡。

天王星的磁场十分奇特，它并不在行星的中心，而是倾斜了近60度。这可能是由于天王星内部较深处的运动造成的。

■ 天王星的卫星

1986年"旅行者2号"探测器造访了天王星，发现了10颗新卫星，使它的卫星数目增加到了15颗。新发现的卫星

天王星

天王星和土星一样，也有美丽的光环，每条光环颜色各异、色彩斑斓。

都很靠近天王星，但都比较小，直径多在20千米至100千米之间。最大的一颗直径为160千米。

与太阳系中的其他天体不同，天王星的卫星并不是以古代神话中的人物命名的，而是用莎士比亚和蒲伯的作品中人物的名字来命名的。这些卫星分成两组：由"旅行者2号"发现的靠近天王星的很暗的10颗小卫星和5颗在外层的大卫星。它们都在近圆形的轨道上围绕着天王星。

神秘的蓝色海王星

世界之最 海王星是最早通过人们的计算推测其存在的行星，1846年的发现证实了以前的推测。

▶ 笔尖下发现的行星
▶ 蓝色的海王星
▶ 海王星的光环与黑斑

海王星是一颗淡蓝色的行星。人们根据传统的命名法，称它为"涅普顿"。在古罗马神话中，涅普顿是统治大海的海神。

海王星的公转轨道半径为45亿千米，它公转一周要165年。它的表面被冰层覆盖着，单位面积接受到的太阳光只相当于地球的1/900，因此表面温度只有零下230摄氏度，形成了厚达8000米的冰层。

海王星内部结构示意图
海王星有一个由氢、氦、甲烷分子组成的外壳，外壳下是由水、甲烷、液氨等元素组成的幔，另外还可能拥有一个岩石质的小型核。

星的蓝色，正是大气中的甲烷吸收了太阳光中的红光造成的。

海王星上面呼啸着按照带状分布的大风暴或旋风，并且，这里的风暴是太阳系中最快的，时速达2000千米。

■ 笔尖下发现的行星

天王星被发现后，人们注意到，它的轨道与根据牛顿理论所推知的并不一致。科学家们因此预测，还存在着另一颗更遥远的行星，正是它影响了天王星的轨道。

1846年，科学家首次观察到了海王星，它出现的地点非常接近英国剑桥大学学生亚当斯和法国天文学家勒威耶经过计算预测出的地点。但后来的观察显示，事实上，亚当斯和勒威耶计算出的轨道与海王星真实的轨道偏差相当大。如果对海王星的搜寻早几年或晚几年进行，人们将无法在他们预测的位置或附近找到它。

■ 蓝色的海王星

海王星的亮度为7.85星等，只有通过望远镜才能看到。它是一个扁状的球体，直径为49532千米。海王星的组成成分主要是各种各样的"冰"和含有15%的氢和少量氦的岩石。

海王星是气体行星，它的大气多半由氢气和氦气组成，还有少量的甲烷。海王

■ 海王星的光环与黑斑

海王星也有光环，在地球上观察到的只是暗淡模糊的圆弧，并不完整。除此之外，海王星还有5条环带，外面的两条比较明亮，里面的两条比较暗淡。这一发现证明，环带是4颗类木行星所具有的共同特征。

"旅行者2号"在造访海王星期间，发现其南半球有一大黑斑。黑斑的大小约是木星上的大红斑的一半，海王星上的疾风以每秒300米的速度把大黑斑向西吹动。而1994年，天文学家用哈勃望远镜观察时，却发现海王星上的大黑斑消失了；几个月后，他们又在海王星的北半球发现了一个新的黑斑。这表明海王星的大气层变化非常频繁，这也许是由云的顶部和底部温度差异的细微变化所引起的。

海王星和海卫一
海卫一是海王星最大的卫星，也是唯一一颗轨道逆行的大卫星。它是太阳系中最冷的天体之一。

-  偶然的发现
-  与众不同的轨道
- 被行星家族"开除"

世界之最 冥王星是原来太阳系九大行星中离太阳最远、质量最小、发现也最晚的"行星"。

奥秘宇宙篇

行踪诡秘的冥王星

曾经的九大行星
冥王星（右一）曾位列太阳系九大行星之一，但它在最近一次天文学会议上被"开除"了，于是太阳系只剩下了八大行星。

冥王星距离太阳59亿千米，表面平均温度低于零下200摄氏度，是距离太阳非常远的一颗矮行星。它的赤道直径约为2400千米，质量是地球质量的0.0024倍，体积为地球体积的0.009倍。人们用罗马神话中地狱之王"普鲁托"的名字来称呼冥王星。

■ 偶然的发现

1930年，有一个后来被发现错误的计算"断言"：对天王星与海王星的运行轨迹的研究表明，在海王星后可能还有一颗行星。美国亚利桑那州洛厄尔天文台的一名科学家因此对太阳系进行了更为仔细的观察，偶然发现了冥王星。

冥王星被发现后，由于它太暗太小，很长时间人们都不能确定它的大小。最早估计它的直径是6600千米。1977年，人们发现冥王星表面是冰冻的甲烷，按其反照率测算，冥王星的直径缩小到了2700米。1980年，天文学家又用夏威夷莫纳克亚山上的红外望远镜，测出冥王星直径在2600千米至4000千米之间。近年来一些天文学家经观测指出，冥王星的直径约为2400千米。

■ 与众不同的轨道

太阳系中的其他行星都以椭圆形轨道围绕太阳公转，而冥王星的运行轨道较其他行星轨道要扁一些，呈蛋形。它的轨道离太阳最远处约为74亿千米，最近处也有44亿千米。

冥王星大多数时间都在海王星轨道以外运行，在长达248年的公转周期中，只有20年的时间在海王星轨道内运行。在黄道投影图上，两颗行星的轨道相互交叉，所以每隔一段时间，冥王星和海王星就会彼此接近。但是它们的轨道平面并不重合，所以不必担心它们会发生碰撞。

■ 被行星家族"开除"

冥王星自发现之日起，其行星地位就备受争议。经过天文学界多年的争论，冥王星最终于2006年8月24日被行星家族"开除"。

根据国际天文学联合会大会的最新定义，"行星"指的是围绕恒星运转、自身引力足以和自转速度相平衡、呈现圆球状、能够清除其轨道附近其他物体的天体。按照新的定义，太阳系行星包括水星、金星、地球、火星、木星、土星、天王星和海王星八大行星。

新定义还规定：同样具有足够质量、呈圆球形，但不能清除其轨道附近其他物体的天体被称为"矮行星"。

冥王星正是因为其轨道与海王星轨道相交，不符合行星定义的最后一条而"惨遭降级"，被列为矮行星。

冥王星与查龙卫星
冥王星和它的卫星"查龙"是独一无二的组合，因为它们的自转是同步的，所以始终保持同一面相对。

| 世界之最 | 美国宇航员耐尔·阿姆斯特朗是最早登上月球的人，其登月时间是1969年7月16日。 |

- 月球的起源
- 无水的月海和众多的环形山

了解月球的秘密

月球，俗称"月亮"。当我们仰望晴朗的夜空时，轮廓最大的天体就是月亮，它有时圆如银盘，有时弯若镰刀。在望远镜发明之前，人们只能用眼睛观察月亮，看到月亮表面有明有暗，就编出了诸如"嫦娥奔月""玉兔捣药"等神话。实际上，月球上并没有生物存在。月球的年龄大约是46亿年，它与地球形影相随，关系密切。

■ 月球的起源

月球是人类有史以来登陆过的唯一天体。对于月球的起源，人们有着多种说法。

首先是分裂说。这种假说认为，在太阳系形成之初，地球处于高温熔融状态，在自转的过程中，赤道上的一大块物质被抛出。太阳的引力和离心力吸引了这块物质，使它在地球和太阳之间不断地围绕地球旋转，同时吸收宇宙里的其他物质，逐渐变大、冷却，最后形成了月球。但经过对人类登月后带回的大量月岩的检测，人们从中发现了很多地球上从未见过的元素，这说明月球和地球并非原属一体。

其次是俘获说。此种假说认为，月球本是太阳系的一颗行星，围绕太阳旋转，后来被地球的强大吸引力所吸引，变成了地球的卫星。但是根据科学家的研究，月球的直径相当于地球的1/4，地球的引力还不足以俘获如此大的卫星。

月球全貌
月球表面有阴暗的区域，也有明亮的区域。早期的天文学家以为发暗的区域都有海水覆盖，因此把它们称为"月海"，其实"月海"中根本没有水。

地球与月球
地球与月球的关系极为密切，目前有关月球起源的4种学说都是围绕地球展开的。

第三是地月同源说。这种说法认为，地球和月球在太阳系诞生之初本是一对孪生兄弟，都是围绕着太阳旋转的星云。后来，这些星云中较大、较重的熔岩物质形成了地球，较小、较轻的金属物质则形成了月球。

还有一种是碰撞说。该种假说认为，在地球形成的早期，地球与一颗火星般大小的天体发生碰撞，一部分物质飞溅出去，后来这些物质又聚集在一起形成了月球。20世纪90年代，美国发射的"月球勘探者号"探测器发回的探测数据使碰撞说得到了证实。如今，这一说法已逐渐被人们认可。

■ 无水的月海和众多的环形山

月球上的环形山
环形山是月面的显著特征，几乎布满了整个月球表面。其中位于月球南极附近的贝利环形山直径达295千米，可以把整个海南岛装进去。

月球上山岭起伏，峰峦密布，没有水，大气也极其稀薄，密度不到地球海平面大气密度的一万亿分之一。从地球上看月球表面，月球上主要有两种地形，一种是由凝固的熔岩构成，被天文学家叫作"月海"的盆地；另一种是为数众多的环形山。

世界之最 1971年7月31日，美国宇航员戴维斯·R.斯科特和詹姆斯·B.欧文进行了人类首次月球车行驶。

新月抱旧月
月球只能反射太阳的光辉，而日、地、月三者的位置是不断变化的，所以站在地球上看去，月亮就有了"阴晴圆缺"。

我们能够用肉眼看到的月球表面的暗淡黑斑就是月海，虽然叫作"月海"，但是其中根本没有水。大部分月海都呈圆形或者椭圆形，周围多被山脉封住。人类已经发现的月海共有22个，其中最大的叫"风暴海"，面积约500万平方千米。

环形山是指月球上的陨击坑，它的形成主要有两个原因，一是陨星撞击，这种原因形成的环形山占多数；二是火山活动。其中最大的几个环形山分别是南极附近的贝利环形山、克拉维环形山和牛顿环形山。

■ 奇异的月球辉光

关于月球辉光的记载，最早出现在800多年前。1178年，5个英国人在不同地点同时发现月亮上闪烁着奇特的光辉。1783年，天文学家赫歇尔发现，月球的阴影部分有一个地方在发光，光亮的大小相当于一颗4等红色的暗星。1963年，美国科学家观测到，月球上有巨大的移动发光体，共有31个，它们按照严格的几何轨道移动。

相关的类似观测有500多次，人类已经确定了月球辉光的存在。有人认为是太阳风作用在月球上，导致了月球辉光的出现；有人猜测是月球上少量的活火山喷发，出现了亮光；还有人认为是某种摩擦导致了月球辉光的出现。但是，根据宇宙飞船的探测显示，月球上一片死寂，根本没有物体的运动，怎么会有摩擦呢？

月球的辉光到底是因何而起，还有待于科学家们进一步探索研究。

■ 千姿百态的月亮

月球是地球的卫星，与地球构成了地月系。在地月系中，月球围绕地球旋转，同时还和地球一起围绕太阳旋转。

在月球公转和自转的过程中，我们看到月亮的形状也在发生着变化。每月的农历初一，月球运行在太阳和地球之间，月亮被照亮的部分背对地球，我们称之为"新月"；农历初三、初四，月亮像镰刀一样挂在天空，叫"上弦月"；到了农历十五、十六，整个月亮的光亮部分都面向地球，圆圆地挂在夜空中，我们称之为"满月"；农历二十二、二十三，又只能看见半个月亮了，这时的月亮叫作"下弦月"；再过大约一个星期，我们看到的月亮就又转回到了"新月"的状态。月亮就是这样周而复始地运动，不停变化着的。

月偏食
月食可分为月偏食、月全食和半影月食三种。当月球只有部分进入地球的本影时，就会出现月偏食。

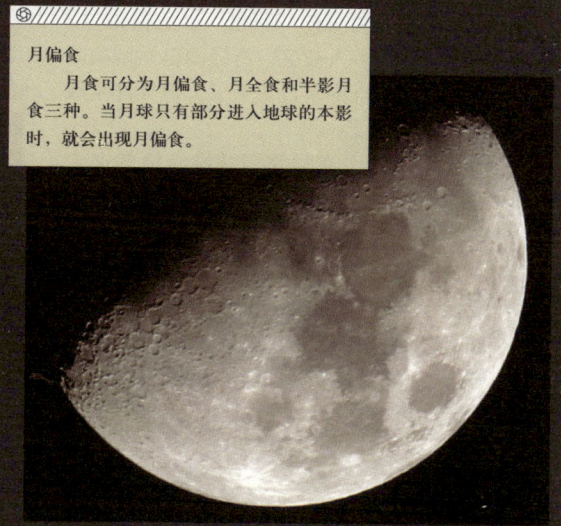

| 世界之最 | 1786年发现的恩克彗星是回归周期最短的一颗彗星，其回归周期仅为3.3年。 | ▶ 最早发现的哈雷彗星
▶ 彗星的"尾巴" |

宇宙中的长发美女——彗星

彗星是一种围绕太阳运行的天体。它发着光亮，拖着长长的"尾巴"，划过夜空时犹如美女披散着长发，绮丽飘逸，非常美丽。

在中国古代，人们把彗星称为"扫帚星""灾星"，认为彗星的出现预示着灾难。我国关于彗星的最早记录，可以追溯到3000多年前的商周时代。《春秋》记载："鲁文公十四年（公元前613年）秋七月，有星孛入于北斗。"

哈雷彗星

哈雷彗星拖着一条长长的、清晰闪亮的尾巴，非常美丽。大约每隔76年，它都会按时回归地球的天际。

■ 最早发现的哈雷彗星

1682年8月的一天夜里，一颗明亮的彗星拖着一条清晰可见的"尾巴"，忽然划过了欧洲的夜空。很多人被这一奇怪的自然现象吓坏了，以为世界末日快来了，每天都胆战心惊地过日子。

但是，天文学家们并没有像普通人那样惊慌失措，而是开始研究这颗美丽的彗星。年仅26岁的英国天文学家哈雷对这颗彗星尤为感兴趣，他仔细观测、记录了彗星出现的位置和它的变化。经过一段时间的研究，哈雷发现这颗彗星好像不是初次光临地球，这次出现更像是一次规律性的回归。

这个让人惊奇的想法，使哈雷更加全身心地投入到了对彗星的研究中。通过大量的观测和研究，哈雷大胆地预言，1682年出现的那颗彗星，将于1758年底或1759年初再次回归。1758年底，当年的那颗彗星果真如哈雷所预言的那样，准时地回到了太阳附近。人们为了纪念哈雷对彗星研究事业的贡献，把这颗彗星命名为"哈雷彗星"。

哈雷彗星是人类计算出轨道并准确预报回归周期的第一颗彗星，每隔76年，哈雷彗星就会出现一次。哈雷彗星最近一次回归是1986年，很多人都有幸目睹了它的风采。它的下一次回归要等到2062年左右。

■ 彗星的"尾巴"

彗星是一种由一些未挥发的冰块组成的小而脆弱、绕太阳运行的天体。它有彗发、彗核、彗尾三个主要部分。彗发是彗核外面的一层云雾，由彗核中蒸发出来的气体和微小的尘粒组成；彗核是彗星整体结构中最亮的中心部分，它的质量占彗星整体质量的95%，主要组成物质是冰和尘埃。彗发和彗核合称为"彗头"，当它运行到太阳附近时，强大的太阳辐

扫帚星

拖着长长尾巴的彗星形似扫把，因此俗称"扫帚星"，被我国古人视为不祥的征兆。

- 彗星的轨道
- 彗星的神奇爆发

世界之最　一颗名为"1843年"的彗星,彗尾最长时达3.2亿千米,是目前观测到的彗尾最长的彗星。

奥秘宇宙篇

射压力和太阳风使彗星产生了一条长长的"尾巴",即"彗尾"。

彗星没有固定的体积,它在远离太阳时,体积很小;接近太阳时,彗发会变得越来越大,彗尾也变长,最长时竟可达3亿多千米。

彗星的轨道

彗星在太阳引力的作用下,也跟行星一样沿着椭圆形轨道绕太阳旋转。与众不同的是,由于彗星轨道的偏心率很大,所以它的轨道又扁又长。

彗星的轨道是圆锥曲线的一种,当轨道的离心率小于1时为椭圆,等于1时为抛物线,大于1时为双曲线。目前,天文学家已经计算出600多颗彗星的轨道。

如果一颗彗星的轨道是椭圆形的,那么它就会绕着太阳周而复始地运行,这样的彗星被称为"周期彗星",哈雷彗星就属于周期彗星。周期彗星以200年为界限,可分为"长周期彗星"和"短周期彗星"。

大部分彗星的轨道都接近抛物线,远远地延伸到冥王星的轨道之外。这样的彗星通常周期较长,有史以来它们只出现过一次,何时再次出现,到目前为止还不能确定。这样的彗星被称为"非周期彗星"。

彗星的神奇爆发

随着对彗星研究的不断深入,天文学家发现彗星出现时还有更为神奇的现象:它能喷发出是其自身亮度几万倍的亮光。

1991年,欧洲南方天文台的天文学家发现,哈雷彗星的亮度猛增了300倍,并形成了很大的彗发。当时它位于土星与天王星之间,这是首次观测到离太阳如此之近的彗星爆发现象。人们对这种现象感到疑惑。

彗星与环状星云　这是彗星与环状星云相遇时的奇妙景象。环状星云又称"M57"或"NGC6720",位于天琴座内。

英国天文学家休斯认为,可能是一颗小行星横向"袭击"了哈雷彗星,使其中大约1400万吨尘埃撒向太空,从而形成了爆发。但很多天文学家并不赞同休斯的说法。彗星专家马斯登说,彗星是不稳定的天体,很少的阳光就可能引起物质蒸发和逃逸,因此只有观测到更多遥远彗星的爆发现象后,才能下结论。

美国天文学家从另一个角度解释了这次彗星的爆发。他们认为,是太阳耀斑的激波撼碎了哈雷彗星薄弱的外壳,致使尘埃大量逃逸形成爆发。而行星际的激波早就被"先锋10号"飞船在离太阳40天文单位以外的地方探测到过,金星探测器也多次观测到太阳耀斑引起的激波。1991年1月31日,太阳上出现了特大耀斑,据说这次耀斑产生的强激波于两星期后抵达哈雷彗星,引起了爆发。

哈雷彗星爆发的原因究竟是什么,目前还无法做出定论。

爱德蒙·哈雷

爱德蒙·哈雷(1659 1742年),英国天文学家、数学家。他发现1531年、1607年和1682年出现的三颗大彗星具有十分相似的轨道,便由此推断,这是同一颗彗星,每隔75年至76年回归一次,并且预言这颗彗星将于1758年底或1759年初再度回归。后来,他的预言得到证实。为纪念他,后人将这颗彗星称为"哈雷彗星"。

世界之最 中国的《竹书纪年统笺》中记载了流星雨，这是世界上最早的关于流星雨的文字记录。

- 流星雨的发现与记载
- 流星雨的命名
- 壮观的流星暴
- 著名星座流星雨

神奇的流星雨

分布在星际空间的细小物体和尘粒飞入地球大气层时，会与大气摩擦产生光和热，在天空中划出强烈的光亮轨迹，成为人们看到的一闪而逝的流星。当大量流星一起划过地球附近的天际时，宛如下了一场雨，就形成了神奇的流星雨。

■ 流星雨的发现与记载

我国是最早发现和记载流星雨现象的国家。《竹书纪年统笺》中就有"夏帝癸十五年，夜中星陨如雨"的记载。最详细的流星雨记录则见于《左传》："鲁庄公七年（公元前687年）夏四月辛卯夜，恒星不见，夜中星陨如雨。"

我国古代关于流星雨的记录大约有180次。其中，天琴座流星雨记录有9次，英仙座流星雨记录有12次，狮子座流星雨记录有7次。

■ 流星雨的命名

流星雨看起来就像是许多流星从夜空中的一点迸发而坠落下来的，这一点被称为"流星雨的辐射点"。通常，天文学家都以流星雨的辐射点所在天区的星座给流星雨命名，以区别来自不同地点的流星雨。比如，每年11月17日前后出现的流星雨辐射点在狮子座，天文学家便把它命名为"狮子座流星雨"。

燃烧的流星
小天体靠近地球时，和大气层的摩擦越来越激烈，最终燃烧起来，产生光和热，成为流星。

■ 壮观的流星暴

流星雨有强有弱，弱的流星雨一小时只能观测到两三颗，甚至更少；强的流星雨每秒钟可达20颗以上，景象壮观，如同节日中人们燃放的烟火一样。当每小时出现的流星数超过1000颗时，流星雨就被称为"流星暴"，场面相当壮观。

■ 著名星座流星雨

狮子座流星雨是地球上能观测到的规模最大的流星雨，在每年的11月14日至21日前后出现。一般来说，流星的数目大约为每小时10至15颗，但平均每33至34年，狮子座流星雨会出现一次高峰期，流星数目多达每小时数千颗。

1833年11月12日，美国东部就曾出现过一次罕见的狮子座流星雨，当时的目击者这样描述："无数的流星流向四面八方……犹如大片的雪花纷纷飘落。"

英仙座流星雨也是最有名的流星雨之一，因为它不但数量多，而且每年在固定时间出现。英仙座流星雨一般出现在7月17日至8月24日之间，高峰期的流星数从每小时100颗到160颗不等。

流星划过天际
一颗狮子座流星迅速划过天际。流星体坠落到地面，通常为陨石、陨铁或者其他金属类石头。

"天外来客"——陨石

铁陨石
图为1836年在纳米比亚发现的铁陨石。铁陨石是主要成分为铁、镍的陨石，主要由铁纹石和镍纹石两种矿物组成。

陨石是地球以外的宇宙流星脱离原有运行轨道后变成碎块散落到地球上的石体。人们对陨石所带来的相关现象和影响进行了一系列的研究，陨石因此成为人类直接认识太阳系各星体的珍贵稀有的实物标本。

■ 陨石的故乡

火星和木星的轨道之间有一条小行星带，这里的小行星在自己的轨道上运行，并不断地与周围的其他小行星发生碰撞。有时，一些小行星会被撞出轨道奔向地球，与大气层摩擦发出光热形成流星。流星在大气层中产生的高温、高压与内部不平衡，从而使其发生爆炸，未燃尽的流星落到地球上，就形成了陨石。因此，火星和木星之间的小行星带被认为是陨石的故乡。

■ 陨石的类别

根据化学成分的不同，陨石通常可分为三大类：石陨石、铁陨石、石铁陨石。

石陨石是最常见的陨石。多数石陨石中可见到很小的球状颗粒，直径从零点几毫米到几毫米不等。

铁陨石也称"陨铁"，主要成分是铁和镍。

石铁陨石，或称"陨铁石"，是介于石陨石和铁陨石之间的一种陨石，大体上由铁、镍等金属和硅酸盐组成。这类陨石非常少见。

■ 罕见的陨石冲击坑

陨石体高速撞击地表或其他天体表面所形成的坑穴，被称为"陨石冲击坑"。地球上已被确认的大陨石坑中，以美国的亚利桑那梅蒂尔坑最为著名。亚利桑那梅蒂尔坑的直径约1240米，深170多米，坑的周围比附近地面高出约40米。据考察，该陨石坑是2万年前由一个直径约60米、重约10万吨的陨石体以约每秒20千米的速度撞击地面形成的。

■ 最大的单块石陨石

1976年3月8日15时1分50秒左右，一颗重约4吨的陨石飞临吉林市北郊19千米的高空，发生了一场蔚为壮观的陨石雨。这就是闻名中外的"吉林陨石雨"。

这场陨石雨中落下的"吉林一号"陨石重达1770千克，体积为914004立方厘米，是目前已知的世界上最大的单块石陨石。

小行星带示意图
位于火星和木星轨道之间的小行星带，估计存在着大约50万颗小行星。

世界之最　名为"Q0960+6930"的黑洞是已知最古老的黑洞，它早在"大爆炸"之后10亿年内就形成了。

- 可怕黑洞的发现
- 黑洞的"隐身术"
- 黑洞的强大引力

吞噬一切的黑洞

黑洞，很容易让人望文生义地想象成一个大黑窟窿。其实黑洞是一种非常特殊的天体，它体积极小，但质量非常大，具有强大的引力场，无论什么物质，都能被它吸入其中，甚至连光都难逃它的魔掌。

■ 可怕黑洞的发现

美国科学家韦勒最先发现，太空中有一些质量很大的天体。这些天体内部存在着非常强大的引力，一段时间以后，它们会自行坍塌成一种密度极大、体积极小的天体。坍塌的天体具有不可思议的引力，附近的物质都会被它们吸进去，甚至连光线都不能逃脱。

1798年，法国科学家拉普拉斯提出了"黑洞"这个概念。为什么称之为"黑洞"呢？这是因为：首先，人们根本看不见它，它不向外界发射或反射任何光线；其次，任何东西一旦进入其中，就无法出来。黑洞就像一个无底洞，永远也填不满，因此也被称为"星坟"。

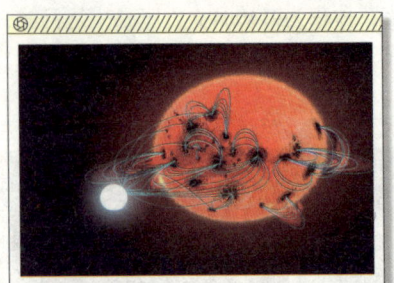

黑洞引力示意图
黑洞中隐匿着巨大的引力场，这种引力大到能吸引任何东西，包括光。

■ 黑洞的"隐身术"

黑洞有"隐身术"，人们无法直接观察到它，连科学家都只能对它的内部结构提出各种猜想。那么，黑洞是通过什么把自己隐藏起来的呢？

我们都知道，光是沿直线传播的。可是根据广义相对论，空间会在引力场的作用下弯曲。这时候，光虽然仍沿任意两点间的最短距离传播，但走的已经不是直线，而是曲线了。

在地球上，由于引力场作用

斯蒂芬·威廉姆·霍金

霍金是英国著名的物理学家、英国剑桥大学终身教授。他提出了"黑洞理论"，相关著作有《时间简史——从大爆炸到黑洞》《霍金讲演录——黑洞、婴儿宇宙及其他》等。

很小，这种弯曲是微乎其微的。而在黑洞周围，这种变形非常大。被黑洞挡住的恒星发出的光一部分落入黑洞中消失，另一部分通过弯曲的空间绕过黑洞到达地球。所以，我们可以毫不费力地观察到黑洞背面的星空，就像黑洞不存在一样，这就是黑洞的"隐身术"。

■ 黑洞的强大引力

地表的物质在地球引力的作用下，不能任意飞向空中。人造卫星要想被送入围绕地球运行的轨道，至少要用每秒钟8千米的速度发射火箭，这就是"第一宇宙速度"。同样，飞船只有完全摆脱了地球的引力控制，才能飞到别的星球上去，而这要求火箭的速度最少达到每秒11千米，这就是天体的表面脱离速度，即"第二宇宙速度"。

根据万有引力定律，一切天体都具有非常强大的吸引力，附近的一切物体都能被它们紧紧地"抱"在怀里。黑洞正是因为具有非常强大的引力场，才能将靠近它的物质全部吸进去。

Part 2
神秘地球篇

| 世界之最 | 波兰天文学家哥白尼是最早提出地球围绕太阳运行的人，是近代天文学的奠基人。 | ▶ 彗星碰撞说
▶ 宇宙星云说
▶ 气体潮生说 |

地球形成的奥秘

星云
星云包含了除行星和彗星外的几乎所有延展型天体。我们将星系、各种星团及宇宙空间中各种类型的尘埃和气体都称为"星云"。

地球是人类的家园，是太阳系中目前已知的唯一一个有生命存在的星球。作为地球上最聪明的生物，人类在自身不断发展和进化的过程中，从来没有停止过对地球起源的探索：在浩渺的宇宙中，地球是怎样形成的呢？

■ 彗星碰撞说

1749年，法国生物学家布丰提出的"彗星碰撞说"，曾一度引起人们的注意。他认为，在很久以前，有一颗彗星与太阳相撞，从而产生了许多碎片，碎片冷却以后形成了地球及其他几个行星，这一学说认为地球是由于彗星碰撞太阳而形成的，打破了神学的禁锢。

■ 宇宙星云说

"宇宙星云说"由德国哲学家康德在1755年提出。1796年，法国的拉普拉斯在《宇宙体系论》中发展了这一学说。因此，这个假说又被统称为"康德－拉普拉斯假说"。

宇宙星云说认为，在距今大约50亿年前，宇宙中存在着很多原始分散的物质微粒。这些微粒围绕某一中心做旋转运动，温度不断升高，逐渐形成了星云。星云又不断收缩，在重力作用下，旋转速度更快，并逐渐向一个平面集中。最后，平面的中心物质形成太阳，四周的物质则形成地球等行星和其他小天体。

■ 气体潮生说

英国物理学家金斯在1930年提出了"气体潮生说"。他认为，原始太阳是一个灼热的球状体，由非常稀薄的气体物质组成。后来，一颗质量比它大得多的星体从距离它不远的地方划过，在这个星体的引力作用下，原始太阳出现了凸出部分，并逐渐被拉成烟状长条。这些从原始太阳中分离出来的长条状稀薄气流冷却凝固后分成了许多部分，每一部分都聚集成了一个行星。气流中间部分最宽，密度最大，于是形成了较大的木星和土星；气流两端稀薄些，于是形成了较小的行星，如地球、水星等。

各种说法都有一定的道理，但都缺乏确凿的证据，所以直到今天，地球究竟是怎样形成的仍是一个谜。

康德
伊曼努尔·康德（1724—1804年），德国哲学家、天文学家，星云说的创立者之一，德国古典唯心主义创始人。

细算地球的年龄

世界之最 中国唐代的僧一行是世界上第一个测量出子午线长度的人。

铀矿
铀是存在于自然界中的一种稀有化学元素，具有放射性。铀的衰变期是4.5亿年，对环境的危害至少可持续4000年。

古代玛雅人把公元前3114年8月13日奉为"创世日"，认为地球是从那一刻诞生的；希腊的神学家把地球的生日提前到公元前5508年；著名的科学家牛顿则根据《圣经》推算地球有6000多岁……

随着科学的进步，计算地球年龄的方法也在不断更新。

■ 开尔芬的热传导计算

1862年，英国物理学家开尔芬第一次从物理学的角度探讨了地球的年龄问题。他假定地球原是炽热的液体，后来冷却凝固下来，成为了现在的形态。他根据热传导计算，推导出地球的年龄约为2000万至4000万年。

开尔芬的计算结果发表后，遭到了地质学家们的反对。因为地质研究表明，地壳运动并非一次，造山运动在地质史上甚至可能发生了15次以上。因此，用最后一次发生变化的岩石来测定整个地球的年龄是不正确的。

■ 海盐和沉积岩测算法

人们还曾经把海洋中积累的盐分作为地球年龄的"计时器"。用海洋中盐分的总量除以每年全球河流带入海中盐分的数量，可计算出现在海水盐分总量积累的年数，这就是地球的年龄，结果是1亿年。但这种方法忽略了海洋是在地球产生以后才出现的，结果显然不可能准确。

后来，人们又开始用海洋沉积物来测算地球的年龄。据估计，每经过3000至10000年，可以形成1米厚的沉积岩。地球上的沉积岩最厚处约为100千米，由此推算，地球的年龄大约在3亿至10亿年之间。但这种方法也没有考虑到在沉积作用发生以前地球就已经形成了，因此也是不准确的。

■ 放射性元素与地球年龄

到了20世纪，人们终于找到了一种比较精确的计算地球年龄的"计时器"，即地球上放射性元素和它蜕变生成的同位素。

科学家根据找到的最古老的岩石中现存铀和铅的含量，算出了岩石的年龄。而地壳是由岩石组成的，由此推算出地壳的年龄是30多亿岁。加上地壳形成前地球所经历的一段熔融状态时期，地球的年龄约为46亿岁。

最初的地球
地球从形成到现在，大约有46亿年了。最初，它是一个炽热的大火球，到处都是岩浆。经过很长的时间，它逐渐冷却下来，形成了海洋、陆地、湖泊、山峰等各种地貌。

世界之最 位于南美洲厄瓜多尔中部的钦博拉索山是世界上最厚的地方，从地心到山峰峰顶为6384.1千米。

- 地球的外衣——大气圈
- 生命的摇篮——水圈
- 生命的领地——生物圈

地球的复杂结构

人类在地球上生活了几千年，却直到18世纪以后才深入地下进行考察，并对地球的结构有了确切的了解。人们形象地把地球比作鸡蛋，地壳相当于蛋壳，地幔相当于蛋清，地核则相当于蛋黄。

■ 地球的外衣——大气圈

大气圈是环绕在地球最外层的气体圈层，它包围着海洋和陆地，被称为地球的"外衣"。由于地心引力的作用，大气圈几乎全部的气体都集中在离地面100千米的范围内，但没有确切的上界。据人造地球卫星所测的资料显示，在2000至16000千米的高空仍有稀薄的气体和基本粒子。

大气的主要成分为氮、氧、氩、二氧化碳和其他微量气体，总质量约为6000万亿吨，差不多占地球总质量的百万分之一。大气圈是水圈和生物圈存在的根本条件。

■ 生命的摇篮——水圈

地球上的水呈固态、液态、气态，分布于海洋、陆地以及大气之中，共同组成水圈。水圈是一个连续但极不规则的圈层，它包括海洋、冰川、江河、湖泊、地下水等，总质量约为$1.4×10^{21}$千克，只占地球总质量的0.024%。

从离地球数万千米的高空，可以看到地球大气圈中水汽形成的白云和大面积覆盖地球的蓝色海洋，它们使地球成为一颗"蓝色的行星"。海洋水的质量约为陆地水质量的35倍。

水圈中的水在太阳能的作用下终年运动着。地表水蒸发至大气圈，大气圈中的水凝聚成雨、雪降落至地表，补给地表水和地下水。这个周而复始的过程称为"水循环"。水循环为生物生长提供适宜的供水条件。水是地球上的人类和其他生物得以生存的物质基础。

■ 生命的领地——生物圈

生物圈的概念是由奥地利地质学家休斯在1375年首次提出的，指地球上有生命活动的领域及其居住环境的整体。

人们通常所说的生物是指有生命的物体，包括植物、动物和微生物。据估计，地球上现存的植物约有40万种，动物约有110万种，微生物至少有10万种。

在地质历史上，曾生存过的生物有5亿至10亿种之多。然而，在地球漫长的演化过程中，它们中的绝大部分都已经灭绝了。现存生物都生活在有合适温度的大气圈的下层部分、岩石圈的上层部分和水圈的全部部分。这些生命物质和非生命物质一起构成了地球上一个独特的圈层，也是太阳系所有行星中仅在地球上存在的圈层——生物圈。

大气层

大气层的成分主要有氮气（约占78%）、氧气（约占20.9%）、二氧化碳（约占0.032%）和其他稀有气体（氩气、氖气、氪气、氙气、氡气、氦气等）。大气层的密度随高度的递增而减小，越往高处越稀薄。

- 地球的皮肤——地壳
- 地球的中间层——地幔
- 地球的心脏——地核

世界之最 地球表面的最低点是死海,其水面平均低于海平面约400米。

神秘地球篇

■ **地球的皮肤——地壳**

地壳是莫霍面(地壳同地幔间的分界面,由南斯拉夫地震学家莫霍洛维奇于1909年发现)以上的地表部分,是地球内部结构中最外的圈层。地壳由岩石组成,总厚度在5至70千米之间。

地壳分为上下两层。上层主要由密度较小、比重较轻的花岗岩组成,主要成分是硅、铝元素,称为"硅铝层";下层富含硅和镁,称为"硅镁层",因为组成成分与玄武岩相似,也称为"玄武岩层"。

■ **地球的中间层——地幔**

地幔位于地壳以下、地核以上,也称为"中间层"。地幔的成分主要是一种难熔的镁铁硅酸盐。地幔的质量占地球总质量的67.77%,体积占地球总体积的83.3%,因此地幔是地球内部体积最大、质量最大的一层。由于受地壳隔离,人们无法直接看到地幔,只有当火山喷发时,地幔才将它的一部分——岩浆,送到地面上来"展示"。

地幔分为上下两层。上地幔约在地下33至1000千米处,主要由橄榄岩组成,故也称"橄榄岩层"。这里的物质处于局部熔融状态,是岩浆的发源地,地球上分布广泛的玄武岩就是从这一层喷发出来的,因此这一层也被称作"软流圈"。火山喷发、地震活动、地壳运动等现象的发生,都与它有着很大的关系。下地幔在地下1000至2900千米处,这一层铁镍成分显著增加,主要由金属硫化物和氧化物组成,故又称"金属硫化物——氧化物层"。

■ **地球的心脏——地核**

地核是地球内部最核心的部分。它位于地幔之下,半径约为3471千米,比月球半径小30%,但密度比月球大30%。地核主要由铁、镍元素组成,并含少量其他元素,比如硅、钾、硫、氧等。地核内部温度高达2000至

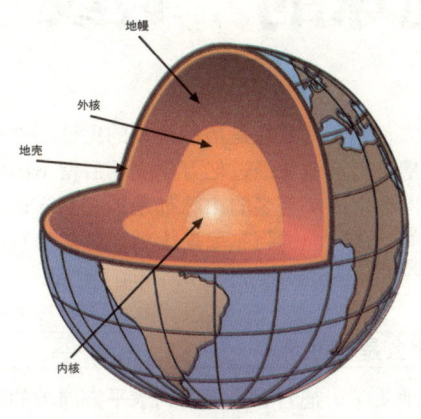

5000摄氏度,物质平均密度为10.5克/立方厘米。地核与地幔的分界面为深约2900千米的古登堡不连续面(1914年由美国地球物理学家古登堡首先发现)。

据科学观测分析,地核分为外地核、过渡层和内地核三个层次。外地核的厚度为1742千米,物质呈液态;过渡层的厚度只有515千米,物质处于由液态向固态过渡的状态;内地核厚度为1216千米,主要成分是以铁、镍为主的重金属,因此又称"铁镍核"。

生物圈2号

生物圈2号是美国建于亚利桑那州沙漠中的一座微型人工生态循环系统,其设计者的初衷是想模仿地球建造一个封闭的人造生物圈,用于研究适合人类生存的人造复合生命系统。但是,这一设想在经过两次试验之后宣告失败。

31

世界之最 位于沙特阿拉伯东部的加瓦尔油田是世界上最大的油田，其探明石油储量达107.4亿吨。

- 什么是褶皱？
- 褶皱是怎样形成的？
- 褶皱有哪些形态？

地球的"皱纹"——褶皱

人们脸上的皱纹是历经沧桑的见证，地球上的褶皱则是地球经过亿万年变动后留下的痕迹。世界上许多著名的山脉都是地壳褶皱运动形成的。从欧洲的阿尔卑斯山到亚洲的喜马拉雅山一带，是世界上最长的东西向褶皱带。

■ 什么是褶皱？

地质学上把岩层由于受到水平方向力的挤压而发生波状弯曲但尚未失去连续性和完整性的现象称为褶皱。单个的弯曲称褶曲，两个以上的褶曲组合才叫褶皱。褶皱是地球表层岩石区最普遍的一种地质现象。在褶皱影响下形成的地貌，称为褶皱构造地貌。

■ 褶皱是怎样形成的？

褶皱多出现在层状的岩石表面。这些层状的岩石是由一些沉积物形成的，开始时它们的表面是平整的，后来在一些作用力的影响下才慢慢变成了波浪状。

褶皱形成主要受两种力的作用，一是水平的压缩力，一是其自身的重力。褶皱很少由一种力量形成，往往是由两种或两种以上力量共同作用形成。

褶皱的大小也相差悬殊，有些褶皱并不明显，有些褶皱却很显著。大的褶皱可能绵延数百千米，小的却只有几厘米，有的甚至只有在显微镜下才能看到。

■ 褶皱有哪些形态？

褶皱的形态多种多样，并不都是向上隆起的。它的基本形式有背斜和向斜两种。褶皱面向上弯曲的称为背斜，褶皱面向下弯曲的称为向斜。

一般情况下，背斜形成山峰，向斜形成谷地，但有时也可能相反。褶皱形成后，若地壳再次经历强烈的震荡，褶皱就会再次受到挤压，向斜可能被抬升，背斜可能被降低。"向斜成山、背斜成谷"的现象就被称为"地形倒置"或"负地形"。

桂林溶洞
一入桂林地界，便可看到空阔大地上突兀着座座浑圆而疏离的山包，这是典型的喀斯特地貌。其中，桂林溶洞是一种"负地形"。

褶皱构造还常常与大型油田有密切的联系。有时候，大的背斜能形成穹隆状构造，就像地壳被"挤"出了一座圆形仓库，这样，它的内部就成了非常好的"储油罐"。世界上许多油田都是在这些"储油罐"中勘探出来的，我国的大庆油田就是其中之一。

地壳运动形成的高山峭壁
地壳运动按运动方向可分为水平运动和垂直运动。水平运动常常可以形成巨大的褶皱山系；垂直运动可形成高原、断块山及凹陷、盆地和平原，还可能引起海侵和海退，使海陆变迁。

- 为什么会发生地震？
- 地震强弱的差别
- 地震多发地带

世界之最 1960年发生在南美洲的智利地震是世界上有记录的最强烈的地震，震级达到9.5级。

神秘地球篇

大地的颤动——地震

张衡地动仪（复原图）
张衡发明的地动仪是世界上第一架测量地震的仪器，比欧洲制造的类似仪器早1700多年。

地震是一种经常发生的自然灾害。据统计，全球每年约发生500万次地震，约有15000人死于地震。

■ 为什么会发生地震？

地壳是不断运动着的，当组成地壳的岩层承受不了地壳运动累积的巨大能量时，就会突然发生破裂和错位，同时以地震波的形式将能量传到四面八方。当地震波传到地表时，地面就会振动起来，形成地震。

岩层破裂引起地震的地方称为震源。地面上离震源最近的一点称为震中。震中是接受振动最早的部位，通常也是受破坏最严重的地区。

■ 地震强弱的差别

人们通常用地震震级或地震烈度来衡量地震的强弱。

震级是根据地震时释放能量的多少来划分的。每一次地震只有一个震级，我国使用的是国际通用震级标准，叫"里氏震级"。迄今为止，世界上记录到的最大的地震为9.5级，是1960年发生在南美洲的智利地震，共造成5000人死亡。

地震烈度是指地震时地面及房屋等建筑物受到破坏的程度。对于同一次地震来说，不同地区的烈度是不一样的。距离震源近的地方，受破坏程度大，烈度就高；距离震源远的地方，受破坏程度小，烈度就低。

■ 地震多发地带

地震发生较多又比较强烈的地带，叫地震带。世界上主要有两大地震带：一是环太平洋地震带，包括南北美洲太平洋沿岸和从阿留申群岛、堪察加半岛、日本列岛南下至我国台湾省，再经菲律宾群岛转向东南，直到新西兰地带；二是喜马拉雅－地中海地震带，它从印度尼西亚经缅甸到我国横断山脉、喜马拉雅山区，越过帕米尔高原，经中亚细亚到地中海及其附近地区。

我国处在两大地震带之间，有些地区本身就是这两个地震带的组成部分。所以，我国是多地震的国家。据统计，我国每年大陆地震的次数约占世界大陆地震总次数的1/3。

地震后的建筑物
由于地震释放的能量非常大，所以地震的破坏力也相当强大，它不仅可以使建筑物倒塌，引起火灾，还能破坏交通、引发海啸。

33

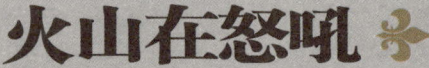

世界之最　南美洲安第斯山脉的阿空加瓜山海拔6960米，是世界上最高的死火山。

▶ 火山也休眠？
▶ 奇异的火山形态
▶ 火山喷发的"舞姿"

火山在怒吼

地壳下大约100千米至150千米处，存在着高温、高压下含气体挥发成分的熔融状硅酸盐物质，即岩浆。岩浆沿着一些通道上升到地表形成的喷出物围绕各种不同形状的喷出口形成山丘，这就是人们常说的火山。

■ 火山也休眠？

很多火山都有着悠久的历史。有些火山在人类出现以前就喷发过，现在已没有喷发能力，这样的火山叫作"死火山"。

有史以来曾经喷发过，但长期以来处于相对静止状态，目前还不能断定它是否已丧失喷发能力，这样的火山叫作"休眠火山"。

时有喷发的火山叫作"活火山"。这类火山每隔几年就要持续喷发一段时间。

■ 奇异的火山形态

岩浆喷发的条件不同，形成的火山形态也不同，主要有盾状火山、层状火山、泥火山等。

盾状火山具有宽阔的顶面和缓坡度侧

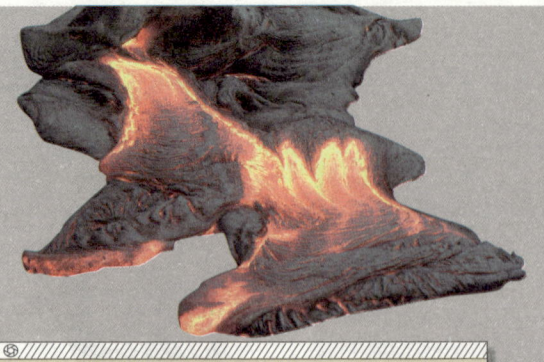

火山岩
火山喷发出的岩浆随着温度和压强的下降逐渐形成火山岩。熔浆的化学成分不同，所形成的岩石也不同。

翼，喷出的主要为低黏滞性的玄武岩岩浆；层状火山是火山多次喷发造成的，其喷发周期可以是几十万年，也可以是几百年；泥火山是泥浆与气体同时喷出地面后堆积而成的，外形多为锥状小丘。

■ 火山喷发的"舞姿"

火山的喷发方式有多种类型。

岩浆沿着地壳上的巨大裂缝溢出地表，称为"裂隙式喷发"。这类喷发没有强烈的爆炸现象，喷出物冷凝后形成覆盖面积广大的熔岩台地。在大陆上只有冰岛发生过裂隙式火山喷发活动，因此它又被称为"冰岛型火山喷发"。

地下岩浆通过管状火山通道喷出地表，称为"中心式喷发"，这是现代火山活动的主要形式，它又可分为宁静式喷发、爆裂式喷发和中间式喷发三种。

岩浆熔透地壳大面积地溢出地表称为"熔透式喷发"。这是一种古老的火山活动方式，现代已经不存在了。

火山喷发
火山喷发时，能喷出大量的氯化氢、氟化氢、硫化氢和二氧化硫等酸性气体，这些气体成分可能与原始大气相近。

- 海水从何而来？
- "五颜六色"的海水
- 海水为什么是咸的？

世界之最 马里亚纳海沟是世界上最深的海沟，最深处达11034米。

神秘地球篇

你所不知道的海水

汹涌澎湃的海水让人遐思无限，"精卫填海"的传说、"美人鱼"的故事等，使大海在人们眼里显得既美丽又神秘。很多人都曾经到海上探险，但他们并不一定了解大海：如此广阔无边的海水究竟是从哪里来的？为什么是蓝色的？

■ 海水从何而来？

地球是一个蓝色的水体星球，海水占地球总水量的96.53%。如此多的海水是从哪里来的呢？

一些学者认为，地球是由太阳星云演变而来的，太阳星云在冷却成形的过程中携带了水。起初这些水存于矿物、岩石中，后来地球不断演化，水被释放出来，成为海水。

近年来，美国科学家通过对人造卫星发回的照片进行研究，发现每分钟都有一些由冰物质组成的彗星落到地球上。据估计，每分钟大约有100立方千米的水进入地球，一年就有0.5亿立方千米。在地球形成的46亿年中，共有23亿立方千米的水进入地球。

实际上，这些观点还都只是猜测，地球水源之谜还尚未解开。

■ "五颜六色"的海水

在人们的印象里，海水是蓝色的。事实上，海水看上去也不全是蓝色的，还有红、黄、白、黑等颜色，有些海水甚至是"五颜六色"的。这是因为海

色彩丰富的海

从近处看，海水是纯净的，下面的白沙清晰可见；从稍远处看，海水是绿色的，像翡翠一般；从更远处看，海水是蓝色的，最后变成深蓝与天际相接。

水的颜色除了受太阳光的影响外，还会受到海水中的悬浮物质、海水的深度、云层以及其他因素的影响。

红海里生长着一种水藻，这种植物大批死亡后会呈现红褐色，将海水染成红色，红海就是由此而得名的。

我国的黄海，看上去呈现一片黄绿色，这是因为古代黄河夹带的大量泥沙流入黄海，将海水"染"黄了。虽然现在黄河改道流入了渤海，但由于有淮河等河水注入，黄海海面仍呈浅黄色。

在极地海洋，海水因甲壳动物的大量繁殖而被染成玫瑰色。波罗的海中有一种蓝绿色的水藻，因此这一片海域看起来就像绿色的草原。

■ 海水为什么是咸的？

很多人在海里游泳的时候都"尝"过海水——刚一到嘴里是咸的，接下来就又咸又苦。这是因为海水中含有大量的氯化钠（食盐的主要成分）、氯化镁、硫酸镁、碳酸镁及含钾、碘等各种元素的其他盐类。氯化镁是点豆腐用的卤水的主要成分，味道是苦的，因此，海水在咸中还带有苦味。

红海

红海位于非洲东北部与阿拉伯半岛之间，形状狭长，是连接地中海和阿拉伯海的重要通道。它是世界上海水温度最高的海，也是最年轻、最咸的海。

世界之最 我国的钱塘江大潮是世界上最壮观的海潮,潮头高度可达3.5米,潮差可达9米。

- 什么是潮汐现象?
- 谁操纵着潮涨潮落?
- 潮汐能有何用途?

为什么会有潮涨潮落?

海水每天都会涨落两次,古人把白天的涨落称为"潮",把晚上的涨落称为"汐",把这两种现象合称为"潮汐"。这种潮汐现象,使海面呈现规律性的起伏,就像人们的呼吸一样。那么,为什么大海会有潮涨潮落的现象呢?

潮汐现象

潮汐现象是海水在月球和太阳引潮力作用下发生的周期性运动。

■ 什么是潮汐现象?

大海的潮涨潮落是一种自然现象。到了一定的时间,海水就会迅速地上涨,一会儿就变得波涛汹涌;过一段时间之后,上涨的潮水又会慢慢地退下去。这样的潮涨潮落,每天有两次。如此循环重复,永不停息。

■ 谁操纵着潮涨潮落?

自从人类发现了潮汐的存在,就一直在探讨它的成因。

古希腊哲学家柏拉图认为,地球和人一样,也要呼吸,潮汐就是地球的"呼吸"。他猜想,潮汐是由于地下岩穴中的振动造成的,这种振动就如同人心脏的跳动。我国汉代思想家王充在《论衡》中写道:"涛之起也,随月盛衰。"他认为潮汐与月球有关系。

17世纪80年代,牛顿发现了万有引力定律,他认为潮汐是由月球和太阳对海水的吸引而引起的。这就比较科学地解释了潮汐产生的原因。

在地球自转的过程中,海水也随着地球旋转,在地球离心力的作用下,海水有被抛离旋转中心的倾向。同时,海水还受到太阳、月亮等其他天体引力的影响。这些力共同作用形成了引潮力。地球、月球在不断地自转和公转,它们与太阳的相对位置也在发生周期性的变化,海水受到的引潮力作用也随之变化。这样,就形成了周期性的潮汐现象。

■ 潮汐能有何用途?

涨潮时,大量海水汹涌而来,具有很大的动能。随着水位逐渐升高,动能转化为势能;而退潮时,海水奔腾而去,水位陆续下降,势能又转化为动能。海水在潮汐现象中所具有的动能和势能统称为潮汐能。

潮汐能的主要用途是发电。利用潮汐能发电首先需要在有潮汐的河口或海湾建筑一座水库,在水库中放置水轮发电机组。随着潮长潮落时海水水位的升降,海水通过水轮机时便会推动水轮发电机组发电。

1913年,德国在北海海岸建立了世界上第一座潮汐发电站。我国也于1957年在山东建成了第一座潮汐发电站。据估计,我国潮汐能蕴藏量为1.1亿千瓦,年发电量可达2750亿千瓦时。

朗斯潮汐电站

朗斯潮汐电站位于法国西北部英吉利海峡圣马洛湾的朗斯河口,建于20世纪60年代,是世界上最大的潮汐电站。其装机容量为24万千瓦,年均发电量为5.44亿千瓦时,它是第一座具有商业价值的潮汐电站。

> 瀑布奇观的形成
> 瀑布的神奇消失

世界之最 位于阿根廷和巴西边界上伊瓜苏河与巴拉那河汇合处的伊瓜苏瀑布，宽4000米，是世界上最宽的瀑布。

>>>>>>>>>>
神秘地球篇

瀑布的形成与消失

"飞流直下三千尺，疑是银河落九天"，每当读到这两句诗时，我们眼前总会浮现出千尺飞瀑落尘渊的壮观景象。

■ 瀑布奇观的形成

瀑布的形成原因主要有地壳错动、河川腐蚀、海浪拍击三种。

地壳错动：地壳因为运动发生断裂和错动，两侧的岩层出现上升或下降，这就是地壳错动。它可引起地表升降，形成落差极大的陡岩，河流从这里经过时飞流直下，就形成了瀑布。

河川腐蚀：河床是由软硬不同的岩石构成的，在河水的不断冲刷下，坚硬的岩石不容易被腐蚀，而相对较软的岩石则很容易被腐蚀变小。天长日久，河段中就形成了悬崖，河水流下悬崖，便成了瀑布。

海浪拍击：在河流流入海洋的一些河海汇合处，由于巨浪不断拍打河岸，致使河岸后退、河流缩短。如果海水冲击河岸的力度较大，很快就会形成地势落差，在落差处就会形成瀑布。

壶口瀑布

滔滔黄河水奔腾怒啸，从20多米高的断层石崖飞泻直下，跌入30多米宽的石槽之中，听之如万马奔腾，视之如巨龙鼓浪，气势非凡。

另外，石灰岩地区常有地下暗河，暗河流过的地方如果地势高低陡然变化，或暗河从陡峻的山崖涌出，都会形成瀑布，并且这样形成的瀑布更为壮观。

■ 瀑布的神奇消失

近年来，由于黄河水资源紧缺，黄河壶口瀑布的气势正逐渐衰减。如果不尽快进行挽救，壶口瀑布将有可能消失。

瀑布会消失吗？的确会。瀑布只是一种暂时性的景观，最终必然会消失。

瀑布长期流下陡崖，便会在下面的河槽中掘蚀出一个盆地，叫作跌水潭。在某些情况下，跌水潭的深度可能近似于造成瀑布的陡崖的高度。跌水潭最终会造成陡崖坡面的坍塌，使瀑布向上游方向后退并逐渐降低高度直至彻底消失。

安赫尔瀑布

安赫尔瀑布又名丘伦梅鲁瀑布，藏身于委内瑞拉与圭亚那的高原密林深处，瀑布落差达979.6米，约是尼亚加拉瀑布的18倍。

世界之最 中国的青藏高原是世界上海拔最高的高原，其大部分地区的海拔都在3500米以上，有"世界屋脊"之称。

- ▶ 渤海的"前世"
- ▶ 曾经沧海的新疆
- ▶ 喜马拉雅山的变化
- ▶ 沧海桑田的转化之因

沧海桑田如何变幻？

"沧海桑田"本意指大海变成了种桑树的田地，种桑树的田地变成了大海，后代指地球上的一种地质现象：在漫长的岁月中，有的陆地下沉，成了汪洋大海；有的海底钻出海面，隆起为高山……

■ 渤海的"前世"

20世纪70年代初，考古学家在渤海海底发现了一具披毛犀的骨架化石。人们因此认为，渤海曾有一段裸露成陆的历史，因为陆生的披毛犀是无法在海中生存的。原来，在2亿多年前，渤海所在的地方是一片陆地。后来由于地壳下沉，海水涌入，这里才成了大海。在渤海海底发现的陆地生物化石就是陆地变海洋的可靠证据。

■ 曾经沧海的新疆

与渤海曾经一马平川相反，新疆所在的地方曾是一片汪洋大海，是浩瀚的古地中海的一部分。

大约2.3亿年前，地球经历了一次强烈的构造运动，新疆地区出现了大规模海退现象，海域面积急剧缩小。第三纪初期，这里的海水全部退去了。后来，在新的构造运动中，青藏高原被抬升到海拔5000多米的高度，帕米尔高原、天山、阿尔泰山相继隆起，新疆就成了欧亚大陆的腹地。

■ 喜马拉雅山的变化

喜马拉雅山是世界上最高的山脉，可这里原来却是一片汪洋大海。大约3000万年以前，亚洲大陆板块与南亚次大陆板块相撞，处于这两个板块之间的古海受到强力挤压，海底被猛烈抬升，形成了高山，这就是喜马拉雅山。

我国科学家在喜马拉雅山进行考察时，发现了由海底碎石泥沙沉积形成的岩层，并在岩层中发现了大量生活在浅海中的古代动植物化石，这为喜马拉雅山由海变陆的观点提供了有力的证据。

■ 沧海桑田的转化之因

地球自诞生之日起，内部的物质就在不停地运动，地壳因此发生变动，有时上升，有时下降。靠近大陆边缘的海水比较浅，如果地壳上升，海底便会露出成为陆地；如果地壳下降，海边的陆地则会下沉变为海洋。

"沧海"与"桑田"互相转变还与气候有关。气温降低，从海洋蒸发出来的水在陆地上结成了冰川，不能回到海中，因而海水减少，浅海变成了陆地；气温升高，大陆上的冰川融化成水，流入海洋，会使海面升高，从而使近海的陆地或低洼地区变成了海洋。

喜马拉雅山
沧海桑田的变迁，形成了巍峨起伏的喜马拉雅山。远远望去，喜马拉雅山绵延千里，景色绮丽，宛如盘旋的巨龙。

- 什么是沼泽？
- 水体沼泽
- 陆地沼泽

世界之最 位于巴西中部地区的潘塔纳尔沼泽地是世界上最大的沼泽地，面积达25万平方千米。

神秘地球篇

地球之肾——沼泽

1935年8月，中国红军在长征途中进入了四川西北部的松潘大草地。大草地水草纵横，一眼望不到边际，茂密的草茎以及腐草下面全是淤积的黑水。人走在上面，一不小心，就会有陷下去的危险。松潘大草地就是一种沼泽地。那么，究竟什么是沼泽呢？

■ 什么是沼泽？

如果地面长期处于过湿状态或者滞留着微弱流动的水，土壤水分几乎达到饱和，就会形成沼泽地。沼泽地生长着喜湿性和喜水性的植物，并有泥炭沉积。

沼泽是独特的生态系统，其中蕴藏着丰富的资源，是地球上重要的湿地，因此被称为"地球之肾"。

■ 水体沼泽

沼泽的形成和发展与冷湿的气候、排水不畅的低平地形有关。据此，可将沼泽分为水体沼泽和陆地沼泽两类。

沼泽

沼泽地不仅是纤维植物、药用植物、蜜源植物的天然宝库，还是鸟类和鱼类栖息、繁殖、育肥的良好场所。此外，沼泽还具有湿润气候、净化环境的功能。

由江、河、湖、海淤塞的泥沙、水草丛生的边缘或浅水部分逐渐演变而形成的沼泽，称为水体沼泽。

在一些气候湿润的地区，河水带着许多泥沙流入湖泊。其中一部分物质会随着水流漂到湖泊，然后慢慢沉淀到湖底。这样日积月累，湖泊会变得越来越浅。湖泊底部各种各样的水生植物不停地生长、死亡，大量腐烂的植物残体在湖底堆积，慢慢形成了泥炭。当湖泊中的沉淀物增多到一定程度时，湖泊就变成了水体沼泽。

■ 陆地沼泽

在林区或高山草甸由冻土带植物落叶和地下水聚集逐渐形成的沼泽，称为陆地沼泽。

在森林地区，大量堆积的落叶和雨水减少了土壤中水分的蒸发，使地面保持着过度湿润的状态，并促使草木炭化。在炭化过程中，地上的草木不断死亡，苔藓植物大量出现。苔藓植物能保留大量水分，使落叶和枯草的分解过程减慢，泥炭逐渐堆积，最终形成陆地沼泽。

湿地

湿地是位于陆生生态系统和水生生态系统之间的过渡性地带，是重要的生态系统。

| 世界之最 | 南极洲的兰伯特冰川是世界上最大的冰川，宽64千米，总长约514千米。

▶ 冰川的形成
▶ 冰川"漫步"

美丽的雪域冰川

冰川，以雪峰为依托，以其巨大而晶莹的冰体，为人们所瞩目。位于安第斯山脉的贝利托莫雷诺冰川是世界上最著名、最壮美的冰川，也是阿根廷最引人入胜的自然景观。

■ **冰川的形成**

冰川是水的一种存在形式，是雪经过一系列变化转变而来的。在高山地区，气候异常寒冷，山上常年积雪，年平均温度在0摄氏度以下。随着降雪不断增多，地表上的积雪逐年增厚，经过一系列的变化，积雪就会逐渐变成微蓝色、透明的冰川冰。

冰川冰具有可塑性，受自身重力作用沿斜坡缓慢运动，或在冰层压力下缓缓流动，就会形成冰川。冰川的增长和消融会引起海面升降和地壳运动，甚至海陆轮廓都会随之发生变化。

■ **冰川"漫步"**

冰川不是静止的，它一直在运动。冰川运动和流水有些相似，中间快，两边慢。许多冰

冰川湖

冰川湖给冰川景色增添了更加迷人的风采。每当朝日初升或夕阳西下的时候，湖面上霞光万道，灿烂夺目，美不胜收。

川上会出现形象十分奇特的弧形连拱，就是因为冰川在运动过程中间和两边速度不一样的结果。

一般冰川运动的速度十分缓慢，每天平均移动不过几厘米，最多也不过数米。但是，也有些冰川会在长期缓慢运动或退缩之后突然爆发式地向前推进。冰川运动速度还有季节变化，夏快冬慢。这主要是由冰川的温度变化引起的：当冰川升温时，冰的可塑性增加，冰川运动速度就会加快。

可是，冰川为什么会"漫步"呢？这是因为冰川表面有许多裂隙，这些裂隙一般不超过60米深，所以很快就能闭合。冰川表面容易断裂的这层就是脆性带，而冰川下部则是塑性带，它"柔软"得可以适应各种外力作用而不致发生破裂。塑性带的存在正是冰川运动的根本原因。

南极冰川

研究表明，由于大气和海水温度的升高，南极冰川的融化速度正在加快，部分以前覆盖着冰雪的地区现在已变成了绿草地。

- 岩石形成说的"水火之争"
- 最主要的岩类——沉积岩
- 最原始的岩石——岩浆岩
- 会"变身"的岩石——变质岩

世界之最 雄跨七国的安第斯山脉长约9000千米，是世界上最长的陆上山脉。

神秘地球篇

岩石也是有故事的

变质岩
变质岩是在高温高压和矿物质的混合作用下由一种岩石自然变质形成的另一种岩石。其质变可能是重结晶，也可能是纹理改变或颜色改变。

说起石头，人们并不陌生。在地质学术语中，石头被称为岩石。"岩"有高山陡崖之意，而"岩石"就是形成这些高山峭壁的石头。事实上，岩石不止可以形成高山，它在地球上非常广泛地分布着，山脉、丘陵、岛屿甚至地球本身都是由岩石构成的。

■ 岩石形成说的"水火之争"

关于岩石的形成，科学界有过一场激烈的争论。

1775年，德国地质学家魏格纳提出，花岗岩和各种金属矿物都是原始海洋中的沉积物形成的。而英国地质学家詹姆斯·赫顿则认为，花岗岩是岩浆冷却后形成的。这两派分别被称为"水成派"与"火成派"。现在看来，他们的观点都带有不同程度的片面性。

目前比较公认的说法是：岩石是由一种或几种矿物质组成的固态集合体，按照成因可分为沉积岩、岩浆岩和变质岩三大类。

■ 最主要的岩类——沉积岩

沉积岩是由风化产物、火山物质、有机物质等在常温、常压下经过搬运、沉积和石化作用而形成的岩石。它占地表成分的66%，是组成地表的主要岩类。沉积岩大多呈层状，最先沉积者在下部，最后沉积者在上部，层次愈上者时代愈新。

■ 最原始的岩石——岩浆岩

岩浆岩是所有岩石中最原始的岩石，也叫火成岩。它是由地球内部岩浆侵入到地壳上部或者喷出到地表冷却后经过结晶作用而形成的岩石。

岩浆岩如橄榄石、角闪石等都是在高温、高压条件下结晶而成的，这些矿物在常温、常压下很难保存。因此，在岩浆岩中出现的矿物在沉积岩中很少见到。

■ 会"变身"的岩石——变质岩

变质岩是大陆地壳中最主要的岩石类型之一。其形成过程是：一些沉积岩或岩浆岩经过地壳运动或岩浆侵入作用后，在高温、高压的影响下，岩石结构或组织中原有的部分矿物消失而一种新矿物产生，从而形成一种与原岩不同的岩石，即变质岩。

怪岩
地球上的岩石形状千奇百怪，让人惊叹其造型独特，也让人思考其形成原因。

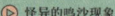

世界之最 撒哈拉沙漠是世界上最大的沙漠，面积约906万平方千米。

- 沙漠的形成
- 宝贵的沙漠之水
- 怪异的鸣沙现象

蒙面女郎——沙漠

茫茫大漠，对大多数人来讲就如同蒙面的阿拉伯女郎，神秘、充满诱惑而不可捉摸……

■ 沙漠的形成

沙漠是指沙质荒漠。全球沙漠几乎都集中分布在赤道南北纬15度至35度之间。干旱和风是形成沙漠的两个主要原因。气候干旱地区的岩石常年受到风吹日晒，逐渐由大块分裂成小块，再由小块风化成沙砾，经过风的搬运堆积，最终形成了沙漠。世界上几乎所有的大沙漠都是这样形成的。

然而，并不是所有沙漠都是天然形成的。很多地方原本并不是沙漠，而是由于人为因素造成土地逐渐沙化，最后变成了沙漠。有学者指出，人类是破坏生态环境、制造沙漠的真正凶手。

月牙泉
位于我国甘肃省的月牙泉是月牙形的清泉，泉水碧绿，如翡翠般镶嵌在金子似的沙丘上。泉边芦苇茂密，微风起处碧波荡漾，水映沙山，蔚为奇观。

■ 宝贵的沙漠之水

水是沙漠地区最宝贵的自然资源。沙漠中只有很少量的水存在，这些水主要是河流水、湖泊水和地下水。

沙漠里的湖泊大部分是内陆湖，没有出口和外流河，不能与海洋相通。有一种沙漠湖泊叫咸水湖，湖里的水一般不能直接饮用，但它能滋润沙地，有利于耐盐植物的生长和沙漠的治理。

■ 怪异的鸣沙现象

沙漠中有些沙地会发出声响，人们称之为"鸣沙"。在我国腾格里沙漠的边缘地带，就有一个地方叫"鸣沙山"，高约100米。当人们纷纷顺着它的山坡滑下来的时候，山坡上的沙便会发出轰隆的巨响，就像打雷一样。

专家分析，沙漠表面的沙子是细沙并且干燥，其中含有大部分石英。这些沙石被太阳晒得火热后，经风的吹拂或人马走动的拂动，沙粒移动摩擦起来就会发出声音。这便是发生鸣沙现象的原因。

鸣沙山
鸣沙山位于甘肃省敦煌市腾格里沙漠的边缘。游人攀上沙丘由山顶往下滑时，沙砾即随人体落下，同时发出一阵阵轰响，近闻如兽吼雷鸣，远听如神声仙乐，自古被世人传为一奇。

- 别具情趣的溶洞风景
- 世界上最大的溶洞
- 中国溶洞之最

世界之最 墨西哥尤卡坦半岛有多条水下通道，是世界最长的水下洞穴系统。

神秘地球篇

奇特的溶洞

美丽溶洞
在石灰岩地区，如果有地下水长期侵蚀，就会形成各种各样的溶洞。我国溶洞众多，其中以广西境内的溶洞最为著名，如桂林的七星岩、芦笛岩等。

我国古代有很多关于溶洞的记载。《易经》《山海经》中都有关于溶洞的描述；从唐宋起，溶洞逐渐成为游览场所和相关人士的研究对象，溶洞题记和洞口摩崖造像日渐增多，宋代范成大的《桂海虞衡志·志岩洞》就专门论述了桂林溶洞；明代《徐霞客游记》则记述了上百个溶洞……

■ 别具情趣的溶洞风景

溶洞风景一般由洞体、石景、水景、光象、气象、生物等构成。

洞体一般由厅堂洞室、通道走廊和洞口三部分组成。洞体形状多种多样，或奇妙幽深，或雄伟壮观，但都体现了溶洞景观的魅力。

溶洞石景有渗滴水形成的石纹、石乳、石笋、石莲、乳石山等，有地下水溶蚀形成的石钟乳、石锅、石床，有带状水流形成的石瀑、石幔、石帘，有雾滴附着凝结成的石刺、石毛等。

溶洞水景有河湖潭池、地下暗流、泉溪水帘、瀑布跌水等。在溶洞中，水的光、影、形、声效果与洞外相比，别有一番情趣。

■ 世界上最大的溶洞

世界上最大的溶洞是美国肯塔基州境内阿巴拉契亚山脉的犸猛洞。

犸猛洞深64千米，所有的岔洞连起来的总长度达250千米。洞里宽的地方像广场，窄的地方像长廊。洞的平面迂回曲折，垂直面上可分出三层。

雨季时，犸猛洞内有流水，形成地下河流，在波折处河水跌落，则形成瀑布；旱季时，只有局部地区有水，可形成地下湖泊。

■ 中国溶洞之最

我国化学沉积物最丰富的溶洞，当属北京房山区的石花洞。这里除了其他溶洞都有的70余种化学沉积物（包括石柱、石笋、石钟乳、壁流石等）之外，还有乳状大石钟乳、丘状大石笋和石幔大竖琴等，这些在全国其他溶洞中均属罕见。而由月奶石组成的瑶池石莲及由橘黄石珍珠构成的石塔，则为此洞独有。

至于洞穴堆积与结晶形态最集中的溶洞，则是距离贵阳市152千米的织金洞。织金洞中，广寒宫、灵霄殿、南天门、万寿山等奇景迭出，卷曲石、银雨树等更是罕见。此外，灵芝石、水蘑菇、卷帘石等溶蚀、沉积、结晶和堆积的岩溶洞穴，多达120种，十分难得。织金洞也因此闻名世界，吸引着无数游客。

石钟乳
图为桂林溶洞里的石钟乳。石钟乳自上往下生长，每百年才长1厘米，长1米需1万年。

| 世界之最 | 最早提出太阳风概念的人是美国天文学家帕克。 |

- 极光是如何形成的?
- 极光的多彩身姿

瑰丽夺目的极光

在地球的南极和北极地区，经常会出现极光现象。从人类第一次仰望天际惊见极光的那一刻开始，极光就一直是个"谜"。亲眼目睹过极光的人，无不被它的瑰丽与壮观所折服，无不慨叹大自然的神奇造化。

■ 极光是如何形成的?

极光是怎样形成的呢？科学家们经过多年探索，基本找到了答案。极光的形成与太阳风暴有关，它是太阳风暴与地球磁场相互作用的结果。

每当太阳黑子剧烈活动时，太阳就会释放出大量的热气体、辐射和能量。随着非常光亮的太阳耀斑的巨大爆炸，猛烈的太阳风暴就形成了。太阳风暴席卷整个太阳系，当它以极高的速度冲入离地球80千米至1000千米的高空时，它里面的带电微粒群就会发生猛烈碰撞，并产生强烈的放电发光现象。而这就是人们所见到的极光。

北极光

绚烂的北极光，有种令人窒息的美。极光是原子与分子在地球大气层最上层运作激发的一种光学现象。

■ 极光的多彩身姿

极光出现时间有时极短，犹如节日的焰火，在空中闪现一下就消失得无影无踪，有时却可以在苍穹之中辉映几个小时。美丽的极光有时像一条彩带或一团火焰，有时像一张五光十色的巨大银幕，有时像抛向天空的彩绸或缎带，上下飞舞翻动。有的色彩纷纭，变幻无穷；有的仅呈银白色，犹如棉絮、白云，凝固不变；有的异常光亮，能掩去星月的光辉；有的又十分质朴，宛若一束青丝。

为什么极光会发出红、蓝、绿、白、紫等种种不同色彩的光芒呢？这是因为，地球高空处的气体分子是多种多样的，不同的气体分子与带电粒子作用时会产生不同颜色的光，这就使得极光五彩缤纷、奇幻迷人。

南极光

人们知道极光的存在至少已有2000年了，而且极光一直是许多神话的主题。在中世纪早期，斯堪的纳维亚的海盗就认为，极光是骑马飞奔越过天空的勇士。

- 梦幻美景——海市蜃楼
- 为什么会出现海市蜃楼?
- 海市蜃楼的两大特点

世界之最 红海是世界上水温最高的海，8月时其表层平均水温为27摄氏度至32摄氏度，最高时可达50摄氏度以上。

神秘地球篇

迷离的海市蜃楼

在很多人心中，"海市蜃楼"只是一个成语，常被用来比喻虚无缥缈、不切实际的事情。但事实上，海市蜃楼是一种美丽而神奇的自然现象，多出现在沿海一带或沙漠中。

■ 梦幻美景——海市蜃楼

1988年6月1日，我国山东半岛上的蓬莱市出现了这样一种奇景：宽阔的海面上，横着一条乳白色的雾带，一条橙黄色的彩云从大小竹山两个岛屿涌起，不断地升腾变幻；不久，南长山岛在雾中渐渐隐去，一个时隐时现的新岛露出；新岛之上，云崖幽谷、玉阙珠宫若隐若现，灵气袭人；蓬莱市的登州古城，此时也神秘得宛如仙境。这就是如梦似幻的"海市蜃楼"。

■ 为什么会出现海市蜃楼?

海市蜃楼是由于光在密度分布不均匀的空气中传播时发生全反射而形成的。

夏天，海面上的空气下层温度比上层低，密度比上层大，折射率也比上层大。远处的山峰、船舶、楼房等反射的光线射向空中时，由于不断被折射，就会越来越偏离法线（过入射点与水平线垂直的线）方向，进入上层空气的入射角不断增大，以致发生全反射。光线反射回地面，人们逆着光线看去，就会看到远方的景物悬在空中。

沙漠里出现海市蜃楼的原理和海面上相似。太阳光照到沙地上，接近沙面的热空气层比上层空气的密度小，折射率也小。远处物体反射向地面的光线，进入折射率小的热空气层时被折射，入射角逐渐增大。当其发生全反射时，人们逆着反射光线看去，就会看到远处物体的倒影。

海市蜃楼不仅能在海上、沙漠中产生，在柏油马路上偶尔也会被人们看到。柏油马路因为路面颜色深，夏天在灼热阳光下温度较高，同样会使路面上的大气层呈现上层空气冷、密度大而下层空气热、密度小的分布特征，所以也会出现海市蜃楼。

海市蜃楼
沿海地带或广袤的沙漠中，偶尔会出现高大楼台、城廓、树木等幻景，这种幻景被称为"海市蜃楼"。

■ 海市蜃楼的两大特点

海市蜃楼有两个特点：
一是在同一地点重复出现。比如美国的阿拉斯加上空经常会出现海市蜃楼。
二是出现的时间固定。比如我国蓬莱的海市蜃楼大多出现在每年的五六月份，俄罗斯齐姆连斯克附近的海市蜃楼往往是在春天出现，而美国阿拉斯加的海市蜃楼一般是在每年6月20日以后的20天内出现。

| 世界之最 | 中国重庆璧山县的云雾山全年雾日最多可达204天，堪称世界上雾日最多的地区。 | ▶ 常在秋冬出现的雾
▶ 雾的种类 |

雾的出现和妙趣

雾是气温下降时在近地面大气层中悬浮的大量微小水滴。

大雾属于灾害性天气，许多公路交通、飞行航运中发生的事故都是由于大雾造成的。同时，雾和空气中的污染物质结合在一起，还会给人的身体健康带来很大的危害。

那么，雾是怎么形成的呢？

■ 常在秋冬出现的雾

雾形成的条件一是冷却，二是加湿。白天气温比较高，空气中可容纳较多的水汽。但是到了夜间，气温下降了，空气容纳水汽的能力减弱了，一部分水汽就会凝结起来，变成很多小水滴。这些小水滴悬浮在近地面的大气层里，就形成了雾。

一般来说，秋冬早晨雾比较多，因为秋冬季节黑夜漫长，地面散热较夏天更迅速，温度下降更急剧。在这种条件下，便容易形成雾。秋冬的清晨气温最低，是雾最浓的时候。

■ 雾的种类

雾有很多种，常见的有辐射雾和平流雾两种。

辐射雾是因为夜间地面冷却使空气中的水汽达到饱和所形成的雾。这种雾大多出现在晴朗、微风、近地面水汽比较充裕的夜间或早晨。太阳一升高，地面温度上升，空气又恢复到未饱和状态，雾滴也就随之蒸发消散了。

云山雾海
很多海拔比较高的山上都会出现云山雾海的奇观，云雾弥漫中，群山时隐时现，令人心驰神往。

当温暖潮湿的空气流经冷的海面或陆面时，空气的低层因此冷却，水汽达到过饱和就会形成平流雾。只要有适当的风向、风速，平流雾就会形成，而且会持续很久。如果没有风，或者风向转变，暖湿空气来源中断，雾就会立刻消散。

除以上两种雾外，还有其他种类的雾。当水面和空气温差较大的时候，水汽从水面蒸发出来，遇到冷空气凝结，可形成蒸气雾；如果潮湿空气沿着山坡上升，冷却后空气达到饱和，就会产生上坡雾；随着现代工业的发展，又增添了许多种类的雾，如光化学烟雾、黑色烟雾等。

雾都伦敦
由于地处温带海洋性气候带，空气湿度大，容易产生雾气，再加上工业污染等因素，伦敦终日笼罩在烟雾之中，有"雾都"之称。

- 彩虹为什么常在雨后出现？
- 彩虹真是七色的吗？
- 美丽的双彩虹

世界之最 世界上年降水最多的地方是印度东北部的乞拉朋齐，这里的年均降水量为11430毫米。

神秘地球篇

彩虹的小秘密

雨过天晴，天空中常常会出现一条瑰丽多彩的长虹，就像一架凌空而建的桥梁，使人们产生无穷的想象。

■ 彩虹为什么常在雨后出现？

雨后常常能看见彩虹，这是因为雨后天气刚刚转晴，空气中不但尘埃少，还有大量的小水滴悬浮，如果这时天空的一边因为仍有雨云而较暗，另一边已没有云的遮挡且有阳光，光线经过水滴时就会发生折射，于是我们就看见彩虹了。

彩虹的鲜亮程度取决于空气中水滴的大小。水滴越大，虹带越窄，色彩越鲜明；反之，色彩越暗淡。冬天气温普遍较低，空中不容易存在小水滴，下雨的机会也少，所以彩虹通常都出现在夏天的雨后。

■ 彩虹真是七色的吗？

1666年，大科学家牛顿做了一个实验。实验中，他发现太阳的白色光可以被三棱镜分解成色彩缤纷的"彩带"，牛顿只是简单地把它们分成了七种颜色。但是在彩虹中，一种颜色到另一种颜色的过渡是逐渐进行的。简单的七分法显然并不能涵盖所有的色彩，红、橙、黄、绿、蓝、靛、紫之间还存在着许多中间色。比如，在黄色和绿色之间，有浅黄、深黄、黄绿、浅绿、深绿；在蓝色和紫色之间，有浅蓝、深蓝、蓝紫、浅紫、深紫……因此，说彩虹是七色的其实并不准确，"七色"只是其中最主要的颜色而已。

牛顿

艾萨克·牛顿（1643~1727年），英国著名物理学家、数学家、天文学家、自然哲学家和炼金术士。

■ 美丽的双彩虹

很多时候我们会看到天空中有两条彩虹出现，一条彩虹的外边出现了与之同心的彩虹。阳光经过水滴时，进行一次反射，就会形成我们常见的彩虹，即主虹；若光线在水滴内进行两次反射，便会产生第二道彩虹，即副虹，又称霓。

由于每次反射均会损失一些光能，因此副虹的光亮较弱。因为有两次反射，所以副虹的颜色次序与主虹相反，外侧为蓝色，内侧为红色。副虹其实一直跟随主虹存在，只是因为它的光线强度较低，很多时候人们用肉眼看不见而已。

双彩虹

有时候天空会出现双彩虹，一条彩虹的外边还有一条与之同心但较暗的副虹（又称霓），十分美丽。

47

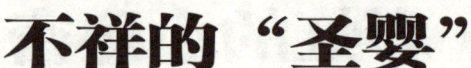

世界之最 美国二氧化碳排放量占世界排放总量的22%，是世界上最大的二氧化碳排放源。

▶ 可怕的厄尔尼诺
▶ 谁在助"圣婴"作恶？

不祥的"圣婴"——厄尔尼诺

19世纪初，在南美洲的厄瓜多尔、秘鲁等国家，渔民们发现，每隔几年，从10月至下一年的3月便会出现一股沿海岸南移的暖流，使表层海水温度明显升高。南美洲的太平洋东岸本来盛行的是秘鲁寒流，随着寒流移动的鱼群使秘鲁渔场成为世界三大渔场之一，但这股暖流一出现，性喜冷水的鱼类就会大量死亡，使渔民们在经济上遭受巨大损失。由于这种现象最严重时往往出现在圣诞节前后，所以无可奈何的渔民便将其称为"圣婴"，音译为中文就是"厄尔尼诺"。

■ 可怕的厄尔尼诺

厄尔尼诺是太平洋赤道带大范围内海洋和大气相互作用后失去平衡而产生的一种气候现象。

1982至1983年，全球范围内发生了严重的厄尔尼诺现象，许多地方都遭受了灾难：特大飓风袭击了夏威夷群岛，致使多处房屋倒塌；印度尼西亚、澳大利亚出现了严重干旱和森林

龟裂的土地
厄尔尼诺现象会使全球部分地区发生几十年甚至几百年不遇的严重旱灾。

火灾；北美洲大陆热浪与暴雨交替出现，当地居民处于"水深火热"之中；非洲由于干旱发生了严重的灾荒；中国北旱南涝，冬天到来时，以严寒著称的东北地区气候温暖，一向温暖的华南、西南地区却奇冷无比。

20世纪90年代，全世界共发生了4次厄尔尼诺现象，其中以1997年那次危害最大：澳大利亚发生了几十年来最严重的干旱，粮食持续减产；非洲暴发了洪水，牛群被淹死，庄稼被毁坏；美国南部遭到了龙卷风的猛烈袭击，海浪几乎侵蚀了整个西海岸。

■ 谁在助"圣婴"作恶？

近年来，厄尔尼诺现象发生的周期逐渐缩短，有加快、加剧的趋势。我们不禁要问，是谁在助"圣婴"作恶呢？

有科学家推断，厄尔尼诺的猖獗同地球温室效应加剧引起的全球变暖有关，环境的破坏与二氧化碳的大量排放则是直接原因。也就是说，是人类自己在助"圣婴"作恶。

厄尔尼诺带来的水灾
"圣婴"一点也不可爱，当它出现时，全球许多地方都会发生洪涝灾害，繁华的城市变为一片泽国，肥沃的土地变为一片汪洋，人类世界变成巨大的灾难场。

Part 3
神奇地理篇

世界之最 珠穆朗玛峰海拔8844.43米,是世界上最高的山峰。

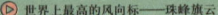
- 珠峰的形成
- 珠峰的高度变化
- 世界上最高的风向标——珠峰旗云

珠穆朗玛峰还能长高吗?

珠穆朗玛峰是喜马拉雅山脉的主峰,也是世界第一高峰。它地处中国和尼泊尔边界东段,北坡在中国西藏,南坡在尼泊尔。

■ 珠峰的形成

大约4000万年前,喜马拉雅山地区还是一片汪洋大海,海底沉积着无数含海洋生物化石的石灰岩和砂岩。约3000万年前,由于印度次大陆与亚洲大陆的碰撞,喜马拉雅山开始逐渐升起。2000多万年前,喜马拉雅山又经历了一次强烈的地壳运动,山脉被快速抬升。到800万年前时,喜马拉雅山已上升到了3000米以上。最近400万年来,喜马拉雅山的高度不断增加,其主峰珠穆朗玛峰逐渐成为了世界最高峰。

■ 珠峰的高度变化

珠穆朗玛峰高8844.43米,从诞生之日起,它就在不停地"长个儿",并且它的长高并非匀速生长而是变速的。在过去数百万年中,它平均每1万年上升10米。在1966年至1975年间,它每年仅以4.1厘米的速度升高。之后,增高速度逐渐减缓,每年平均只抬升3.3厘米。现在,它仍在以不易察觉的速度缓慢上升。

一些地质学家认为,珠穆朗玛峰不可能无限制地永远升高。因为山脉的升高就像"叠罗汉"一样,山体不断抬升的同时,山底所承受的压力也相应增大,一旦达到极限,偌大的山体就会散架崩塌。

> **珠穆朗玛峰**
> 珠穆朗玛峰峰顶的最低气温可达零下34摄氏度。山上一些地方积雪常年不化,冰川、冰坡、冰塔林到处可见。峰顶空气稀薄,空气的含氧量很低,且常年刮十几级的大风。风吹着积雪四处飞舞,弥漫天穹。

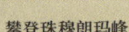

> **攀登珠穆朗玛峰**
> 登上高耸入云的珠穆朗玛峰一直是登山爱好者的梦想。自1953年5月29日,人类首登珠峰成功,包括中国登山者在内的世界各地登山者在珠峰顶上留下了胜利的足印。

■ 世界上最高的风向标——珠峰旗云

每当天气晴朗时,珠峰顶上常会飘起状如旗帜的乳白色烟云,这就是堪称世界一大奇观的珠峰旗云。珠峰旗云姿态万千,一会儿像波涛汹涌的海浪,一会儿似袅娜的炊烟,一会儿又如奔腾的骏马,给珠峰增添了无限风光。

根据旗云飘动的位置和高度,人们可以推断出峰顶风力的大小。旗云飘动的位置越向上走,高空风力越小,越向下倾,高空风力越大,当它和峰顶平齐时,风力约为9级。因此,珠峰旗云又有"世界上最高的风向标"之称。

> 岩画引出的思考
> 撒哈拉沙漠的形成

世界之最 撒哈拉大沙漠是全球日照时数最多的地方,这里年平均日照时数达4300小时。

神奇地理篇

撒哈拉有过"绿洲时代"吗?

撒哈拉沙漠是现今世界上最大的沙漠,而若干年前这里却是富饶的绿洲。从绿洲到沙漠,如此巨大的变化是怎样发生的呢?

■ 岩画引出的思考

1933年,法国骑兵队来到撒哈拉沙漠,偶然在沙漠中部塔西利台·恩阿哲尔高原上发现了长达数千米的壁画群,这些壁画栩栩如生地刻画了远古人们生活的情景。

科学家由此推测,5000至6000年以前,撒哈拉地区肯定不是今天这样寸草不生的沙漠。那时候,这里气候湿润、植物茂盛,原始人类和野生动物愉快地生活着。

那么,是什么原因使这一片生机盎然的绿洲变成了茫茫大漠呢?

■ 撒哈拉沙漠的形成

科学家经过研究和分析,认为撒哈拉地区由草原退化为沙漠经历了一个漫长的过程。

气象学家认为,很久以前,撒哈拉地区的气候突然发生变化,导致降雨量急剧减少。只有少量的雨水流进了内陆盆地,可是由于雨水流量不多,也就滞留在那里了。流水所带的泥沙在盆地里慢慢淤积。盆地增高以后,这些水开始向四周泛滥,慢慢地形成了沼泽。而这一带日照时间特别长,气候极为干燥,经过漫长的时间,沼泽里的水分慢慢变干了,沙丘开始出现。撒哈拉地区也就慢慢变成了现在这样的沙漠地带。

而生态学家则认为,绿洲之所以变成沙漠与人类自身的活动有着密切的关系。撒哈拉地区本来就干燥少雨,随着人口和牲畜的不断增多,绿色原野渐渐无法负荷,天长日久,绿洲最终变成了茫茫荒漠。

撒哈拉沙漠
  撒哈拉沙漠横亘在非洲北部,无垠的沙地连绵不绝,长久以来,犹如天险,阻碍着旅行者深入的脚步。

| 世界之最 | 世界上最干旱的沙漠是位于南美洲智利北部的阿塔卡玛沙漠，这里年降水量几乎为零，已连续干旱了400年。 |

- 昨日辉煌，今日萧瑟
- 奇怪的"大耳朵"
- 诡异的"死亡之海"

"死亡之海"——罗布泊

罗布泊位于我国新疆若羌县境东北部，曾是塔里木盆地的重要湖泊。它海拔780米，面积2400平方千米至3000平方千米，因地处塔里木盆地东部的古"丝绸之路"要冲而著称于世。在漫长的演化过程中，罗布泊给世人留下了太多的自然之谜。古往今来，这些谜团吸引了无数探险者，他们深入其中，探寻奥秘。

■ 昨日辉煌，今日萧瑟

罗布泊曾经是塔里木盆地的积水中心，当时发源于天山、昆仑山和阿尔金山的河流，源源不断地注入罗布泊洼地。那时候的罗布泊是广阔、美丽、充满生机的湖泊，它的周边绿林环绕，牛马成群。

后来，塔里木河两岸人口激增，对水的需求不断增加，人们拼命向塔里木河索水。最终，一系列的过度用水行为终于导致河水干涸。断了水的罗布泊成了一个死湖、干湖，周围一片死寂，寸草不生，萧瑟至极。

■ 奇怪的"大耳朵"

1972年7月，美国宇航局的卫星拍摄到了一些罗布泊的照片。照片上的罗布泊竟酷似人的一只耳朵，不但有耳轮、耳孔，还有耳垂。那么，这只"地球之耳"是如何形成的呢？

有观点认为，这主要是20世纪50年代后期由天山南坡的洪水冲击而成的。洪水流进湖盆时，冲击、溶蚀着原来的干湖盆，使湖床形成突出的环状条带。这些干涸湖床微妙的地貌变化，影响了它们的光谱特征，从而形成了"大耳朵"。

我国科学家则认为，罗布泊的"大耳朵"是湖水迅速退缩形成的。"耳轮"是湖水退缩蒸发的痕迹；"耳孔"是伸入湖中的半岛，它将罗布泊分成东西两湖；"耳垂"则是喀拉和顺湖注入罗布泊时形成的三角洲。

对于罗布泊"大耳朵"的形成原因，至今仍无定论。

罗布泊（卫星图像）
罗布泊曾是我国第二大内陆河，因地处塔里木盆地东部的古"丝绸之路"要冲而著称于世。但在1972年后，绝大部分湖区都干涸了，这里成了一望无际的戈壁滩。

■ 诡异的"死亡之海"

有人称罗布泊是亚洲大陆上的一块"魔鬼三角区"。在这里，不可思议的事时有发生。

1949年，一架从重庆飞往乌鲁木齐的飞机在新疆鄯善县上空离奇失踪。时隔9年，人们却在罗布泊东部发现了那架当年失踪的飞机，但机上人员已全部死亡。令人不解的是，飞机本来是朝西北方向飞行，为什么会突然改变航线飞向正南呢？

类似的诡异现象在罗布泊数不胜数，这里因此成为神秘的"死亡之海"。罗布泊曾经的美丽辉煌与如今的恐怖萧瑟，让无数探险家充满了向往。

罗布泊雅丹地貌
20世纪初，地理学家斯文·赫定在罗布泊地区考察时发现了一些奇异的小土丘，但在询问维吾尔族向导时，他将向导说的"雅尔丹"（维吾尔语中"陡峻的土丘"之意）记成了"雅丹"。于是，他便将"雅丹"这一名称介绍给了全世界。从此，"雅丹"便成了地理学界的通用术语，专指干燥地区的一种特殊地貌。

- 航海者的神秘失踪
- 飞机群的神秘失踪
- 对百慕大的种种猜测

世界之最　太平洋是世界上最大的洋，面积达17968万平方千米。

神奇地理篇

"魔鬼三角"百慕大

在全球各地，人们一提到百慕大，就会想到其神秘莫测的魔力。闻名于世的百慕大三角，位于美国东南部的弗吉尼亚海洋、百慕大群岛和佛罗里达群岛之间，是一片总面积超过30万平方千米的广阔海域。从16世纪以来，数以百计的飞机和船只在这里神秘失踪，因此人们也把这里称为"魔鬼三角"。

■航海者的神秘失踪

1872年，在百慕大发生了一件怪事。人们发现，"玛丽亚·采列斯特"号在亚速尔群岛以西100海里的地方漂浮着。可人们发现它时，船上空无一人，餐桌上却摆着美味佳肴，茶杯里还盛着没喝完的咖啡，壁上的挂钟也在正常地走动。这一切都说明，这艘船并没有遇到风浪，且之前是有人在船上的，然而船上的人却不知为何弃船而去……

■飞机群的神秘失踪

除了船只外，飞过该海域上空的飞机也常常失踪。1945年12月5日，美国海军5架"复仇者"式海上鱼雷轰炸机在执行完任务的返航途中突然消失于百慕大海域上空。飞机失踪后，美国最高军事当局动用了空前规模的舰船和飞机，对包括百慕大水域在内的几十万平方千米的海陆范围进行了严密的搜索，结果却连一片飞机残片都没有找到。

■对百慕大的种种猜测

百慕大的种种奇异现象引起了全世界科学

百慕大群岛

百慕大群岛由7个主岛及150余个小岛和礁群组成，呈鱼钩状分布。这些岛中，百慕大岛面积最大，年平均气温为21摄氏度。

桃红色沙滩

百慕大的桃红色沙滩被认为是世界上最可爱的海滩。洁净的沙滩上，桃红色的沙子与碧绿的海水相映成趣。

家的重视，他们提出了各种各样的假设。

磁场说：百慕大三角海域的海底有巨大的磁场，正是它们导致罗盘和仪表失灵，因而造成船只遇难。

黑洞说：百慕大三角区飞机和船只的失踪事件颇似宇宙黑洞现象，因此，是宇宙中的黑洞吞噬了那些失踪的飞机和船只。

水桥说：百慕大三角区的海底有一股逆向的潜流。有人曾在太平洋东南部的圣大杜岛沿海发现了失踪船只的残骸。他们据此认为，是这股潜流把这些残骸推到了圣大杜岛上。当上下两股潮流发生冲突时，就会发生海难，残骸最终被潜流拖到远处，这就是船只失踪的原因。

晴空湍流说：晴空湍流是一种非常特殊的风，当风速达到一定强度时，风向会发生改变。航行中的飞机碰上它就会激烈震颤，严重时飞机会被它撕得粉碎。

尽管有如此多关于百慕大的推测和假设，但它们都只能解释其中一种现象。百慕大海底和海面还有无数令人难以置信的怪事，这需要人们进一步去探索其玄秘所在。

| 世界之最 | 世界上最咸的咸水湖是死海，其含盐度高达25％至30％。|

- 死海中的生物
- 淹不死的死海
- 死海的神奇功效

死海真的"不死"吗？

死海

死海位于约旦－死海地沟的最低处，水面平均低于海平面约400米，是地球表面的最低点。

死海是充满神奇色彩的地方，也是令人心驰神往的旅游胜地。它位于巴勒斯坦、约旦、以色列之间，地处约旦和巴勒斯坦之间南北走向的大裂谷地带中段。死海地区温度奇高，湖水蒸发强烈，含盐度高达25％至30％，除个别生物外，一般的水生植物和鱼类等生物根本不能在此生存，死海也因此得名。

■ 死海中的生物

在含盐度如此高的死海中，用肉眼根本看不到任何生命物质。约旦河及其他溪流中的鱼虾如果被冲入死海，就如同被送进了坟墓，必死无疑。

那么，死海中真的没有任何生物存在吗？美国和以色列的科学家们通过研究发现，在死海中，仍有几种细菌和一种海藻存在。其中一种叫作"盒状嗜盐细菌"的微生物，具备防止盐侵害的独特蛋白质。

■ 淹不死的死海

死海虽然"容不下"任何较高等生物，但它对于人类却非常"宽容大度"。任何人掉入死海，都不会被淹死。

为什么会这样呢？这是因为当地的气候干燥炎热，而死海犹如一个大蒸笼，不停地蒸发着湖水，沉积着盐分。日积月累，湖水中的盐分越来越高，有的地方含盐度甚至高达30％左右，比普通海水的含盐度大了很多倍。水中含盐度大，水的密度自然也大。死海的湖水相对密度为1.2左右，而正常人的相对密度最大不会超过1.1。在这样的水中，人自然就会浮起来，所以死海也就成了淹不死人的湖。

■ 死海的神奇功效

死海除了具有巨大的浮力外，还有很多神奇功效：

死海的湖水含盐量高，据说人常在这样的湖水中浸泡，可以治疗慢性关节炎等疾病。

死海湖底的黑泥含有丰富的硫化物和矿物质，具有美容健身的特殊功效。它是以色列和约旦两国宝贵的出口产品。

死海上的游客

死海湖水呈深蓝色，非常平静，因富含盐类，湖水相对密度较大，所以人们可以像躺在床上一样仰卧在死海水面上。

- 死海的"成长"
- 死海正在慢慢"死亡"吗？

世界之最 死海是地球上气压最高的地方，空气中含有大量的氧，让人感到呼吸自在。

> 神奇地理篇

另外，太阳几乎每天都照射着死海，而该地区在海平面之下。因此，阳光要穿过由于湖水蒸发而形成的化学元素天然滤光网以及厚厚的臭氧层才能照射到死海。这样，部分紫外线被过滤了，人们就可以在这里放心地长时间晒太阳，而不用担心被紫外线灼伤。

正是由于死海具有如此多的神奇功效，才使成千上万的人纷纷来到死海休闲度假。

■ 死海的"成长"

死海究竟是怎么形成的呢？

最初，这里是著名的东非大裂谷的尖端最低处。在远古时代，由于剧烈的地壳运动，一部分海水被围在了这个谷地中。而这一带气温又很高，夏季最高温度可达51摄氏度，平均气温可达34摄氏度，冬季温度也有14摄氏度至17摄氏度。气温高，蒸发量也就大。同时，这里又干燥少雨，年平均降雨量只有50毫米，而蒸发量却高达140毫米左右。晴天多，日照强，雨水少，使补充给死海的水量少之又少。死海因此变得越来越"稠"，沉淀在湖底的矿物质越来越多，湖水咸度也越来越大。如此日积月累，世界上最咸的咸水湖——死海便形成了。

■ 死海正在慢慢"死亡"吗？

1947年，死海长达80千米，宽16千米至18千米。而现在的死海，长不过55千米，宽14千米至16千米，面积已从1947年的1031平方千米下降到了683平方千米。也就是说，在过去几十年间，死海

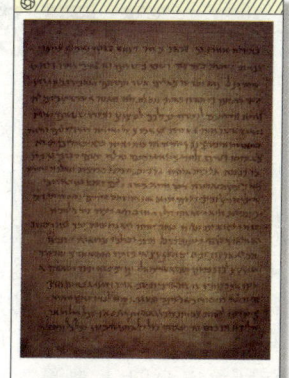

《死海古卷》

《死海古卷》是迄今为止发现的最古老的希伯来文文献，因出土于死海西北部的山洞中而得名。

面积大约减少了34%。目前，死海的南湖已完全消失，只剩下北湖了。因此，有科学家预测，死海将在100年内逐渐干涸。是什么原因导致了死海的骤缩呢？

从20世纪60年代中期以来，以色列截流或分流了哺育死海的约旦河及贾卢德河、法里阿河等河的河水，致使流入死海的河水量剧减，造成了死海面积的减小。近50年来，死海湖面下降了约17米。

此外，使死海走向"死亡"的原因还有很多。日光照射使湖水温度升高，导致湖水蒸发量加大，特别是夏季，死海湖水的蒸发量是世界最大的。同时，沿岸国对死海东西岸诸如碳酸钾、锰、氯化钠等自然资源的过量开采，也加剧了死海的"死亡"。

为了制止死海"死亡"，约旦决定在死海和亚喀巴湾之间修建一条运河，以补充死海丢失的水分。

死海晶盐

富含多种矿物质的死海晶盐具有较多功效，被广泛应用于沐浴、清洁、护肤、美容、减肥、保健等领域。

世界之最 世界上最大的海是珊瑚海,面积近500万平方千米。

▶ 唯一没有海岸的海
▶ 壮观的海上"草原"
▶ 魔鬼之海
▶ 形成之谜

魔藻之海——马尾藻海

马尾藻是一种普通的海藻,它们在大西洋上布满了近500万平方千米的海区,以至于这一片海区被称为"马尾藻海"。马尾藻海位于北大西洋环流中心的美国东部海区。

一能在开阔水域上自主生长的藻类。在马尾藻海上,马尾藻及几十种以海藻为宿主的水生生物形成了独特的马尾藻生物群落。厚厚的一层海藻铺在茫茫大海上,远远看去,好似一派壮观的"草原"风光。

马尾藻鱼
马尾藻鱼形状怪异,颜色绮丽,捕食时非常凶狠。

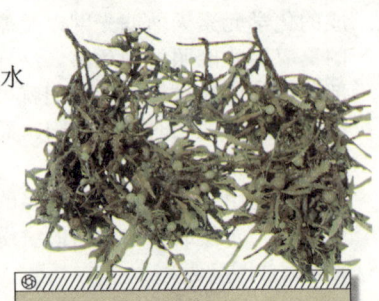

马尾藻
马尾藻是褐藻的一属,这类藻的共同特点是藻体呈黄褐色,多细胞体;体内含大量墨角藻黄素;多为海生。

■ 唯一没有海岸的海

世界上大多数海洋都与大陆或其他陆地毗连,成为大洋的边缘部分。然而,马尾藻海却是一个"洋中之海",是世界上唯一没有海岸的海。它大致位于北纬20至35度、西经35至70度之间的水域,三面都是广阔的洋面,西边与北美大陆隔海相望。

■ 壮观的海上"草原"

马尾藻海海面上大量漂浮的植物主要由马尾藻组成。马尾藻是最大型的藻类,也是唯

■ 魔鬼之海

表面安静的马尾藻海,实际上是一个可怕的"陷阱"。在帆船时代,不知有多少船只因误入其中而被马尾藻死死地缠住,船上的人因淡水和食品用尽而无一生还。这里因此被称为"海洋的坟地"。据说,第二次世界大战期间,英国一艘舰船曾来到马尾藻海。到了晚上,海藻就像蛇一样爬上船的甲板,怎么扫也扫不掉。经过一番搏斗后,筋疲力尽的士兵们才侥幸逃生。

■ 形成之谜

如果把大西洋比作一个大盆,北大西洋环流就在这个盆中做圆周运动。而马尾藻海则非常安静,悬浮物都聚集在这里,"海上草原"就是这样形成的。关于马尾藻,有人认为是从其他海域漂浮过来的;有人则认为,这些马尾藻原来生长在这一海域的海底,在海浪作用下,最终浮出海面。究竟哪种说法正确,还需要人们作进一步探索。

马尾藻海
马尾藻海最明显的特征是透明度大,是世界上公认的最清澈的海。

神秘莫测的间歇泉

世界之最 美国黄石公园有300多处间歇泉，其规模为世界之最。

间歇泉是一种热水泉。这种泉的泉水并不是不停地喷涌，而是一停一溢，好像是憋足了一口气，才狠命地涌出一样。喷发的时候，泉水可以喷射到几十米的高空中，形成壮观的水柱景象，十分美丽。

盖策泉

盖策泉所在地区是一个间歇泉区，到处可见冒着灼热泉水的间歇泉，热气弥漫，如烟如雾。

■ 间歇泉为什么时停时喷？

科学家们认为，间歇泉的形成主要是地下岩浆作用的缘故。间歇泉大多处于地壳运动比较活跃的地区，这些地区地下不深处有滚烫的岩浆，岩浆中的炽热气流从岩浆表面蒸腾起来后，在岩隙中逐渐聚积起来。当这种炽热气流聚集到一定程度时，便会向上冲发，把裂隙上部的水冲出来，形成喷泉。

喷泉喷出后，地下热蒸汽也随之散失，压力消除，喷泉就停止了。等到地下热蒸汽重新积聚到一定程度时，泉水又喷涌而出，这就形成了间歇泉周期性喷发的现象。

■ 冰岛的"盖策泉"

在冰岛首都雷克雅未克附近，有一眼举世闻名的间歇泉——盖策泉。"盖策"是冰岛语的译音，原意就是"间歇泉"。盖策泉声名远播，渐渐地，"盖策"就成了人们对间歇泉通用的称呼。

盖策泉间歇时是一个直径20米的圆水池，被热水灌得满满的，热水沿着水池的一个缺口缓缓流出。但是这种温柔平静的样子持续不了多长时间，泉水就会突然"暴怒"起来，池口清水翻滚，池底传出类似开锅时的呼噜声。很快，一条水柱冲天而起，在蔚蓝色的天幕上飘洒出滚热的细雨。据说，盖策泉的水柱最高时可达70米。

■ 黄石公园的间歇泉

美国的黄石公园以间歇泉闻名世界，300多个间歇泉成为这里一道亮丽的风景。黄石公园的间歇泉中，最著名的是老忠实泉。

老忠实泉每天喷水17至21次，喷水量约4万余升，水柱平均高度为40米。它喷水时间从不提前，也从不错后，所以才得了这个"老忠实"的美名。不过，后来受到1995年地震的影响，老忠实泉也发生了一些变化，不如从前那么"遵守"时间了。

老忠实泉

美国黄石公园的老忠实泉是世界上最著名的间歇泉，它有规律地喷发至少已有200年了。

| 世界之最 | 苏必利尔湖是世界上面积最大的淡水湖，它的面积为82103平方千米，最大深度达405米。 | ▶ 贝加尔湖有多老多深？
▶ 最大的淡水库
▶ 淡水中的海豹 |

奇异的贝加尔湖

贝加尔湖

俄国大作家契诃夫曾这样描写贝加尔湖："湖水清澈透明，透过水面就像透过空气一样，一切都历历在目，温柔碧绿的水色令人赏心悦目……"

接纳了大大小小554条河流。同时，它也是世界上储水量最多的淡水湖，储水量约为2.36万立方千米，占地球液态淡水资源总量的22%。假如贝加尔湖是空的，全球所有河流的水都向它流进来，也大约需要一年时间才能将它灌满。

秋白鲑

贝加尔湖素有"富湖"之称。湖中有水生动物1800多种，其中秋白鲑是最主要的经济鱼种之一。

贝加尔湖位于中西伯利亚高原的南部，是亚欧大陆最大的淡水湖，也是世界上储水量最大的湖，素有"西伯利亚明眸"之称。1996年，联合国教科文组织将贝加尔湖列入世界遗产名录。

■ 贝加尔湖有多老多深？

贝加尔湖总面积约为3.15万平方千米，居全球第八位，它是世界上最古老的湖泊之一。它的湖盆形成于2500万至2000万年前。在两万多年前，由于强烈的地壳断裂活动，贝加尔湖四周山脉急剧升高，湖盆迅速陷落下降，形成了一条狭长深陷的弯月形谷盆，最终积水成为湖泊。

贝加尔湖还是世界上最深的湖泊。它的最大深度为1680米，如果在湖底最深处把世界上4幢最高的建筑物一幢一幢地摞起来，第4幢屋顶上的电视天线杆仍然在湖面以下58米处。

■ 最大的淡水库

贝加尔湖是世界上支流最多的湖泊，它

■ 淡水中的海豹

在贝加尔湖的2600多个物种中，有3/4的物种，包括11个科和亚科及96个属的物种是该湖独有的。其中，海豹在贝加尔湖出现，可以说是最令人不解的事，因为海豹一般生活在海水中。生物学家推测，贝加尔湖海豹的祖先来自遥远的北冰洋。它们进入叶尼塞河后，学会了吃完全不同的食物，学会了生存于一个异常的环境里。因此，我们才在贝加尔湖中看见了海豹。

环斑海豹

在贝加尔湖生活的所有动物中，最吸引人的要数环斑海豹了。它们不但是世界上最深湖泊中唯一的哺乳动物，也是全世界独有的淡水海豹。

58

"无雪干谷"中的兽骨
上冷下热的范达湖

南极是世界上最冷的地方，目前所记录到的最低气温为零下89.2摄氏度。

神奇地理篇

神秘的南极"无雪干谷"

在南极洲麦克默多湾的东北部，有三个相连的谷地：维多利亚谷、赖特谷和地拉谷。这段谷地周围是被冰雪覆盖的山岭，但奇怪的是，谷地中却异常干燥，既无冰雪也少有降水，到处都是裸露的岩石。这里就是"无雪干谷"。

■ "无雪干谷"中的兽骨

无雪干谷里，到处可见散落着的一堆堆海豹等海兽的骨骸。这里距离最近的海岸也有数十千米，远一点的海岸则有上百千米。习惯于在海岸旁边生活的海豹怎么会死在这里呢？

一些科学家认为，这些海豹是在海岸上迷失了方向，才来到这个没有冰雪的无雪干谷地区的，因缺少可以饮用的水，最后干渴而死，变成了一堆堆白骨。

有些科学家则认为，这些海豹可能是受到了什么惊吓，在什么东西的驱赶下才来到了这里。那么，海豹到底是惧怕什么而慌不择路呢？这个问题至今无人可解。

■ 上冷下热的范达湖

无雪干谷区有一个范达湖，该湖表面薄冰层下的水温为0摄氏度左右。随着深度的增加，水温不断增高。15至16米深处，水温升至7.7摄氏度；至50米处，升高的幅度突然加剧；至68.8米的湖底，水温竟高达25摄氏度！这个温度与东海夏季表面水温相差无几。为什么会有这种奇怪的现象呢？

科学家认为，虽然南极的夏季少晴天，致使地表只能吸收很少的太阳辐射，但是透明的冰层对太阳光有一定的透射性。这样，表层的冰层会或多或少地获得太阳辐射的能量。此外，冬季的大风会将这一地区的积雪层吹得很薄，而每到夏季，裸露的岩石又使地表能够吸收充足的热量。日积月累，湖水表层及冰层下的温度便会有所上升。由于盐度较高，密度较大，底层湖水不会上升，结果就把高温的特性保留了下来。同时，冬天时表层水有失热现象，底层水则由于上层水层的保护，失热较少，因而就形成了上冷下热的现象。

南极风光
南极大陆总面积达1400万平方千米，大部分地区被冰雪覆盖。从高空俯瞰，南极大陆是一个中部高四周低、形状极像锅盖的高原。

无雪干谷

最早的探险家走进无雪干谷的时候，发现这里没有冰，也没有雪，只有裸露的岩石，还有岩石下面一堆堆海豹等兽类的遗骨，所以便把它称为"死亡之谷"。

| 世界之最 | 尼亚加拉瀑布是世界上最大的瀑布，由"加拿大瀑布"、"美国瀑布"和"新娘面纱瀑布"三个瀑布组成。 | ▶ 尼亚加拉瀑布的形成 |

雷神之水——尼亚加拉瀑布

加拿大瀑布

加拿大瀑布亦称马蹄瀑布，水量巨大，顷刻下泻，有如雷霆万钧。水流溅起的水雾轻扬直上，壮阔恢宏，瑰丽多姿。

尼亚加拉瀑布是世界著名的三大瀑布之一。"尼亚加拉"在印第安语中意为"雷神之水"。瀑布巨大的水流以银河倾泻、万马奔腾之势直冲河谷，呼啸声如阵阵闷雷，声及数里之外。

尼亚加拉瀑布位于美国纽约州与加拿大安大略省的交界处，气势恢宏、水汽丰沛，看上去犹如一幅壮丽的立体画卷。面对这个大瀑布，令人心神激荡，正如狄更斯所说："尼亚加拉瀑布，优美华丽，深深刻上我的心田。铭记着，永不磨灭，永不迁移，直到她的脉搏停止跳动，永远，永远……"

■ **尼亚加拉瀑布的形成**

尼亚加拉瀑布的形成一方面与它的水源有关，另一方面也与它不同寻常的地质构造有关。

尼亚加拉河是尼亚加拉瀑布的直接水源，它是连接伊利湖和安大略湖的一条水道，全长仅56千米，海拔却从174米降至75米。其上游河段河宽2千米至3千米，水面落差只有15米，水流也较缓慢。在距伊利湖北岸32千米处，河道突然变窄，水流加速，在一个90度急转弯处，河道上有一道石灰岩构成的断崖。尼亚加拉河经过此处，骤然陡落，水势澎湃，便形成了壮观的尼亚加拉瀑布。

在尼亚加拉峡谷中，岩石层是接近水平的，每英里仅下降19至22英尺。峡谷顶层由坚硬的大理石构成，下层是易被水力侵蚀的松软地质层。水流能够从瀑布顶部的悬崖边缘飞泻而下，那层坚硬的大理石地质层起了关键性作用。而要了解这个大理石岩层的形成，则需追溯至更新世后期。那时，巨大的大陆冰川消融后，大理石层暴露出来构成了陡崖。从伊利湖流来的洪流经此外泻，就形成了如今所见的尼亚加拉瀑布。

- 尼亚加拉瀑布的发现
- 跨越两国的瀑布
- 独特的冬日美景

世界之最 位于委内瑞拉玻利瓦尔州的安赫尔瀑布,是世界上落差最大的瀑布,瀑布落差达979米。

神奇地理篇

■ 尼亚加拉瀑布的发现

尼亚加拉瀑布虽然有着悠久的形成历史,但是在新大陆被发现之前,这一奇迹一直不为人们所知。

1678年,一位名叫路易斯的法国传教士到这里传教,发现了这一大瀑布。路易斯十分细致地记下了自己的见闻,对这一绝妙的瀑布美景做了传神的描述。尼亚加拉瀑布因此才广为人知。

其实,早在1625年,欧洲探险者雷勒门特就第一个写下了这条大河与瀑布的名字,并将其简称为"Niagara"(尼亚加拉)。但那时,知道这件事的人极少。

■ 跨越两国的瀑布

尼亚加拉瀑布其实不是一个单独的瀑布。按照加拿大人的说法,它是由"加拿大瀑布"和"美国瀑布"两个瀑布组成的;美国人则认为,它是由"马蹄瀑布"(就是"加拿大瀑布",它状如马蹄)、"美国瀑布"和"新娘面纱瀑布"三个瀑布组成的。

加拿大瀑布是三个瀑布中最大的一个,在加拿大境内,高达56米,岸长675米。加拿大瀑布水量大,水冲到河里呈青色,溅起的浪花有时高达100多米,人稍微站得近一些,便会被溅得全身是水。若有大风吹过,水花会被吹得很远,如同下雨。

比加拿大瀑布稍小的美国瀑布在美国境内,高55米,岸长328米。它与加拿大瀑布不同,瀑布下方有众多岩石层层叠积,犬牙交错。高高的蓝色激流奔流下来,冲进岩石的缝隙,随即又纷纷从各条缝隙中窜涌出来,复跌到下层的岩

美国瀑布

美国瀑布是尼亚加拉瀑布的一支,因位于美国境内而得名。瀑布下岩石叠积,犬牙交错,激流从天而降,冲进岩石的缝隙,又从各条缝隙中窜涌出来,复跌到下层的岩石里去,令人叹为观止。

石里去,再从更下层的岩石间喷发而出,纵身一跃,才融进滚滚东去的涌流中。这场面既壮观又美丽。

新娘面纱瀑布在宽阔的美国瀑布旁边,因水流细致,很像新娘的面纱而得名。尽管它只有细细一缕,却自成一支,美国人据此认为它也是尼亚加拉瀑布不可忽略的组成部分。

■ 独特的冬日美景

人们参观尼亚加拉瀑布,大部分是在春、夏、秋三季去,很少有人想象得出尼亚加拉瀑布冬季的景色。其实,冬天的尼亚加拉瀑布也别有情趣。

到了冬天,随着气温的下降,整个大瀑布从上到下都会结冰,成为一座冰桥。各种冰柱垂岩而下,形成千奇百怪的冰雕。那时,瀑布流动减缓,逐渐寂静下来。当阳光灿烂时,瀑布就会产生强烈的折射效果,营造出一座甚至好几座七色彩虹,景色异常美妙。

尼亚加拉彩虹桥

尼亚加拉瀑布彩虹桥是著名的旅游胜地,它是钢建的拱桥结构,连接美国与加拿大边境。桥上共有4条行车线及行人通道,桥的跨度为289.5米。

尼亚加拉观瀑塔

站在百余米高的观瀑塔上看尼亚加拉瀑布,它就像一面白色纱帐,倒悬于蓝天碧水之间,水波层层叠叠,倾注河底,化出一片迷蒙的水雾,奇妙无比。

世界之最　中国的雅鲁藏布江大峡谷，长504.6千米，最深处达6009米，是世界上最大的峡谷。

- 人间活地狱——美国死亡谷
- 动物的墓场——那不勒斯死亡谷
- 悬疑重重——克罗诺基山区死亡谷

人间地狱——死亡谷

很多人提起这些"死亡谷"时，都会感到毛骨悚然。死亡谷都无一例外地充满了强烈的恐怖气息，每当人类或动物靠近时，不是神秘失踪就是意外身亡。

■ 人间活地狱——美国死亡谷

在美国加利福尼亚州与内华达州相毗连的群山中，有一片长225千米、宽6千米至26千米不等、面积达1400多平方千米的谷地。峡谷两岸，尽是悬崖绝壁，地势十分险恶。这里就是闻名世界的美国死亡谷。

1849年冬，有一支前往旧金山的淘金队伍横越该谷，因不敌此地恶劣的气候，很多人都丢了性命。1949年，美国有一支勘探队曾在这里寻找金矿，因迷失方向几乎全队覆灭，几个侥幸脱险者不久后也相继神秘死去。此后，有些前去探险或试图揭开死亡谷之谜的人，也都葬身谷中。

可是，科学家们却惊诧地发现，这个人间活地狱竟是飞禽走兽的"乐园"。据统计，死亡谷中大约生存着300多种鸟类、20余种蛇类、17种蜥蜴，还有1500多头野驴。至今，人们仍不明白对人类如此凶残的死亡谷，为何对动物却如此仁慈。

■ 动物的墓场——那不勒斯死亡谷

意大利的瓦维尔诺湖附近也有一处死亡谷——那不勒斯死亡谷。这个死亡谷对人的生命没有威胁，只危害飞禽走兽。每年在这个山谷中丧生的各种动物达4600头之多，因此，这里被意大利人称为"动物的墓场"。

在死去的动物中，爬行类有19种，鸟类有几十种，哺乳动物也有十几种。它们的死，不是自相残杀，也不是集体自杀，更不是人为猎杀，但究竟是何根源，至今人们还在调查之中。

■ 悬疑重重——克罗诺基山区死亡谷

俄罗斯的堪察加半岛克罗诺基山区也有一处死亡谷。这里地势凹凸不平，坑坑洼洼，很多地方有天然硫黄露出地面，谷中的动物尸体到处可见。据统计，这个死亡谷已吞噬了30多条人命。

科学家曾对该谷进行过多次探险考察，但结论仍不统一。有人认为，这里杀害人畜的罪魁祸首是积聚在凹陷深坑中的硫化氢和二氧化碳；有人则认为，是烈性毒剂氢氰酸和它的衍生物导致了人和动物的死亡。可是，住在死亡谷附近而且没有山岳和森林阻隔的村舍农民，却不曾受到过这些毒气的影响，这实在令人费解。

加利福尼亚死亡谷
加利福尼亚死亡谷两侧全是悬崖绝壁，地势十分险恶，同时，这里也是北美洲最炽热、最干燥的地区。

| 吸擒生灵——印尼爪哇岛死亡谷 | **世界之最** 爪哇岛是世界上人口最多的岛屿，岛上人口约9313万。 | 神奇地理篇 |

■ 吸擒生灵——印尼爪哇岛死亡谷

印尼爪哇岛上有个更为奇异的死亡谷。谷中分布着6个庞大的山洞，这6个山洞到底有多大、多深，谁也不知道。但是如果有人或动物靠近洞口6到7米处，就会被一种神奇的吸引力吸入洞中，再也无法逃出。

堪察加死亡谷

堪察加死亡谷地势崎岖，凸凹不平，不少地方有天然硫黄露出地面。这里到处可见狗熊、狼獾以及其他野兽的尸骨，远远望去，满目凄凉。

山洞里何以会有这种吸擒生灵的力量？被吸进去的人和动物又是因什么原因而丧生的呢？人们迄今仍然无法知道其中的奥秘。

■ 望而却步——昆仑山"地狱之门"

"天苍苍，野茫茫，风吹草低见牛羊"，在牧人眼中，草肥水足的地方是他们放牧的天堂。但是在昆仑山生活的牧羊人却宁愿没有肥草而使牛羊饿死在戈壁滩上，也不敢赶着牛羊进入昆仑山那条牧草繁茂、古老而沉寂的深谷。这个谷地就是死亡谷，号称昆仑山的"地狱之门"。深谷中四处布满了狼的皮毛、熊的骨骸、猎人的钢枪及荒丘孤坟，到处弥漫着阴森吓人的死亡气息。

1983年，有一群马因贪吃肥草而进入了死亡谷。一位牧民冒险进入谷地寻马，几天过后，马群回去了，人却没有回来。后来，人们在一座小山上发现了这个牧民的尸体。

此事发生后不久，死亡谷附近突降暴风雪。一声雷响使得正在当地考察的地质队的炊事员当场晕倒。根据炊事员后来回忆，他当时一听到雷响，顿时感到全身麻木，两眼发黑，随后就什么都不知道了。第二天，队员们惊异地发现，外面原来的黄土已变成了黑土，动植物已全部被"击毙"。

地质队仔细对该地进行了考察，发现该地区有明显的磁异常现象，这种现象分布范围广泛，越往谷地深处，磁异常值越高。在电磁效应的作用下，云层中的电荷和谷地的磁场联合放电，使这里成为多雷区。除此之外，地质学家还在死亡谷深处的沼泽地之下发现了暗河。

昆仑山死亡谷，上有雷击，下有暗河，就目前的研究考察状况来看，它们很可能就是"杀害"许多无辜生命的"凶手"。

昆仑山

昆仑山脉平均海拔6000米以上，诸山峰外形陡峻，多雪峰及巨大冰川，周围簇拥着数以百计的石塔和尖峰。

世界之最 神农架是全球同纬度地区唯一的绿色奇迹。

▶ 神农架野人
▶ 白色动物的乐园

蒙着面纱的神农架

神农架地处我国湖北省西部，位于长江与汉水间的川鄂交界地带，是一处保存完好的原始森林。它占地面积3250平方千米，平均海拔1700米，最高处达3105米，有"华中屋脊"之称。

相传，上古时代神农氏为采药来到这里。他虽然神通广大，却也无法攀上悬崖峭壁，后来他搭起36架天梯，才登上了峭壁林立的高地。从此，这个地方就被叫作"神农架"。这里千峰陡峭，万壑幽深，是一个古老而又神秘的地方。

■ 神农架野人

提起神农架，人们自然会联想到"野人"。从古至今，大量关于神农架野人的记载和传说始终让人难辨真伪。

1977年至1980年，我国有关部门组织了两次大规模的野外考察，在此搜集到了大量关于野人存在的证据，如毛发、脚印、粪便等，还发现了野人住过的竹窝。考察结果似乎在向人们昭示：神农架地区的确存在着一种不为人所知的奇异动物。

据说，1999年8月18日，多名外地游客在神农架林区内发现了一个直立行走的奇异动物。当时，"全身灰黑、头发蓬乱、身高1.7米到2米的奇异动物"正在穿越一段山区公路。它发现面包车后，立刻以极快的速度闪至路边，并迅速越过坡坎，消失在浓密的箭竹林中。

神农架白蛇
神农架有许多不可思议的白色动物，这些动物在其他地区从未被发现过，非常奇异。

这就是震惊中外的"神农架野人"。但它们究竟是什么呢？

从现场发现的痕迹看，它的脚印清晰，但与野熊的脚印有明显的差异；现场采集到的毛发有11根，最长的10厘米，最短的2.5厘米，粗细不等，呈深棕色和灰褐色，与人及其他动物的毛发截然不同；从它掰食玉米的现场分析，它的身高应该在1.7米左右。

但是，目前科学界尚缺乏详实准确的第一手资料，所以仍然难以确认"神农架野人"究竟是什么。

■ 白色动物的乐园

神农架中，不仅有令人称奇的野人，还有更多让人叹为观止的神秘现象。

在一个叫阴峪河的地方，栖息着大量的白色动物。这里终年少有阳光照射，适宜白金丝猴、白熊、白麂、白蛇等动物栖息。此外，生活在这里的还有白乌鸦、白猫头鹰、白龟等。据说，那里的白蛇通体洁白无瑕，盘踞时犹如一尊玉雕，挺立时就像一根银棍，贴地而行，速度奇快。

世界上原来只在北极地区才有的白色动物，却以如此庞大的数量出现在了神农架，这成了科学上的待解之谜，因为这绝不仅仅是气候因素所能决定的。

神农架板壁岩
板壁岩因被称为"野人的出没地"而著名。据说这一带经常有野人出没，在箭竹林中也经常能发现野人的踪迹，如毛发、粪便和竹窝等。

64

世界之最　亚洲是世界上熊的种类最多的大洲。

神奇地理篇

■ 熊山的传说

中国自古就有关于熊山的传说，《山海经》上曾有过相关记载。然而，熊山究竟在什么地方？这是大家一直争论不休的问题。1986年，有关专家指出，熊山可能就是神农架地区。因为神农架不仅在地图上的形状像一个站立着的熊，而且在它的山林深处到处都有熊的踪迹。

神农架地区的熊类，如果按毛色和外形来划分，大致可以分为狗熊、马熊、棕熊、白熊、花熊和人熊等几类。其中最有争议的是花熊，而最神秘的则是人熊。

■ 天然中草药王国

据统计，原始而苍莽的神农架有高等植物1800多种，其中珍贵林木有珙桐、银杏、梭罗、麦吊杉、连香树、双盾木等。同时，神农架还蕴藏着极为丰富的中草药资源，这里药用植物种类众多，有"天然中草药王国"之称。

现在神农架已发现的中草药有当归、党参、天麻、八角莲等1300多种。除了门类齐全的常用中药外，这里还有疗效奇特的民间草药。这些民间草药地域性强，命名独特，疗效显著，药源十分丰富。

■ 神奇的冷暖洞

神农架内有好几个山洞，其中最大的一个，当地人给它起名为"冷暖洞"。山洞里到处都是奇形怪状的石柱、石笋、石帘和石鼓。洞中面积很大，可以容纳几千人。

大自然中有这样的山洞并不稀奇，可令人奇怪的是，该洞洞口处有一条非常明显的冷暖分界线。站在冷的一边，人们会感到冷风飕飕，寒气逼人；而站在另一边，却会觉得暖意融融，如沐春风。科学家测量发现，两处相距极近，仅仅一线之隔，然而温度却相差10摄氏度以上。那么，究竟是什么造成了这么大的温差呢？

有人认为，洞中温度低是正常的，而温度高的那一侧可能是因为下面有温泉，从而使上面的土地受热散发热量，所以温度较高。还有人认为，由于洞口的构造比较奇特，冷热空气在洞口处混杂在一起，构成了一道空气屏障，因此产生了这种奇特的现象。目前，支持这两种观点的学者各执一词，但都缺乏足够的说服力。

神农架风光
神农架保存完好的原始生态与亿万年来形成的亘古地貌孕育了众多自然景观，境内奇山异石、奇洞异穴、奇花异草、奇兽异鸟无处不在。

世界之最 东非大裂谷是世界上最长的断层陷落带，总长6000千米左右。

- 地壳断裂而成的陷落带
- 大裂谷中的火山奇观
- 东非大裂谷的未来命运

地球最大的"伤疤"——东非大裂谷

东非大裂谷

东非大裂谷又称"东非大峡谷"或"东非大地沟"，它是地球上最长的裂谷带，从卫星照片上看去犹如一道巨大的伤疤，故有"地球最大的伤疤"之称。

东非大裂谷北起靠近伊斯肯德仑港的南土耳其，南抵非洲贝拉港附近的莫桑比克海岸。它跨越50多个纬度，总长约6000千米，是地球上最长的裂谷带，被称为"地球最大的伤疤"。

■ 地壳断裂而成的陷落带

据说，东非大裂谷是由于约3000万年前的地壳板块运动使非洲东部地层发生断裂而形成的。

板块构造学说认为，非洲东部正好处于地幔物质上升流动强烈的地带。在地幔物质上升流的作用下，东非地壳抬升形成高原，上升流向两侧相反方向的分散作用则使地壳的脆弱部分张裂、断陷成裂谷带。

■ 大裂谷中的火山奇观

东非大裂谷是地壳运动活跃的地带，火山林立，地震频繁。

众多火山中有百年不活动的死火山，也有本世纪爆发过的活火山。最为著名的有乞力马扎罗火山、肯尼亚境内的肯尼亚火山以及梅鲁火山。

大裂谷带中最为壮观的活火山应数位于基伍湖以北的尼腊贡戈火山。这座火山海拔虽然只有3700米，但火山上空终年笼罩着浓烟，方圆几十里都可闻到刺鼻的硫黄气味。火山口里有一个充满高温熔岩的岩浆湖，湖中岩浆红如钢水，不时轰鸣大作，响彻云霄。

■ 东非大裂谷的未来命运

根据20世纪60年代美国"双子星"号宇宙飞船的测量，东非大裂谷每年以几毫米至几十毫米的速度持续加宽。据此，有科学家预言：如果照这种速度继续下去，再过2亿年，东非大裂谷就会被彻底撕裂开，"分娩"出新的大洋。

但也有人持反对意见。他们认为，大陆和大洋的相对位置无论过去还是将来都不会有太大改变。地壳活动主要是上下垂直运动，裂谷目前不过是沉降区而已。但在它经过了巨厚的沉积之后，将来也可能转向上升运动，可能隆起成高山而不是沉降为大洋。

乞力马扎罗山

远远望去，乞力马扎罗山高高耸立在辽阔的东非大草原上，巍峨挺拔，气势磅礴。

- 变化莫测的景观
- "城市建筑"的缩影
- 谁造就了魔鬼城？

世界之最 中国的乌尔禾魔鬼城是目前世界上最大的魔鬼城。

神奇地理篇

"魔鬼城"奇观

乌尔禾魔鬼城

乌尔禾魔鬼城有罕见的风蚀地貌。夜幕降临时，这里狂风大作，飞沙走石，怪异而凄厉的声音此起彼伏，气氛阴森恐怖。

在中国准噶尔盆地西北边缘的佳木河下游乌尔禾矿区，有一处独特的风蚀地貌，形状怪异，气势雄伟。当地人将其称为"苏鲁木哈克"，意为"魔鬼城"，又称"乌尔禾风城"。

■ 变化莫测的景观

每当晴空万里、微风拂过，人们在乌尔禾风城漫步时，耳边总能听到从远处飘来的阵阵美妙的乐曲声，仿佛千万根琴弦在轻弹，又宛如无数只风铃在随风摇动。

可是，即刻就会狂风大作，天昏地暗，美妙的乐曲瞬间变成鬼哭狼嚎，像是马嘶、虎啸，又像是婴儿的哭声、女人的尖笑……整个风城笼罩在一片迷蒙的昏暗之中。

■ "城市建筑"的缩影

千百万年来，魔鬼城在大自然鬼斧神工的作用下，形成了密集而又错落有致的砂岩奇异形体。

"城堡"之内，奇形怪状的岩石就像是一群城市建筑的缩影：有的危台高耸，垛堞分明；有的飞檐斗拱，如亭台楼榭；有的森严宏伟，如罗刹宝殿……古今中外的名山胜迹在这里应有尽有：城门西侧有"石猴望海"，城内有突兀拔地的"富士山"、佛塔林立的"吴哥窟"、雄伟壮观的"布达拉宫"……

坍塌的断壁，巍峨的石柱，错落的街巷……魔鬼城又仿佛是一座奇幻的迷宫。而在起伏的山坡上，布满了血红、湛蓝、洁白、橙黄的各色石子，宛如魔女遗珠，更是给"城堡"增添了一种神秘莫测的色彩。

■ 谁造就了魔鬼城？

如此变幻莫测的"魔鬼"景观到底是怎样形成的呢？

科学家在经过实地考察后认为，"魔鬼城"就是一个"风都城"，并没有什么鬼怪在兴风作浪，而是肆虐的风在其中发挥着关键作用。"魔鬼城"的种种现象都可以用"风蚀地貌"来解释。狂风将地面上的沙粒吹起，不断冲击、摩擦岩石，于是岩石在风的作用下便被雕琢成各种奇怪的形状。

不过，雕琢"魔鬼城"的伟大工程师绝不仅仅是"风"，还有"雨"。流水的侵蚀、切割也在魔鬼城奇观的形成过程中起到了不可忽视的作用。作为魔鬼城主题景物的岩石，大多裸露在地面上，且水平叠置，这使得岩层虽经风吹雨淋却没有土崩瓦解，最终在风力和流水的侵蚀下，形成了各种栩栩如生的地貌。

玉门关雅丹魔鬼城

在甘肃酒泉有一座玉门关雅丹魔鬼城，它比乌尔禾魔鬼城更奇特超俗。那里的自然景观堪称鬼斧神工，奇妙无比，让人叹为观止。

世界之最 澳大利亚的艾尔斯岩高348米，长3000米，基围周长约8500米，是世界上最大的独块石头。

- 威廉巧遇艾尔斯岩
- 神石的"家世"
- 一天中的颜色变化
- 雨中的艾尔斯岩

红色心脏——艾尔斯岩

在澳大利亚中部一望无垠的沙漠地区，最负盛名的景观就是世界上最大的独块石头——艾尔斯岩。由于它恰好位于澳大利亚国土的几何中心，因而也被称为澳大利亚的"红色心脏"。

■ 威廉巧遇艾尔斯岩

1873年，一位名叫威廉·克里斯蒂·高斯的测量员路经这片荒漠时，忽然发现眼前有一块几乎与天等高的石山。由于当时又饥又渴，他还以为自己出现了幻觉，简直不敢相信眼前的景象。然而，这座巨石并非幻觉，而是实实在在地横卧在那里。

因为威廉来自南澳洲，他便以当时南澳洲总理亨利·艾尔斯的名字来命名这座石山。

■ 神石的"家世"

事实上，当地的土著人很早就把艾尔斯岩当作一块神石来顶礼膜拜了。他们在艾尔斯岩脚下举行图腾仪式和宗教活动，祈求神灵保佑。在他们心中，这块巨石就是宇宙的中心，是世上最神圣的事物。

根据实地考察研究，地质学家认为，艾尔斯岩是6亿年前地壳运动的产物。由于地层相互挤压碰撞，有一段地面上升了，成了一块巨大的山岩。这块山岩在漫长的岁月中不断被风沙剥蚀，经过无数次季节的洗礼后，才形成了我们现在所见到的世界奇景。

■ 一天中的颜色变化

艾尔斯岩表面圆滑光亮，没有明显的节理和纹路，呈紫红色。它对太阳光的反射很强，加上沙漠上空极少有云彩，四周又没有高大的物体遮挡，因此，一天中阳光从不同的角度照射巨岩表面时，它的色彩会变幻不定，非常奇特。

旭日东升时，巨岩披上了浅红色的盛装；中午时分，巨岩变成橙黄色；夕阳西下时，它呈火焰燃烧般的深红色；夜幕降临时，它又会换上黄褐色的晚礼服。

艾尔斯岩俯瞰图
艾尔斯岩耸立在一望无际的沙漠平原上，是澳大利亚中部最醒目的自然标记。

■ 雨中的艾尔斯岩

长期的风化侵蚀，一方面使艾尔斯岩的顶部变得圆滑光亮，一方面又使其四周的陡崖上形成了一些自上而下、宽窄不一的沟槽和浅坑。

每当暴雨倾盆而下，巨石的各个侧面上就会形成飞瀑倾泻的景观。待到风过雨停，巨石上瀑布奔流、水汽迷蒙，这时的艾尔斯岩就好似一位披着银色面纱的少女，温柔多姿。

艾尔斯岩
艾尔斯岩是"世界七大奇景"之一，距今已有6亿年的历史。它的颜色会随着光线的变换而变换。图为暮色下呈黄褐色的艾尔斯岩。

Part 4
动物世界篇

世界之最 非洲灰鹦鹉能学会800多个单词,是世界上语言学习能力最强的鸟。

▶ 声音语言
▶ 气味语言

绝妙的动物语言

人类有自己的语言,动物也有自己的语言,而且它们的语言千奇百怪、神秘有趣。它们不光有声音语言,还有许多无声语言,例如芬芳的气味、美妙的舞姿和绚丽的色彩,甚至连超声波也被它们作为一种特殊的语言来使用。

■ 声音语言

在大自然中,许多动物都会发出声音,并且在不同的情况下能发出不一样的声音。这些声音往往成为动物之间交流信息的独特语言。

例如,蟋蟀利用翅膀摩擦发出像乐曲一般清脆动听的声音,表现它们的种种"感情"。长尾鼠发现地面上的强敌——狐狸和狼时,会发出一连串的声音;若威胁来自空中,它的声音就会变得单调而冗长。

有些动物的警报声不仅本家族的成员熟悉,就连其他动物也都可心领神会。例如,当喜鹊看见猎人走进森林会叽叽喳喳地发出警报,野鹿、野猪和其他飞禽走兽听到后都会明白:此地危险。

更为奇妙的是,动物也有"方言土语"。鸟类学者研究发现,美国密执安湖畔的乌鸦就不能与意大利佛罗伦萨郊区的乌鸦"对话";城市的乌鸦与农村的乌鸦也互不理解对方的"话语"。

目前,分类学家正在研究,能否把动物的声音信号作为动物分类的一种指标;生态学家也正在探索,如何通过声音信号来揭示动物行为的奥秘。

蟋蟀
雄蟋蟀前翅上有发音器,由翅脉上的刮片、摩擦脉和发音镜组成。它前翅举起,左右摩擦,震动发音镜以发出音调。

■ 气味语言

有些动物常常利用特殊的气味(信息素)来达到引诱异性、追踪目标、鉴别敌友、发出警报、标明地点、集合或分散群体等目的。因此,气味也算是一种语言。例如,蜂王通过一种唾液产生的气味,招引工蜂来为自己服务;雌蛾产生的气味,能引诱距离很远的雄蛾;蚂蚁利用味觉和嗅觉彼此联系,识别同窝伙伴;雄鹿在求偶时,会把身上的芳香腺往树上擦,这样,树上便留下了自己的气味,雌鹿闻到气味以后就会循踪而至。

螽斯
螽斯个子较大,外形和蝗虫相像,身体呈草绿色,触角细长。雄虫的前翅互相摩擦,能发出"括括括"的声音,清脆响亮,雄虫以此吸引雌虫来交配。

蚂蚁的交流
蚂蚁的嗅觉非常灵敏,只要有一点可以利用的线索,蚂蚁就能利用它找到回蚁巢的路。它们之间的信息交流是靠头上的触须互相接触来完成的。

各种动物信息素的发现、分离和人工合成,不仅为揭示动物行为的奥秘提供了依据,还为控制和改造动物行为开辟了前景。

- 运动语言
- 色彩语言
- 超声语言

> 世界之最　睡鼠是冬眠时间最长的动物，其冬眠时间一般为5至6个月。

动物世界篇

■ 运动语言

有些动物把动作作为联系信号。例如，长颈鹿在发生危险时会用猛烈的惊跑来向同伴传达警报；野猪一旦觉察到有危险就会扬起尾巴，在尾尖上打个小卷，以此向同伴报警。

我国的海滩上有一种小蟹，雄的只有一只大螯。它在寻求配偶时，便高举这只大螯，频频挥动，一旦发觉雌蟹走来，就更加起劲地挥舞大螯，直至雌蟹伴随它一同回穴。

蜜蜂能用独特的舞蹈动作向自己的伙伴"说明"蜜源的方向和距离。根据蜜源的方向和距离的远近，时而跳"圆舞"，时而跳"8字舞"，时而又跳"摇摆舞"。蜜源的距离不同，蜜蜂在一定时间内的舞蹈次数也不一样。

蜜蜂

不同品种的蜜蜂传递信息的方式也不相同，因此蜜蜂间也有"方言"和"外语"。

■ 色彩语言

有些动物是利用自身的色彩来传递讯息的，其中最善于运用色彩语言的动物是鸟类。比如，雄孔雀在求偶时，不会说甜言蜜语，而是开屏来展示自己羽毛的美丽。

除了鸟类，爬行类、鱼类、两栖类动物以及蜻蜓和蝴蝶也都能充分利用色彩。比如，背上长有三根长刺的刺背鱼，虽然体呈青灰色，貌不惊人，但它却能在交配生殖过程中很好地运用色彩语言。在交配前，雄鱼各自划分势力范围，同时腹部呈现红色，以警告其他雄鱼；追求雌鱼时，它又会披上绚丽的婚装——腹部泛红，背呈蓝白；待到鱼卵孵化后，雄鱼便再度恢复婚前的体态——红色的腹部和青灰色的鱼体。

■ 超声语言

还有一些动物则是利用超声波来彼此联系的，如螽斯、蟋蟀和蝗虫等。螽斯有三种鸣声，其中最有趣的是"求婚曲"。"单身"螽斯唱的大多是"求婚曲"，其他"单身汉"听到后，会此呼彼应地对唱起来。雌螽斯闻声赴会，并选中歌声嘹亮者。

海豚的超声语言颇为复杂，它们能利用超声波交流情况，展开讨论，共商大计。有意思的是，海豚交谈时还彬彬有礼，一个讲，另一个就专心地听。现在，人们已能听懂海豚的呼救信号。当受伤不能游上水面时，海豚就会发出一种尖叫声，召唤近处的伙伴前来救援。

孔雀开屏

春天是孔雀繁殖的季节。此时，雄孔雀就展开它那五彩缤纷的尾屏，还不停地做出各种各样优美的舞蹈动作，向雌孔雀炫耀自己的美丽，吸引雌孔雀前来交配。

长颈鹿

长颈鹿除了用一对大眼睛监视敌人外，还会不停地转动耳朵寻找声源以探虚实，直到断定平安无事，才开始进食。

| 世界之最 | 枪乌贼是最长的软体动物，最大的有17米长，其中仅触手就长达13米。 |

- 扑朔迷离的保护色
- 惟妙惟肖的拟态术
- 针锋相对的自卫术

形形色色的防身术

在我们生活的地球上，生存着100多万种动物。在弱肉强食的动物界，为了逃避敌害，保护自己，许多动物都有奇妙的自卫本领。尤其是那些弱小的动物，它们防卫的方法多种多样，本领十分高超。

■ 扑朔迷离的保护色

为了迷惑敌人，保护自身，很多动物都有天然的保护色。动物界中利用保护色最明显、最普遍的是昆虫。例如，生活在草地上的蝈蝈、蚂蚱、螳螂以及田野里的青蛙，一般都是绿色的，与草的颜色相近。

变色龙在自然界中是当之无愧的"伪装高手"，它善于随着环境的变化随时改变自己身体的颜色，它变色只需短短20秒。

雷鸟在一年之中，要换四次羽。春天，雷鸟的羽色为棕黄色带暗色横斑；盛夏，其羽色变成栗褐色；深秋，它又换上带有黑色块斑的暗棕色羽衣；严冬则立即换上一身白色"冬衣"。

枯叶蝶
中华枯叶蝶善于伪装成树叶，翅膀像树叶叶脉，遇到天敌时，它惹不起却躲得妙，自有它独特的"处世哲学"。

■ 惟妙惟肖的拟态术

为了躲避敌害的袭击，一些动物将自己的形态改变得与外界环境中的其他物体极其相似。

枯叶蝶看上去就像一片枯叶，有叶脉状的翅膀，其斑点就像枯叶上的菌类斑点。被称为"伪装大师"的章鱼，更是技高一筹，它有时把自己伪装成一束珊瑚，有时又把自己装扮成一堆闪光的砾石。

在非洲丛林里，有一种奇特的小鸟，它的拟态本领更为绝妙。当它落在树枝上，张开双翼时，竟酷似五个美丽的花瓣，而头部如同鲜艳的花蕊。利用这种巧妙的伪装，它不仅能骗过巨鹰，还能轻易捕捉到前来"采蜜"的小昆虫。

变色龙
变色龙善于随环境的变化而改变自己身体的颜色。这既有利于隐藏自己，又有利于捕捉猎物。

■ 针锋相对的自卫术

尖刺是动物自卫的一种锐利武器。刺猬的背部和身体两侧都长满了钢针似的刺毛，它不仅能将身体缩成一个刺团，使敌人无法伤害自己，而且还常常捕捉毒蟾蜍，将其毒液涂在自己的背刺上，以增强背刺的威力。

与刺猬相比，豪猪的棘毛更加厉害。御敌时，豪猪先摩擦棘毛，发出响声向对方示威；如果敌害继续逼近，它就会迅速转过身来，突然向后刺去，就连凶猛的虎、豹也常常被它所伤。

豪猪
豪猪遭遇猛兽时，能迅速地将身上锋利的棘毛直竖起来。一根根棘毛如同颤动的钢签一般，声声作响，敌人往往会被吓跑。

- 貌似强大的威慑术
- 偃旗息鼓的装死术
- 出其不意的"闪电战"

世界之最 竹节虫是最长的昆虫，有的可超过30厘米。

动物世界篇

■ 貌似强大的威慑术

有些动物在遇到敌害时，会假装成巨大而凶猛的样子，以吓退敌人的进攻。在印度洋里有一种狮子鱼，它的身长不过20厘米左右，可是却有一副凶狠的怪相，背上长着一根锐利的鳍。当敌害来临时，狮子鱼就会将背鳍竖得高高的，眼睛睁得圆圆的，显出威武不可侵犯的样子，这副凶相往往可将"强大的敌人"吓退。

电鳗

电鳗放电电不着它自己，不过它每次放电后要经过长时间的恢复，才能再次放电。

孔雀蝶

孔雀蝶十分美丽，但在有些动物看来，它美丽的花纹却很可怕。

孔雀蝶栖息在嫩枝上时，翅膀是合拢的。一旦遇到惊扰，它便会立刻张开翅膀，露出两块色彩鲜明的大斑点，它们看上去好似两只大眼睛。这种图案的突然出现往往可吓住一些敌害，令它们惊恐离去。

■ 偃旗息鼓的装死术

装死，也是某些动物的护身法宝。负鼠就以"会装死"而闻名。它一受到惊吓就会装死。负鼠装死时还会瞪直双眼，半张嘴巴，装出一副僵硬和痛苦的表情。当敌害离去时，这具"死尸"又会马上恢复正常活动。

■ 出其不意的"闪电战"

电鱼可以用自身发出的强大电流将来犯者赶走、击毙。全世界约有500种能够放电的鱼，这些鱼的发电器官的每个细胞都是一个小电池，能够产生0.1伏特的电压。

电鳗是名副其实的放电"冠军"。它一般可放出500伏特的高压电流，有时甚至可放出超过800伏特的电流。这么强的电流，足以击毙水中的任何动物，就连凶猛的鳄鱼也常常因捕食电鳗而遭殃。

负鼠

负鼠性情温驯，常常在夜间外出活动，捕食昆虫、蜗牛等小型无脊椎动物。有时，它也吃一些植物。

| 世界之最 | 海绵是地球上最早的动物，它们比恐龙出现得还早，可追溯到6.5亿年前。 |

- 陆地动物的肢体再生
- 水生动物的肢体再生
- 对动物肢体再生的研究

神奇的肢体再生

动物世界是一个弱肉强食、适者生存的世界。大自然中的竞争如此激烈，使得动物在进化过程中逐渐具备了各自的防御本领。其中有一部分动物为了自卫，可以瞬间舍弃自己的一部分肢体以掩护自己逃生，它们的这种自我保护手段就是肢体再生。

■ 陆地动物的肢体再生

壁虎被敌人追赶紧迫时，能够断尾而逃。过上一段时间，断尾的壁虎又能重新长出一条新尾巴。蜥蜴和蚯蚓也都具有肢体再生能力。

有人做过这样的实验：分别切去两条蚯蚓的前端和后端，再把它们连接起来，这一头一尾竟可长成一条新的蚯蚓。更有人别出心裁，在一条蚯蚓的前半部分并列接上两条蚯蚓的后端，结果，它生成了一条有一个头两个尾巴的蚯蚓。

■ 水生动物的肢体再生

低等动物往往拥有极强的再生能力。例如海星，它是一种体形很特别的动物，身上有很多腕。渔民担心养殖的牡蛎会被海星危害，每次捉到海星，都要将其撕碎后扔进大海。岂料每一个被扔进大海的碎片又都长成了一个新的海星。

蚯蚓
蚯蚓的身体分为许多相似的部分，每个部分都有一个体室，内有各种器官，这是蚯蚓能"再生"的原因之一。

壁虎
一遇到危险，壁虎就会折断自己的尾巴。壁虎的尾巴里有许多神经，因此它离开身体以后还会摆动，能起到吓唬"追兵"的作用。

章鱼也有利用腕手逃生的本领。章鱼的腕手在平时是很结实的，但当它的某只腕手被抓住时，这只腕手就会像被刀切断一样落下来，

章鱼
每当遇到敌害时，章鱼就会折断腕手逃走。而伤口处的血管会极力收缩，使伤口迅速愈合，不久后这里又会长出新的腕手。

而掉下来的腕手还会用吸盘吸在某种物体上蠕动。当然，这只是它的障眼法。章鱼并不是整个肢体都断了，它的腕手断掉后，血管可自行闭合，极力收缩以避免伤口处流血。第二天伤口完全愈合后，一个新的腕手就会慢慢长出，一个半月后，就能恢复到原长的1/3了。

■ 对动物肢体再生的研究

人要是因伤截了肢，就只能安一副假肢，因为人体不能再生新的肢体。为什么有些动物肢体能再生而人却不能呢？

有人认为，低等动物体内有一些没有分化的细胞，这些细胞保持着发育的潜力，当受到一定刺激时，它们就会发育成新的肢体。研究发现，蝾螈的后肢被切断后，在其伤口处能测到电流，而这种电流直到新的后肢再生完毕才会消失。于是，科学家们把老鼠的前肢截去，在其残肢内植入一个电极，并不断通电刺激。结果，本来没有再生能力的老鼠竟然也生出了新的前肢。

动物肢体再生的机制一旦被研究清楚，人类将不会再为肢体伤残而忧愁伤悲了。

| 世界之最 | 咸水鳄是最大的爬行动物，最长的有8米多。|

尾巴的奇特功能

在目前世界上生存的150多万种动物中，除少数动物（如猿、蛙等）的尾巴已退化外，相当多的脊椎动物都长有尾巴。动物的尾巴或长或短，形状各异，但它们都有着特别的功能和妙用。

飞鼠
飞鼠的尾巴有很好的平衡功能，可帮助它平稳快速地飞行。

■ 捕获食物的工具

有些蝙蝠的尾巴可以自由蜷缩，和后肢之间的皮膜构成一个吊篮形。这样，蝙蝠就可以依靠这个"隐身秘法"捕捉到身旁较大的昆虫了。

卷尾猴的尾巴长而有力，具有出色的缠绕能力，能够帮助它捕食果实、昆虫和鸟蛋等。

雪蚤有一条伸缩自如的尾巴，可以把食物钩进躯体下面。安放好食物后，小尾巴就松弹开来，同时雪蚤也借力跃向空中。

■ 控制方向的手段

鸟类的尾巴上长着又长又宽的羽毛。这些羽毛展开时好像扇子，能够灵活转动，便于鸟类掌握飞行方向。

生活在东南亚丛林里的飞鼠飞行时尾巴就像方向盘，可以通过改变其伸卷方式来改变飞行方向；降落时，伸长的尾巴还可以像降落伞一样帮助降低飞行速度。

■ 攻防自如的武器

非洲鳄的尾巴又长又粗，是相当有威力的"重型武器"。见到猎物在河边饮水时，非洲鳄只需用尾巴一扫，就能把猎物打落水中，然后张开大嘴，饱餐一顿。

狐狸的尾巴蓬松宽大，像一把扫帚，走路时狐狸可以用它把自己的脚印擦掉，以免泄露行踪。

蜜蜂和胡蜂的腹部尾端都有螫针，螫针与毒腺相通。如果有动物打扰了它们，它们就会用螫针螫对方，并将毒液注入到对方体内，使其中毒。

蝎子的尾部有一对毒腺，它行走时，张着双螯，翘起尾部，遇到猎物和敌害就用双螯将其钳住，尾端勾转将尾刺刺入对方身体，注入毒液。

■ 表达情感的"语言"

狗的尾巴能表达各种情感。尾巴翘起，表示喜悦；尾巴下垂，意味危险；尾巴不动，显示不安；尾巴夹起，说明害怕；尾巴迅速水平地摇动，则象征友好。

当遇到新情况或极度兴奋时，猫的尾尖常会剧烈地抽动；当准备出击时，猫的尾巴就与身体成一条直线，随着身体的下伏，尾巴与地面平行，只有尾尖在微微摇动；当与敌手搏斗或非常生气时，猫会用整条尾巴猛烈地抽打地面，发出啪啪的响声。

卷尾猴
卷尾猴头顶生有簇状毛，看上去像一顶帽子，全身毛发为灰褐色。尾巴部常卷成一个圆圈，因而得名。

| 世界之最 | 沫蝉是自然界跳得最高的生物，它跳起来的高度相当于其身高的100倍。 |

- ▶ 闻味识主人——狗
- ▶ 听音辨方位——猫头鹰
- ▶ 远距离寻物——鹰

人类望尘莫及的特异功能

据《新科学家》报道，从智力上分析，人类的确是地球上最高级的动物。但是，其他动物却也有着许多人类望尘莫及的特异功能。

■ 闻味识主人——狗

在动物界中，狗的嗅觉是最灵敏的，其灵敏度是人类的1200倍。它能辨别空气中多种物质的气味，有的狗甚至能嗅出精密仪器也测不出的气味。

狗的鼻子为什么这么灵敏呢？因为狗有发达的嗅脑，鼻腔长而且大，内部分布着大量的嗅觉神经。狼狗尤其灵敏，其嗅觉细胞多达2亿个。

狗理解世界的方式是通过嗅觉来完成的。狗可通过气味来识别主人、性别、幼犬、同伴等。狗对气味的灵敏，表现在对气味敏感和能分辨气味上。它对气味的感知可以达到分子水平，所以即使气味的密度很小，它也能分辨出来。经过训练，狗能分辨出200万种物质发出的不同浓度的气味。

狗灵敏的嗅觉可以帮助我们完成很多人类无法完成的事情。例如，警犬可利用嗅觉进行追踪和勘察现场；缉毒犬可以从邮包行李中嗅出其中的毒品；搜爆犬可以成功地发现爆炸物；搜救犬可以帮助搜救 队找到遇难的人。

狗与主人
狗依靠自己灵敏的嗅觉来识别主人、发现猎物、追捕凶犯……有些品种的狗经过特殊训练后甚至能发现镍、铜等各种矿产。

猫头鹰
猫头鹰是夜行性鸟类，几乎专以鼠类为食，是重要的益鸟。而且，它还是唯一能够分辨出蓝色的鸟类。猫头鹰的大眼睛只能朝前看，要向两边看的时候，就必须转头。

■ 听音辨方位——猫头鹰

让人类找到声音的准确方向不是一件容易的事，但猫头鹰却可以做到。猫头鹰的听觉非常灵敏，在伸手不见五指的黑夜中，它的听觉起主要的定位作用。

当一只猫头鹰在黑暗的环境中搜索猎物时，它对声音的第一个反应是转头，如同我们在听见微小响动时侧耳倾听一样。但是猫头鹰转头的作用是使声波传到左右耳的时间产生差异。当这种时间差达到30微秒以上时，猫头鹰即可准确分辨出声源的方位。

猫头鹰一旦判断出猎物的方位，便会迅速出击。据研究，猫头鹰在扑击猎物时，它的听觉仍起着定位作用。它能根据猎物移动时产生的响动，不断调整扑击方向，最后出爪，一举奏效。

当然，猫头鹰捕食时视觉和听觉的作用是相辅相成的，这使它在各方面都能适应夜行生活，从而成为一个高效的夜间捕猎能手。

■ 远距离寻物——鹰

在鸟类中，鹰观察物体的敏锐程度名列前茅，以视觉宽广、目光敏锐著称。翱翔在两三千米高空的雄鹰，两眼虎视眈眈地扫视着地面，能一下子从众多相对运动着的景物中发现并捕捉目标。

- 潜水能手——海豹
- 跳高冠军——沫蝉
- 举重健将——蚂蚁

世界之最 猎豹是陆地上奔跑速度最快的动物，时速高达110千米。

动物世界篇

鹰眼的敏锐是由其特殊的结构所决定的。它独特的视觉系统可将物体放大数倍，其原理和望远镜一样。与人的视网膜不同，鹰眼有两个中央凹：正中央凹和侧中央凹。它们分别集中在眼睛的不同区域。前者能敏锐地发现前侧视野里的物体，后者接收

苍鹰
人们常见的苍鹰别名黄鹰，它用眼睛低分辨率、宽视野的部分搜索目标，而用高分辨率、窄视野的部分仔细观察已经发现的目标。

鹰头前面的物体像。鹰头的前方有敏锐的双眼视觉区，由两个侧中央凹的视野交集而成。这样，鹰眼的视野便近似于球形，所以鹰能看到非常宽广的地域。

鹰眼的瞳孔也很大。在一定范围内，瞳孔越大，分辨率越高，从这一点来说，鹰眼也要比人眼灵敏。同时，鹰也和别的鸟一样，眼内有梳状突起。它是一种从视神经进入点突、眼后室的特殊折叠结构，其功能是减弱眼内的散射光，使视像更清晰。

■ 潜水能手——海豹

海豹
海豹是肉食性海洋动物，属哺乳类。它们的身体呈流线型，四肢为鳍状，适于游泳。

威德尔海豹生活在南极沿海水域，它们生命里一半的时间是在水下度过的，是名副其实的潜水能手。海豹是从未结冰的很窄的水面潜入水中的，它们每次待在水下的时间通常只有5分钟，但目前记录到的最长的一次达48分钟。同时，

海豹能游到水面以下5千米的地方，然后再浮出水面，而且还能一边潜行一边捕食。

海豹潜入深水时，身体表面每平方厘米所承受的压力可达62千克。它为什么能够承受如此巨大的压力呢？原来，威德尔海豹在血液和肌肉里储存了氧气。而且，这种储存呈化学结合状态，储存量是肺活量的12倍。另外，海豹血液里的红细胞和红细胞里的血红蛋白的浓度都比其他动物高得多。这些都能帮助它们抵抗高压。

■ 跳高冠军——沫蝉

最新研究显示：身体仅6毫米长的沫蝉，最高跳跃高度可达70厘米，这相当于标准身高的男性跳过210米高的摩天大楼。

当沫蝉加速跳跃时，其初始加速度可达到4000米/秒^2。它最高跳跃可承受的重力是体重的400倍，就像宇航员在太空中跳跃一样。而火箭发射时能承受的重力只有其重量的6至7倍。

■ 举重健将——蚂蚁

蚂蚁虽然小，可它却有很大的力气。如果你比较一下蚂蚁的体重和它所搬运物体的重量，你就会感到十分惊讶。

据力学家测定，一只蚂蚁能够举起超过自身重52倍的东西，而世界上从来没有一个人能够举起超过自己本身体重3倍的重量。从这个意义上说，蚂蚁的力气比人的力气大多了。

沫蝉
沫蝉种类很多，分布较广，以善跳跃闻名。繁殖时，雌沫蝉通常将卵产在植物的茎上，并用自己分泌的泡沫状物质保护它们。

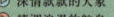

世界之最 天鹅是飞得最高的鸟,飞行高度最高能达到17000米。

- 用情不专的鸳鸯
- 性情高洁的戴冕鹤
- 深情款款的大象
- 情调浪漫的鸵鸟

动物如何谈情说爱?

对于大多数野生动物来说,2月份是它们发情的季节。那么,动物们是如何求偶、如何"谈情说爱"的呢?

■ 用情不专的鸳鸯

鸳鸯在中国是恩爱的代名词,常被称为"守情鸟",千百年来一直是夫妻和睦、白头偕老的象征,也是中国文艺作品中坚贞不移的纯洁爱情的化身。鸳鸯经常成双成对,在水面上相亲相爱,悠闲自得,风韵迷人。

不过根据科学研究,鸳鸯并非如人们所说的那样恩爱情深、生死与共。雌雄鸳鸯在热恋期间的确影形不离,但交配后,它们便会分道扬镳,抚育后代的重任全由雌鸳鸯承担。如果鸳鸯中的一只死了,另一只过不了多久便会另寻新欢。

■ 性情高洁的戴冕鹤

在所有的水禽当中,戴冕鹤性情最为高洁。作为实行"一夫一妻终身制"的鸟类,它们对"爱情"似乎有着圣洁的追求。

戴冕鹤培养感情讲求两厢情愿,一般是从小就生活在一起,"自由恋爱"后"订下终身"的,其"爱情"大概属于"青梅竹马,日久生情"型。虽然生活在一起的两只戴冕鹤并非一定能喜结连理,但一旦确定关系就会非常稳定。雄鹤悉心照顾自己的"爱妻",有好吃的总是先给雌鹤,还殷勤地帮助"爱妻"梳妆打扮,以其独特的歌舞与妻同乐。当然,雌鹤也对自己的丈夫依恋至极。

■ 深情款款的大象

大象作为陆地上最大的动物,智商较高,也非常注重感情。

到了发情期,平时一向凶神恶煞、攻击性极强的母象会一反常态,变得柔情似水。它们又是用鼻子抚摸调弄公象,又是将鼻子搭在公象的背上,有如恋人"勾肩搭背",真是温柔备至。

■ 情调浪漫的鸵鸟

到了每年五六月的繁殖期,雄鸵鸟会为独占交配权展开一番恶斗。然后,胜利的雄鸟追逐雌鸟,将其挡在一个角落里,舞起"芭蕾",细颈摇曳,羽翅轻挥,纤足踏步,舞姿轻柔妙曼,让人惊叹不已。最后,雌鸟被"陶醉"得匍匐在地,它们就可交配了。在动物世界中,鸵鸟算是最有浪漫情调的了。

恩爱的大象
大象是生活在陆地上的最大的哺乳动物,分亚洲象和非洲象两种。

- 幼龟回家
- 蜜蜂认路
- 老马识途
- 章鱼记事
- 动物记忆从何而来

世界之最 旗鱼是游泳速度最快的鱼,游速能达120千米/小时。

动物世界篇

动物的记忆力

动物有记忆力吗?答案是肯定的。虽然动物的大脑无法像人类大脑一样处理和记忆很多复杂的问题,但是对于一些简单的事物,它们也会产生很深的记忆。

蜜蜂
德国科学家研究发现,蜜蜂有着惊人的记忆力,它可以区分多种不同的颜色、图案和香味。

■ 幼龟回家

生活在巴西海岸的海龟,每年要在水中游8个星期。它们繁殖时,要经过8000多千米的长途跋涉才爬上亚森松岛产卵孵化小海龟。两个月后,从未出过门的小海龟会照样游回巴西海岸。15至30年后,它们仍会准确无误地重返自己的出生故地,繁殖下一代。

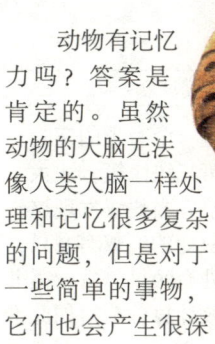

海龟
海龟的记忆力超群。幼海龟破壳而出后,会本能地匆匆忙忙爬向大海,多年后它们又会返回出生地进行繁殖。

■ 蜜蜂认路

有科学家做过一个实验,每天上午9时至11时,用盘里的糖浆喂养蜜蜂,其他时间盘子是空的。后来即使好几天盘子内都没有糖浆,蜜蜂仍会按时飞来光顾。可见,蜜蜂的记忆力可以保持好几天。

■ 老马识途

动物的记忆力与它们的脑容量有关。高等动物的记忆力就比低等动物强得多。有匹马在矿井下拉车拉了10年,这段时间它从未到过地面。后来由于衰老,它被主人送出了矿井。被送出后,它便立即奔向幼年时待过的饲养场,不出任何差错。

■ 章鱼记事

章鱼的记忆力更胜一筹。有科学家做试验,给养在水池中的章鱼扔了一个大牡蛎。章鱼想吃里面的肉,但费了几个小时也打不开牡蛎的外壳。过了7天,科学家又将一个大牡蛎扔进去,这次章鱼看了一眼就不再理睬了。这表明,对于一周前的事,章鱼仍然记忆犹新。

■ 动物记忆从何而来

有关研究发现,动物不仅能依靠气味和声音进行辨认和记忆,还能产生清晰的视觉印象。

动物的记忆通常还表现在对声音和动作的条件反射上。例如,小狗"坐下"和马戏团中狮子跳火圈等,其实都是动物经过长期的训练,对一些声音和动作产生了记忆的结果。

马
野生马常受到食肉动物的攻击,因而在长期的自然选择中,它们的祖先练就了敏锐的视觉、灵敏的听觉和发达的嗅觉。老马识途靠的就是这三"觉"。

世界之最　蜗牛是世界上牙齿最多的动物，虽然它嘴的大小和针尖差不多，但却有两万多颗牙齿。

▶"几何专家"——蜜蜂
▶"作图专家"——蜘蛛
▶"计算专家"——蚂蚁
▶"代数天才"——珊瑚虫
▶"排列绝才"——丹顶鹤

动物界里的"数学家"

长期以来，人们一直认为只有人类才对数字有感知。然而，科学家们经过一系列观察实验后发现，自然界中有许多动物不仅懂得计数，有些还是"数学天才"呢。

■"几何专家"——蜜蜂

工蜂建造的蜂巢结构十分奇妙，它是一个严格意义上的六角柱状体，一端是开口的平面六角形，另一端则是封闭的六角棱锥体，这个底面是由三个相同的菱形组成的。

科学家曾经测量过蜂巢的尺寸，他们得到了两个有趣的数据：组成底盘的菱形的所有钝角为109°28′，所有锐角为70°32′。理论上讲，这样的巢不但节省材料，而且结实坚固。

■"作图专家"——蜘蛛

蜘蛛

蜘蛛的腹部有六种腺体，称为吐丝器。各种腺体能产生不同类型的蛛丝。腺体顶端有喷丝头，其上有数千个小孔，喷出的液体一遇空气即凝结成黏性强、张力大的蛛丝。

蜘蛛结成的"八卦"形网，的确巧夺天工。这种八角形网，不但结构复杂而且造型美丽，由中心向外辐射的两条相邻半径间的两段蛛丝都是彼此平行的。此外，每一条横向蛛丝，与主要辐射向外的蛛丝相交所成的角度都相等。

■"计算专家"——蚂蚁

英国科学家亨斯顿做过一个有趣的实验：把一只死蚱蜢切成三块，第二块比第一块大一倍，第三块比第二块大一倍。当蚂蚁发现这三块食物后，聚集在最小一块处的蚂蚁有28只，第二块处有44只，第三块处有89只，后一组差不多比前一组多一倍。蚂蚁计算分配得如此准确，确实令人惊叹。

■"代数天才"——珊瑚虫

珊瑚虫能把"日历"记载在自己的身上。它们每年会在自己的体壁上"刻画"出365条环纹，显然是一天"画"一条。奇怪的是，古生物学家发现，3.5亿年前的珊瑚虫每年所"画"出的环纹是400条，而当时地球上的一年也正好是400天。

■"排列绝才"——丹顶鹤

丹顶鹤总是成群结队地在空中排成"人"字迁飞。这个"人"字的角度永远保持在110度左右。更精确的计算还表明，"人"字形夹角的一半——每边与鹤群前进方向的夹角为54°44′8″，而金刚石结晶体的排列角度正好也是54°44′8″。

丹顶鹤

丹顶鹤在入秋后会迁飞南方过冬，至11月初全部迁完。我国江苏省盐城自然保护区，是世界上最大的丹顶鹤越冬栖息地，在此越冬的丹顶鹤最多时达600多只。

- 昆虫气象员
- 鸟类气象员
- 水中气象员
- "活晴雨表"青蛙

世界之最 蜻蜓是"眼睛"最多的昆虫，它的每只复眼由2.8万个眼晶体组成。

动物世界篇

动物"气象员"

俗语说："燕子低飞蛇过道，大雨不久就来到。"意思是说，如果看到燕子飞得很低，蛇横穿道路，则预示着不久将会下大雨。

在自然界中，有些动物在长期的进化过程中，形成了对天气变化较敏感的反应能力，可以称得上是动物界的"气象员"了。

■ 昆虫气象员

蜘蛛——阴雨天里，如果气压上升，湿度减小，昆虫高飞，蜘蛛便张网捕捉，这预示天气将要转晴。俗话说："蜘蛛结网，久雨必晴。"反之，如果蜘蛛收网，则预示将要下雨。

蚂蚁——蚂蚁成群出洞，预示大雨将临。俗话有"蚂蚁成群，明天不晴"的说法。

蜻蜓——蜻蜓如果在空中低飞，过2个小时左右将有大雨来临。

■ 鸟类气象员

喜鹊——在我国民间，喜鹊是吉祥鸟。据学者考究，喜鹊筑巢的高低与当年雨水的多少有关。如果喜鹊在高处筑巢，就预示当年雨水偏多；如果喜鹊在低处筑巢，则预示当年雨水偏少。

麻雀——"群雀洗凉，雨下大又强"。夏秋季节，天气闷热，空气潮湿，若有麻雀飞到浅水里洗澡散热，则预示一两天内将有雨；如果是大群麻雀洗澡，则预示未来几天将有大雨出现。

喜鹊 喜鹊是深受我国人民喜爱的鸟类，是好运与福气的象征。农村举行婚礼前，常会用剪贴的"喜鹊登枝头"来装饰新房。

■ 水中气象员

水母——水母能在10至15小时前捕捉到暴风雨来临的信息，并能从容地转移到安全地带。生物工程学家研究发现，水母有一个可以

水母 水母的伞状身体内有一种特别的腺，它可以释放一氧化碳，使伞状体膨胀。当水母遇到敌害或大风暴的时候，它会自动将气放掉，使自己沉入海底。海面平静后，它只需几分钟就可以生产出气体，再次让自己膨胀并漂浮起来。

感觉超声波的"耳朵"。这个"耳朵"前端有根细细的棒状物，上有一个圆球，圆球中充满液体，上面有一个浮起的小石子与神经末梢相接触。圆球接收到的超声波，由小石子传给神经末梢，这样水母就知道大风暴要来了。

泥鳅——被称为"活气压计"的泥鳅，晴天时呆在水底一动不动，风雨来临前，它们会卷曲身体"游泳"。因此当泥鳅在水中上下左右翻动时，预示着很快就会下雨了。

■ "活晴雨表"——青蛙

青蛙是动物界中的"活晴雨表"，这缘于青蛙特别的皮肤。空气干燥时，青蛙皮肤水分蒸发快，待在水中保持皮肤湿润；而空气潮湿、即将下雨时，皮肤水分不易挥发，它就会跳出水面。

因此，青蛙是非洲土著居民观察天气变化的"活晴雨表"。当地人只要看到树蛙由水中爬到树上，便会动手布置防雨工作。

| 世界之最 | 迷惑龙是恐龙中最大的一种，身长可达30至52米，身高可达18米，体重可达130吨。 |

- 谁最先发现了恐龙化石
- "恐龙"之名的由来
- 多种多样的恐龙

灭绝原因成谜的恐龙

恐龙是出现于2亿多年前并繁盛于6500万年前的中生代爬虫类动物。地球上过去存在过什么生物，均可在化石之中找到答案。中生代的地层中，曾发现有许多恐龙化石，其中可以见到大量的各式各样的骨骼化石。但是，在紧接着的新生代地层中，却完全看不到恐龙的化石。科学家由此推知，恐龙在中生代后期已经灭绝了。恐龙的突然消失，成了地球生物进化史上的一个谜。

■ 谁最先发现了恐龙化石

早在1000多年前，人们就在四川省五城县发现过恐龙化石。但是，当时的人们并不知道那是恐龙遗骸的化石，而把它们当作了传说中的龙所遗留下来的骨头。

1677年，一个叫普洛特的英国人编写了一本关于牛津郡的自然历

曼特尔向众人展示禽龙化石
曼特尔（1790~1852年），英国医生、地质学家和古生物学家，长期致力于中生代的古生物研究，首次发现了著名的恐龙类爬行动物。

史书。在这本书里，普洛特描述了发现于卡罗维拉教区的一个采石场中的巨大的动物腿骨化石。他还为这块化石画了一张很好的插图，并指出，这块腿骨既不是牛的，也不是马或大象的，而是属于一种比它们还大的巨人类。

■ "恐龙"之名的由来

实际上，欧洲人早就发现地下埋藏有许多奇形怪状的巨大骨骼化石。但是，当时人们并不知道它们的确切归属，一直将它们误认为是"巨人的遗骸"。至于中国人，很久以前就开始采集地下出土的大型古动物化石入药，并把这些化石叫作"龙骨"。但是，这"龙骨"与恐龙化石有没有联系呢？

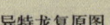

异特龙复原图
异特龙被称为"侏罗纪最强大的杀手"，是最凶残的肉食类恐龙之一。

直到19世纪，英国的曼特尔夫妇发现了禽龙化石并将其与鬣蜥进行了对比，科学界才初步确定这化石属于一种类似于蜥蜴的、早已灭绝的爬行动物。

随着这些远古动物的化石不断被发现和发掘，它们的可知种类越来越多。许多博物学家也开始意识到，它们在动物分类学上应该自成一体。到了1842年，英国古生物学家欧文爵士用拉丁文给它们创造了一个名称。这个名称由两个词根组成，前面的词根意思是"恐怖的"，因为最初引起人们注意的这些远古动物化石往往个体巨大、奇形怪状，令人恐怖；后面的词根意思是"蜥蜴"。从此，"恐怖的蜥蜴"就成了这一类彼此有一定亲缘关系却形形色色的爬行动物的统称。而中国人联系到了"龙骨"，就把这个拉丁名翻译成了"恐龙"。

■ 多种多样的恐龙

恐龙的种类很多，科学家根据它们骨骼化石的形状，把它们分成两大类，一类叫作鸟龙，一类叫作蜥龙。而根据它们的牙齿化石，还可以推断出它们是食肉类还是食草类，或是

| 世界之最 | 新颌龙是目前已知的体形最小的恐龙，体长约60厘米，体重约5.5千克。 |

荤素都吃的杂食类。每一大类下面又划分出许多小类，包含在这些小类中的恐龙各有各的特点。

比如翼手龙生活在白垩纪，它并不是很大，翅膀不过长22厘米左右。但是风神翼龙的翅膀却长达12米，大小和一辆公共汽车差不多。

异特龙是一种凶猛可怕的食肉恐龙，它的大嘴可以一下子吞掉一头小猪。它的牙齿全都向里弯曲，猎物只要被它咬住就休想逃出来。

三角龙是角龙的一种。它的鼻子上有一只角，像犀牛；眼睛上方有两只角，又像牛。这三只角都约有1米长，是三角龙打架的有力武器。

迷惑龙是恐龙中最大的一种，有的身长达30米以上，有6层楼那么高。我们平常在博物馆见到的恐龙化石，大多就是迷惑龙的。

■ 恐龙的灭绝之谜

长期以来，关于恐龙灭绝的原因，人们一直在不断地研究。最权威的观点是，恐龙的灭绝和6500万年前的一颗大陨星有关。据研究，当时，一颗直径7至10千米的小行星坠落在地球表面，引起了一场大爆炸，使大量的尘埃被抛入大气层，形成遮天蔽日的尘雾。尘雾导致植物的光合作用暂时停止，恐龙因而断食灭绝了。

小行星撞击理论，很快获得了许多科学家的支持。1991年，在墨西哥的尤卡坦半岛发现的一个陨星撞击坑，进一步证实了这种观点。

但也有许多人对小行星撞击论持怀疑态度，因为当时蛙类、鳄鱼以及其他许多对气温很敏感的动物都生存下来了。这就无法解释为什么只有恐龙灭绝了。

迄今为止，科学家们提出的关于恐龙灭绝原因的假想已有很多种，除了陨星碰撞说以外，还有气候变迁说、物种斗争说、大陆漂移说、地磁变化说、被子植物中毒说、酸雨说，等等。这几种假说，在科学界都有较多的支持者，但也都存在着不完善的地方。恐龙灭绝的真正原因，成了地球生物进化史上的一个谜，谜底还有待人们进一步探究。

> **三角龙复原图**
> 科学家推测，除了作为武器，三角龙不同形状的角还可能是它们内部区分雌雄的标志。雄性三角龙的颈盾可能是五颜六色的，用来吸引雌性。

> **迷惑龙复原图**
> 迷惑龙生活在侏罗纪中晚期，是一种巨型长脖食草恐龙。它们喜欢群体活动，行走时尘土蔽日，响声如雷，因而曾被成为"雷龙"。

世界之最　非洲象是当今世界上最大的陆地动物，平均重达7吨。

- 轰动一时的象牙宝库
- 真的有"象的墓地"吗？
- 罕见的"大象葬礼"

充满传奇色彩的"象的墓地"

死去的大象
看似笨拙的大象其实是一种感情丰富的动物，同伴死去后，它们还会为它举行一个特殊的葬礼。

这是一个流传于非洲的古老传说：那些预知自己已走到了生命尽头的老年大象会离开象群，独自在密林深处寻得一处隐秘的地方，也就是"墓地"，然后等待死亡降临。

■ 轰动一时的象牙宝库

半个世纪以前，曾经流传过一则轰动世界的新闻：有个探险队在非洲的深山密林里，发现了一个洞窟，洞里堆满了象牙和象的尸骨。人们相信，这就是传说中的一处"象的墓地"。

此后，不少冒险家为了寻找"象的墓地"，故意把大象打成重伤，想让它挣扎着走向自己的"墓地"。但是，尽管他们紧跟在大象后面，穿密林，跨草原，却没有一头大象走进传说中的"墓地"。

■ 真的有"象的墓地"吗？

有些动物学家认为，关于"象的墓地"的传说是那些偷猎象牙的人编造出来的。因为随意捕杀大象攫取象牙要受到法律的制裁，那些偷猎的人为掩盖自己的罪行，才编造了这样一则谎言。但也有学者坚持认为"象的墓地"是存在的。因为他们发现，大象在临死前的表现确实很异常。临死的大象往往会离开象群，步履蹒跚地在某个地方销声匿迹。在动物保护区内，人们也发现了一个奇怪的现象：能够找到的大象尸体，与大象的死亡总量相比可谓微乎其微。

■ 罕见的"大象葬礼"

有位动物学家曾在非洲意外地看到过大象的葬礼：在离密林不远的一处草原上，几十头大象正围着一头重病的老象。老象蹲在地上，低着头，喘着粗气。围在四周的大象用鼻子把附近的草叶收集起来，捆成束，朝老象的嘴边投去。但是老象很快就倒在地上死去了。

这时，周围的象群突然发出一阵哀号。为首的雄象用长长的象牙掘松地面的泥土，并用鼻子卷起土块，朝死象身上投去。接着，其他大象也纷纷用鼻子把泥土、树枝、枯草卷成团，投在死象身上。片刻间，地面上堆起了一个土墩。为首的雄象一边用鼻子卷起土加在土墩上，一边用脚踩踏那个土墩。其他的象也跟着去踩，最终把土墩踩成了一座坚固的"象墓"。

象群
大象是群居动物，象群的活动范围取决于食物和水源，一般在14至3120平方千米之间。

- "企鹅"之名的由来
- 企鹅为什么不能飞？
- 抗冰雪、斗寒风的"勇士"

世界之最 企鹅是世界上最耐寒的鸟，在零下57摄氏度的冰天雪地中，它们仍然能够自在地生活。

动物世界篇

南极绅士——企鹅

企鹅是自然界中最令人喜爱的动物之一，是南极的象征。这些步态蹒跚、身穿"燕尾服"的高傲的"南极绅士"，千万年来一直在南极这块神秘的土地上繁衍生息。

■ "企鹅"之名的由来

1520年，葡萄牙探险家麦哲伦率领环球探险队到达南美海岸。因为探险队员皮加非塔呆滞的神态酷似企鹅，所以海员们在航行中一看到那些"奇怪的鹅"就喊他的名字。后来，"皮加非塔"的近似音Penguin（企鹅）就成了企鹅之名并传播开来。

■ 企鹅为什么不能飞？

企鹅是由会飞的海鸟进化而来的。那么，为什么会发生这种转变呢？

有这样一种假说：距今2亿年前，南极大陆从冈瓦纳古陆中分离出来，开始向南漂移。此时恰巧有一群鸟降落到了这块土地上，但生活了一段时间之后，它们再也没有能力飞离这块地方了，这些鸟就是企鹅的祖先。

不久，南极大陆漂移到极地位置，地面盖上了厚厚的冰雪。大陆上的生物大批死亡，唯有企鹅的祖先活了下来。但由于在冰雪茫茫的陆地上没有可吃的东西，它们只好到海洋里去寻找食物。于是它们的翅膀逐渐退化，同时变成了"游泳高手"，最终演变成现在的模样。

■ 抗冰雪、斗寒风的"勇士"

企鹅的身体构造，就好像是穿着一身多层的"防寒保温服"。从外到里，第一层是厚密的"羽绒服"，

帝企鹅一家
小企鹅的幼儿阶段，是在雄企鹅的身边度过的。雄企鹅既是父亲又是保育员，对自己的小宝宝照顾得十分细致周到。

企鹅的全身都均匀地布满了羽毛，这些羽毛密密实实，甚至连无孔不入的海水都很难渗透进去。第二层是脂肪层，分布在皮下，厚达3厘米。第三层是血管网。企鹅肢体内的血管像一张奇妙的网，从心脏流出的血和流回心脏的血温度基本相同，这使它体内的温度保持不变。

当气温下降到零下10摄氏度时，它们就会把热量消耗降到最低点，从而节省和保存大量的热量。如果气温再往下降，它们就成千上万只紧紧地挤在一起，一圈一圈地围着转，使每一只企鹅都能转到核心位置，从而轮流取暖。

扎堆的企鹅
在天气寒冷的南极，企鹅们常常扎堆挤在一起，互相取暖。

世界之最　海豚的大脑是动物中最发达的,它是最聪明的动物。

- 比猴子还强的学习能力
- 海豚的"游泳衣"——"水罩"
- 见义勇为的"海上救生员"

聪明的海豚

在动物界中,海豚被认为是最聪明的,它拥有超常的智慧和能力,即便是人类的近亲——大猩猩和猕猴,也不得不甘拜下风。

■ 比猴子还强的学习能力

海豚有"海中智叟"之称。研究表明,海豚大脑上的褶皱甚至比人类还多、还复杂。

1959年,科学家对一个名叫"利利"的海豚做了一个实验。他们把电极分别插入海豚的快感中枢和痛感中枢,当电流通过时,海豚会产生快感和痛感。然后,他训练海豚让它触及头上的金属小片,控制电流的通断。训练20次后,再将电极插在海豚的痛感中枢,它就会选择切断电源,使痛感消失。

■ 海豚的"游泳衣"——"水罩"

海豚滑溜溜的皮肤是富有弹性的。游动时,海豚会收缩皮肤,使上面形成很多小坑,把水存进来,这样,它身体的周围就形成了一层"水罩"。当海豚快速游动时,"水罩"包住了它的身体,借助这个保护层,海豚游动时几乎没有碰到摩擦力,也不造成旋涡,所以它能够游得很快。

■ 见义勇为的"海上救生员"

海豚是一种见义勇为的动物。人类在水中遇到危难时,往往会得到它的帮助。海豚也因此得到了"海上救生员"的美名。而动物学家还发现,海豚营救的对象除人外,还有它们体弱多病的同伴。

据此,海洋动物学家认为,海豚救人的美德来源于海豚照料子女的"天性"。海豚是用肺呼吸的哺乳动物,它们在游泳时可以潜入水里,但每隔一段时间就得把头露出海面呼吸,否则就会窒息而死。因此,对刚刚出生的小海豚来说,最重要的事就是尽快到达水面,这时往往会出现一些麻烦。但在意外发生的时候,海豚母亲便会及时出现。由于这种行为是不分对象的,所以一旦海豚遇上溺水者,就会误认为这是一个漂浮的物体,就会产生同样的推逐反应,从而使人得救。

海豚

海豚常成群在海上跳跃,以表示"出发"和"回家"两种信号。同时,它们保持一定速度和规律跳跃前进,也可以减少水的阻力。

与人亲善的海豚

海豚是一种与人亲善的动物,它既不像森林中胆小的动物那样见人就逃,也不像深山老林中的猛兽那样遇人就张牙舞爪,它总是表现出十分温顺可亲的样子与人接近,有时甚至还会"见义勇为",搭救落水者。

- 鲸鱼自杀的现象
- 鲸鱼自杀的6种说法

世界之最 蓝鲸是地球上曾生活过的最大的鲸，平均长30米，重达140吨。

动物世界篇

鲸鱼为何集体自杀？

1985年12月23日，我国福建省福鼎县秦屿湾有12头抹香鲸集体搁浅，人们把这种现象称为"鲸鱼集体自杀"。但鲸鱼为什么要"自杀"呢？

■ 鲸鱼自杀的现象

在众多的"自然之谜"中，鲸鱼的"自杀悲剧"无疑是最悲惨、最打动人心的。

1976年，美国佛罗里达州的海滩上，突然有250头鲸鱼搁浅。美国海岸警卫队和数百名志愿者进入冰冷的海中，试图阻止鲸鱼自杀。有人用消防水管向鲸鱼喷水，有人则开来起重机，但这些都是徒劳的。

2005年10月26日，近140头巨头鲸先后在澳大利亚塔斯马尼亚岛海滩集体搁浅。据统计，过去80年间，此地共发生过300余起鲸鱼"集体自杀"的悲剧，这里因此被媒体称为"鲸鱼墓地"。

■ 鲸鱼自杀的6种说法

关于鲸鱼集体搁浅死亡的原因，科学界主要有以下6种说法：

1. 地形论。荷兰学者范希·杜多克认为，鲸鱼搁浅可能与海岸地形条件有关，因为搁浅多发生在坡度平缓的海岸。当鲸向这里发射超声波信号时，其回声信号会失真，使它们根本探测不出深水的位置，从而导致迷途。

2. 失常论。有人认为，鲸群可能是受到意外的刺激而仓皇出逃，也可能是为了躲避捕食者的追击或人的骚扰而登陆搁浅的。

3. 向导论。有些人认为，有些鲸喜欢群聚，

虎鲸

虎鲸遍布四海，以体魄健壮、性情凶狠闻名，有"鲸之暴君"之称。但令人不可思议的是，虎鲸有时也会上百头聚集在一起，搁浅自杀。

群中常有某个成员充当"领导"，当领导因病或遇害而上岸搁浅时，整群鲸也就随之一起赴死。

4. 返祖论。还有人认为，鲸是由陆生动物演变而来的，而在其由陆生到水生的漫长演变过程中，它们的祖先一定经历过水陆两栖生活。当它们在水里遇到不利情况时，就逃上陆地避险，久而久之便形成了一种习性。因此，鲸群搁浅是遵循其祖先的习性所致。

5. 病因论。现在人们越来越多的注意力都集中在了病因论上：鲸之所以离水上岸，主要是由于病魔缠身，身体虚弱不堪，无力驾驭风浪而被海水推上了海岸。

6. 摄食论。有人认为鲸的近岸摄食习性对其搁浅有一定的影响。当鱼和乌贼游到近岸时，鲸群也跟踪而来，嘴馋贪吃，造成了它们退潮后的搁浅。

搁浅鲸鱼的白骨

每年在太平洋东西海岸都会发生多起鲸鱼冲上海岸搁浅的事件。多年来，它们已在海滩上留下了累累白骨。

| 世界之最 | 世界上最大的蝴蝶是鸟翼蝶，它翅膀张开有30厘米宽。鸟翼蝶产于太平洋西部的所罗门群岛和巴布亚新几内亚。 | ▶ 壮观的蝴蝶迁飞景象
▶ 蝴蝶迁飞的原因 |

蝴蝶的神秘迁飞

你见过成千上万只蝴蝶漫山遍野、跨洲越海迁飞的景观吗？你知道蝴蝶为什么要群体迁飞吗？

■ 壮观的蝴蝶迁飞景象

在我国，最近一次的蝶类迁飞现象发生于1988年。《解放日报》记载了这次蝴蝶迁飞的全过程："甘肃榆中县兴隆山风景区7月19日至21日连续3次出现'蝶雪'现象，据当地目击者说，三次'蝶雪'都出现在上午10时至下午1时之间，漫天飞雪般的蝴蝶铺天盖地，由兴隆山向马衔山飞去。蝴蝶呈黄白色间有黑色斑点。最大的一群出现在19日上午10时，近百米宽的兴隆峡被蝶群充斥，蝶阵前后长约5千米，浩浩荡荡过了近3个小时，有人用草帽一下就扣住了几十只。"

■ 蝴蝶迁飞的原因

关于蝴蝶迁飞的原因，有如下两种假说：

破茧成蝶
蝴蝶破茧时，通过狭小的茧口让翅膀充血，然后翅膀才有力量飞行。如果人为地剪破它的茧，蝴蝶要么很快死去，要么只会爬不会飞。

第一种假说认为，迁飞是昆虫对当地不良生存条件的直接反应，如食物缺乏，天气干旱，繁殖过剩，过分拥挤等。比如，大菜粉蝶在成虫羽化的时候，如果寄生的植物不能为它提供较佳的食物来源，它就会迁飞，去寻找合口的美味。

第二种假说认为，某些环境条件的变化，会影响到昆虫的个体发育，致使昆虫发育成为一种迁飞型成虫。这些迁飞型成虫在形态、生理状况和行为方面与居留型成虫有明显的不同。人们发现，光照周期、温度、种群密度、食物条件的不同，都会使成虫在生理和飞行能力方面产生明显的分化。

但是上述两种假说，并不能解释所有蝴蝶迁飞的现象。比如，美洲的大斑蝶，每当冬天来临之前，就纷纷结群，从寒冷的北美洲加拿大出发，飞到墨西哥的马德雷山区过冬。来年春天，它们又成群结队，浩浩荡荡地飞回北方，行程长达2880千米。有人曾测算过迁飞的蝴蝶数量，一群约有300亿只。不可思议的是，它们个个目标明确、直飞目的地，并且每年定期在固定的两地之间迁飞，而不会错走他乡。

半休眠的大斑蝶
成千上万只美洲大斑蝶经过长途迁徙到达墨西哥内陆的马德雷山区后，就栖息在一棵树上，互相紧靠在一起，进入半休眠状态。

- 蝴蝶迁飞的能量来自何处？
- 蝴蝶迁飞时如何定向导航？

世界之最 世界上最小的蝴蝶是蓝灰蝶，其翅膀展开仅1.3厘米宽，我国云南西双版纳有关于它的采集记录。

动物世界篇

■ 蝴蝶迁飞的能量来自何处？

弱不禁风的小小蝴蝶，迁飞的巨大能量是从哪里来的呢？

有的科学家认为，蝴蝶迁飞主要靠风力。他们研究发现，许多迁飞昆虫，迁飞的方向均为顺风方向。迁飞的时间和季风同步，也就是说，昆虫是随季风由南到北、由东到西迁飞的。

迁飞的蝴蝶

有人认为，迁飞是蝴蝶对当地不良环境的直接反应，如食物缺乏、天气干旱、繁殖过剩、过分拥挤等。

但另一些昆虫学家则认为，上面提到的迁飞现象，只是风载型迁飞昆虫的表现。事实上，蝴蝶的迁飞方向和路径，不受季风左右，它们有一定的自控能力，可以逆风或横切风向飞行，奔向最终的目的地。

■ 蝴蝶迁飞时如何定向导航？

蝴蝶在天空中靠什么来定向导航呢？

早期有一种解释认为，蝴蝶每年在同样路线的往返迁飞，是靠记忆识别地形的。

后来，鸟类学家发现，蝴蝶迁飞时常常跟"暖气流"一起移动。例如，春天迁飞的蝴蝶最早出现在英国，就是因为英国海岸边有墨西哥湾暖流经过。

细心的科学家后来又发现，蝴蝶和蛾子的触角能在水平面上振动，以保持飞行方向的正确，它们是一种天然的"导航仪"。当蝴蝶身躯倾斜、俯仰或者偏离"航向"的时候，触角的振动平面会发生变化，而且这种变化能很快被触角基部的感受器感受到，并立即传向脑部。蝶脑分析完"信号"以后，便向一定部位的肌肉组织发出"命令"，把偏离的方向纠正过来。

近年来，昆虫学家贝克专门研究了昆虫导航的问题。他发现，西欧的小菜粉蝶在秋季向南迁飞时总与太阳方位角保持恒定的角度。白天，太阳方位角随时间而变化，粉蝶的迁飞方向也随之变化。它们每天的迁飞路径是自东至南、最后到西的一个半圆形弧。整个迁飞过程便形成了一系列半圆形弧组成的向南迁飞的路径。他还发现，远距离（2000千米以上）迁飞的蝴蝶（如斑蝶）能根据太阳方位角的日变化来调整航向。

1981年，佛罗里达大学的科学家在蝴蝶的脑袋和胸腔内发现了极细小的微磁粒。他们认为，这些微磁粒就是蝴蝶迁飞的"导航仪"，是蝴蝶体内的"生物指南针"。

美洲大斑蝶

美洲大斑蝶具有金橙色和亮黑色相间的华丽斑纹，还有令人不可思议的超远距离迁飞的习性。

蝴蝶的翅膀

蝴蝶翅膀上各种色彩的斑点和花纹，是由一种叫鳞片的微小片状物组成的。鳞片具有防水功能，可以保证蝴蝶飞翔不受雨水影响。

| 世界之最 | 生活在距今约1.5亿年前的始祖鸟是最早的鸟,是鸟类的祖先。

- 鸟类飞行的起源
- 鸟类如何飞行
- 鸟类飞行的启示

鸟类的飞行绝技

俗语说,"天高任鸟飞",人类从古代就开始梦想能够像鸟儿一样飞上蓝天,自由地翱翔。今天,人类已经借助各种飞行器实现了这一梦想。然而,每当看见鸟类展翅在蓝天中自由飞翔的时候,我们依然为它们高超的飞行技术和优美的飞行姿势而惊叹。

■ 鸟类飞行的起源

目前,学术界对鸟类飞行起源的问题持有两种观点。一种是树栖起源说,认为树栖鸟类的祖先原本是用翅膀来滑行的,后来逐渐开始扇动翅膀以延长在空中的时间,最终可以飞行。另一种是地栖起源说,认为最早掌握飞行技能的是一种微小的两足陆栖兽脚亚目食肉恐龙,它们在捕食或逃避"捕食者"时将前肢伸开在陆地上疾驰或向空中跳跃,久而久之,前肢发展为可以飞行的翅膀。

但这两种假说都存在漏洞。因此,至今还没有一种理论能充分地解释鸟类产生飞行技能的进化过程。

■ 鸟类如何飞行

鸟类主要有两种飞行方式:拍翼飞行和滑翔。

拍翼飞行是鸟类基本的飞行方式。随着翅膀有节奏地上下扇动,鸟儿可以自由控制身体上升或前进。这种飞行方式可分为上抬翅膀和下拍翅膀两个阶段。上抬时,翅膀弯曲,羽毛散开形成许多缝隙,翅膀上方的空气可以通过缝隙流向下方。下拍时,翅膀伸直,羽毛合拢在一起,向后下方压缩空气。在这两个动作的共同作用下,鸟儿就可以快速地向上或向前飞行了。

鸟类滑翔飞行时,双翼平直伸开,一动不动,利用空气的对流,在空中悠然自得地打旋。这种飞行不需要扇动翅膀,所以也被称为"免费飞行"。

白头雕
　　白头雕一会儿振翅,一会儿滑翔,可自由自在地在空中飞行。

■ 鸟类飞行的启示

古代有许多勇敢的人尝试利用鸟的翅膀飞上蓝天,但从事这些冒险活动的人往往非死即伤。后来,人们在研究了鸟的身体结构以后,就试图模仿鸟的身体特征制造出飞行器。400多年前,意大利科学家达·芬奇设计出扑翼机,但是实践以失败告终。

1903年,美国发明家威尔伯·莱特和奥维尔·莱特兄弟经过多年的实验和对空气动力学的研究,改变了机翼的角度和面积,使飞行器的飞行能力得到了较大的提升。同年12月17日清晨,他们在北卡罗来纳州的一片沙丘上,驾驶着自制的飞机在空中飞行了12秒钟,然后安全着陆。人类的飞行梦想在那一刻终于实现了!

"飞行者1号"模型
　　1903年12月17日,莱特兄弟制造的第一架飞机"飞行者1号"在美国北卡罗来纳州试飞成功。从此,人类开始全面进入水、陆、空三栖时代。

Part 5
植物王国篇

世界之最 一株被尊称为"谢尔曼将军"的巨杉是目前世界上最大的巨杉,树高83米,树围31米。

- 留下种子
- 落叶
- 产生化学物质
- 散发特殊气味

生存竞争下的自我保护

大自然中的病菌、昆虫和高等动物,无时无刻不在对植物进行侵袭,但地球上的植物仍然生机勃勃,繁衍不息。有些科学家认为,这是因为植物在长期的演化过程中,形成了保证物种生存的自我保护"措施"。经过大量研究,科学家发现,植物的自我保护"措施"多种多样。

■ 留下种子

留下种子是植物最有力的自我保护措施。种子植物的出现,是植物进化过程中的一次飞跃。

植物种子具有较强的环境适应能力,它们能使植物选择在最适宜的时节、地点生长。同时,它们能使植物个体进行广泛传播,成为地球上植物王国里最大一族——种子植物,如黄豆、蒲公英、西瓜等。

■ 落叶

落叶是植物又一种自我保护的方法。植物总要面临严寒、干旱等恶劣环境,为了适应这些不利于生长的环境,许多植物选择落叶,以此减少自身水分蒸发。梧桐树、苦楝树、水杉一类的落叶植物,都会在严寒来临之际脱落所有叶子,进行自我保护。

■ 产生化学物质

有些植物会产生一些有毒物质,以抵御那些企图侵害它们的动物。许多植物含有各种化学物质,而这些化学物质中所含的某些生物碱类则是有毒的,它们对抵抗动物侵害有很强的威力。比如,马利筋和夹竹桃都含有强心苷,这可以使咬食它们的昆虫因肌肉松弛而丧命。

美国东北部生长着大片橡树林。有一年,橡树上突然长了一种叫舞毒蛾的害虫,大片的橡树叶子被它们吃得一干二净。但是过了一段时间,橡树又重新长出了新芽新叶。科学家通过研究发现,原来是橡树叶子中含有的大量单宁酸(一种毒素)起了作用。橡树就是运用这种自我保护的本领战胜了舞毒蛾,重新焕发了生机。

蒲公英的种子
有些植物的种子会长出形状如翅膀或羽毛的附属物,可乘风飞行。蒲公英的瘦果成熟时冠毛展开,像一把降落伞,能随风飘扬,把种子散播到远方。

橡树
橡树芽和橡树子含有丰富的营养,但同时也含有单宁酸、生物碱等毒素,而这些毒素正是橡树保护自己的有力武器。

■ 散发特殊气味

有些植物如烟草和水毒芹,不仅有毒,而且还有难闻的气味。桉树、夹竹桃、番茄等植物,在生长过程中也会散发出一种特殊的气味。这使有的动物第一次吃食它们之后,就再也不会"光临"了。这种特殊气味有效地阻止了许多动物、微生物对它们的侵害,也抑制了某些植物在它周围生长,有利于自己健康成长。

- 长刺或长毛
- 占据地盘
- 争夺阳光
- 改变生长规律
- 善于伪装

世界之最 草树是世界上最小的树，只有2厘米高。

植物王国篇

■ 长刺或长毛

有些植物在长期进化过程中，在茎、叶上长满了刺，使动物见了它无从下口、无处落脚，只能"望株兴叹"，甚至绕道而行。这样，不但可以使自己免受害于动物，还可"排挤"其他植物，使自身更好地生长。玫瑰、刺苋等植物茎上长刺，枸骨叶上长刺，板栗的刺则长在总苞上。但无论刺长在哪个部位，均可使它们的敌人惧而远之。

锚草的果实上布满了刺，刺上有钩，如果扎入动物的口腔或鼻孔，会使动物因吃食不便而死亡。蚕豆叶面上有锋利的钩状毛，倘若臭虫类的动物想啃食或在上面产卵，就会被"钩"住动弹不得，最后死去。大豆的针毛能抵御大豆叶蝉和蚕豆甲虫；棉花植株的软毛能排斥叶蝉；多毛品种的小麦可以防止叶甲虫的成虫在上面产卵。

螯人荨麻茎叶上的刺毛带毒，尖锐易折。当动物触及时，刺毛就会在动物的皮肤内射毒，令来犯者疼痛难忍。

死荨麻

它体型比刺荨麻小，心型皱纹叶，对生，无刺毛，叶腋处轮生白色或微紫色小花。

■ 占据地盘

由于生长需要土地，植物会设法占据地盘。许多多年生的草本植物的地下茎具有极强的繁殖能力，一旦在某个地方落下脚，便会以星火燎原之势向四周蔓延。几年后，它们便发展成一大片，排挤掉其他种群，使自己更好地生长。如革命草、芦苇、蒿草等，就是用这种方法扩大自己的群落，增强生存竞争力。

水毒芹

水毒芹生长在水边或沼泽等阴凉潮湿的地方，气味令人难以忍受，有剧毒。

■ 争夺阳光

植物生长需要阳光，能否获得足够的阳光，影响着植物能否正常生长。为了得到更多阳光，有的植物会爬到其他植物体上，展开大叶，争夺阳光。南瓜、葡萄、葛藤等攀缘类植物就是这样争夺生存空间的。

■ 改变生长规律

有些植物为了避免被人类、自然消灭，逐渐改变了自己的生长规律：提前或推迟走完一生。比如，积麦、稗草与大麦、水稻有许多相似的属性，但为了免遭人类毁灭，它们往往比大麦、水稻先熟，以留下种子。

■ 善于伪装

一些植物还会伪装自己，把自己"打扮"成另一种植物或物体。死荨麻的外表和螯人荨麻相差无几，虽无螯人的本领，但足以使动物或人望而生畏。

非洲南部的圆石草和角草，植株矮小，混生于沙砾之间，外形、色泽和纹痕都与石头相差无几，不易被动物发觉。

| 世界之最 | 豌豆是最古老的农作物，距今已有1.1万年的历史。 |

- ▶ 负向地性运动
- ▶ 向触性运动
- ▶ 感震运动
- ▶ 感温运动
- ▶ 感光运动

奇妙的植物运动

对于动物的运动，人们时常耳闻目睹，并且津津乐道，但人们对植物运动的了解却少之又少，甚至误以为植物没有明显可见的运动行为。这种看法实属谬误。那么，植物有哪些运动形式呢？

■ 负向地性运动

植物的茎总是向上生长，以便得到阳光来进行光合作用。茎的这种运动被称为"负向地性运动"，又称"向光运动"。

■ 向触性运动

植物某一部分碰到外界物体时能发生向性反应，这说明它具有"向触性"。比如，葡萄、豌豆、西番莲等植物的卷须，一碰到竹竿、绳索或篱笆等物，就能很快地弯曲缠绕上去。

■ 感震运动

别名"感应草"的含羞草是一种著名的趣味植物。它不但会动，行动还格外灵敏迅捷。

一经轻轻触动，它的羽状小叶就会随即闭合。若力量稍大，整个叶片都会低垂，宛如一个低头无语的娇羞少女。

含羞草的"老家"在热带南美洲的巴西，那里常有大风大雨。当第一滴雨打着它的叶子时，含羞草立即闭合叶片，下垂叶柄，以躲避狂风暴雨对它的"正面摧残"。

常青藤

常青藤是一种常见的攀缘植物，其茎上有许多气生根，常常吸附在岩石、墙壁和树干上生长。

■ 感温运动

郁金香处于20摄氏度至25摄氏度的环境中时，花冠会徐徐展开，而环境温度低于10摄氏度时则关闭。这是郁金香的感温运动。这类运动与阳光、温度、湿度有一定关系。花瓣和花叶夜间闭合，可减少热量的散失和水分的蒸发，有利于保温保湿。

■ 感光运动

花生、大豆、酢浆草、红花苜蓿等植物都会在早晨出太阳时舒展叶片，而随夜幕降临闭合叶片"入睡"。睡莲、蒲公英在夕阳西下之际也会关闭花瓣"入睡"，待到朝阳升起时，再从酣梦中苏醒，缓缓将花瓣展开。这种叶片或花瓣昼开夜合的运动叫作植物的"感光运动"或"睡眠运动"。

郁金香

郁金香属长日照花卉，性喜向阳、避风，适于冬季温暖湿润、夏季凉爽干燥的气候。

| 世界之最 | 大实椰子的种子是世界上最大的种子，成熟时直径达40至50厘米，重达15千克至30千克。 |

植物王国篇

植物种子的旅行

苍耳
苍耳呈纺锤形或椭圆形，长1至1.5厘米，直径0.4厘米至0.7厘米。表面为黄棕色或黄绿色，有钩刺。

植物在种子成熟时，会利用各种方式把自己的种子传播到较远的地方，这样就避免了植物丛生、相互争夺阳光和养分的情况。种子的传播方式决定了其后代的延续状况。

■ 靠动物传播

浆果、核果等一类可食用的果实，被鸟兽吃下后，随动物旅行一段时间，其中的种子随动物的粪便排出，从而达到传播的目的。玛瑙珠、龙葵、雀榕、乌木臼等就是这类植物。

苍耳这种植物你可能见过，每当秋天郊游归来，它的果实常会粘在你的衣裤上。仔细察看，你会发现它的刺毛顶端带有倒钩，可以牢牢钩住你的衣裤而不易脱落。于是，你在不知不觉中成了它种子的义务传播员。

此类种子属于"依附型"，因自身条件所限，一旦失去可以依附的载体就寸步难行。但这种"依附"式的"无赖"传播却能够起到很好的传播效果，有利于其生存。

■ 风中远行

有些种子或果实会长毛，被风一吹就会飘到较远的地方，例如蒲公英。有些种子有翅膀一样的薄膜，能随风飘到其他地方，如青枫、大头茶、桃花心木。

此类种子属于"万事俱备只欠东风型"，因为条件比较成熟，并且体重较轻，只需轻风一吹便可传播很远。

■ 水上漂流

靠水传播种子的植物大部分生长在河口或海滨。这些植物的种子，表面蜡质不沾水（如睡莲）、果皮含有气室、比重较水稍小，可以浮在水面上，经由溪流或洋流进行传播。

此类种子的特点是：种皮常具有丰厚的纤维质，可防止种子因浸泡、吸水而腐烂或下沉。

喷瓜
很难想象，这小小的喷瓜竟有如此大的喷射力量。大自然中，喷瓜传播种子的本领已经达到了登峰造极的水平。

■ 弹射旅行

有些植物的成熟果实，只要轻轻一碰，就会裂开。这种植物凭借果皮反卷的弹力将种子弹出，如黄豆、绿豆、非洲凤仙花等。此类种子具有特殊的构造，很饱满，成熟后通过自身具备的弹力优势即可传播得很远。

大头茶
大头茶的花冠大而华丽，大簇大簇地挂在枝条末端，花中心有无数颜色美丽的雄蕊。大黄蜂是大头茶花粉的重要传播媒介。

| 世界之最 | 银杏是世界上现存最古老的树种,最早出现于3.45亿年前的石炭纪,被称为"活化石"。 |

- 年轮的形成
- 年轮的创造性运用
- 气候"播报员"
- 辨明方向的"指南针"

树木的年纪——年轮

过去真正注意年轮的,只有雕刻和制作木器的手工艺人。但时至今日,树的年轮已成为科学家研究的一个重要对象。通过年轮,人们不仅可以测定许多事物发生的年代,测知过去地震发生、火山爆发和气候变化等情况,还可以推断这些方面未来的变化。

年轮
通过年轮,人们不但可以知道发生在过去而没有记录的地质、气候状况,而且还可以据此推测未来。

■ 年轮的形成

达·芬奇是第一个提出年轮每年增加一圈的人。那么,年轮是怎样形成的呢?

从生物学上讲,在树皮和木质之间有一层细胞,这层细胞整整齐齐地围成一个圈,会不断分裂出新细胞来。这层细胞叫形成层。

春夏雨季,阳光明媚、雨水丰足,树木便会迅速生长,形成层迅速分裂出许许多多新的细胞。进入秋天,天气由暖变冷,雨水相应减少,形成层分裂细胞的速度就会减慢。

这样,树木横截面上,就形成了木质疏密和颜色不同的清晰可辨的圈圈,也就是年轮。

■ 年轮的创造性运用

第一个运用年轮的人是美国学者道格拉斯。1901年,他到弗拉格斯塔夫附近一些伐木营地考察新伐树木的年轮形式,想找出证据说明这些年轮记录了以11年为周期的太阳黑子活动。

从1916年起,道格拉斯又开始考察印第安村庄废墟中残留的木料,想通过研究其年轮来确定村庄的年代。1929年,他终于制成了一个"浮动"年表。这样,通过识别年轮来测定古老建筑的年代,就成了道格拉斯的创举。

■ 气候"播报员"

年轮不仅可以告诉我们有文字记载以前发生的事情,还可以告诉我们有关未来的事情:把美国西南部周围树木年轮的数据,同100年来的气象记录进行比较,人们就会看出年轮是如何反映气候的。因此,对于没有气象记录的时期,人们从相关年轮形成的情况就可以推断出当时的气候。同样,人们利用这两组数据建立年轮气候模型,又可用来预测未来气候变化的趋势。

银杏树
银杏最早出现于3.45亿年前的石炭纪,白垩纪晚期开始衰退。至50万年前,发生第四纪冰川运动时,地球突然变冷,几乎所有银杏类植物濒于绝种,唯有生于自然条件优越的中国的银杏奇迹般地生存了下来。

■ 辨明方向的"指南针"

树桩横断面上的年轮,还可以帮助人们辨明方向。因为在树木生长过程中,树干朝南的一面受阳光照射较多,形成层原始细胞分裂也

- 火山爆发的记录表
- 大气污染的资料储存库
- 酸雨的指示器

世界之最 马来西亚利沙巴有一种没有名字的树,它是世界上生长最快的树,一年就可以长高9.2米。

植物王国篇

应县木塔
应县木塔位于我国山西省应县城,是世界现存最古老最高大的全木结构高层塔式建筑。

较迅速,结果茎干南面的年轮也较宽;而在茎干背阴朝北的一面,年轮则明显狭窄。因此,人们可以根据年轮的宽窄来判断南北方向。

■ 火山爆发的记录表

美国的圣海伦斯火山爆发时,大量灰尘和气体进入平流层,遮住了大片阳光。这使得树木周围的温度降到冰点以下,树内则留下了一道叫作霜轮的特殊标记。

亚利桑那大学的科研人员研究刺果松的霜轮后,发现其中有不少与大火山爆发有关。东印度群岛坦波拉火山爆发曾使1816年成了"没有夏天的一年",那次火山爆发不仅在附近的刺果松里留下了霜轮,就连南非的树也出现了这种霜轮。

■ 大气污染的资料储存库

树木的年轮是大气污染的资料储存库。例如,开采金属矿藏或金属冶炼加工时飞扬出来的重金属尘埃,会逐渐降到附近的土壤中,而树木在生长过程中要不断从土壤中吸进大量重金属。人们通过光谱分析,便可测出年轮中"记录"下来的各年吸收重金属的含量。近年来,利用树木年轮来了解大气污染情况的方法开始受到人们的关注。

■ 酸雨的指示器

哥伦比亚大学的研究人员认为,树越长越老,其年轮会变得越来越宽,这是正常的老化过程,而酸雨会造成营养离子的损失和树木抗性的降低。因而可以得出结论:酸雨对树的正常老化起着阻碍作用。

当然,要证实这个结论,必须找出非正常条件下的生长受阻情况。研究人员在新英格兰州周围的12个圈定地区中,发现有3个地区受酸雨影响,其余9个地区没有受酸雨影响。而受酸雨影响地区的树木生长确实减缓了,年轮也变窄了。

刺果松
美国加利福尼亚州的白山上,生长着的刺果松是目前世界上已知的寿命最长的生物。根据取样年轮计算,一棵被称为"玛土撒拉"的树已经有4700年的寿命了,另外一棵更老的被称为"普罗米修斯"的树不幸在1964年被砍伐了。

世界之最 小麦的花只开5至30分钟就会凋谢，是世界上寿命最短的花。

- 凌晨3点开放的蛇麻花
- 相约黄昏的茉莉和烟草
- 晚上9点开放的昙花
- 轰动一时的"花时钟"

植物还能报时？

茉莉花

茉莉花素洁、淡雅，香味清芬，深受人们喜爱。

不少植物的花开放和闭合的时间很有规律。例如，蒲公英总是在清晨5点前后开放，因此国外有人叫它"牧人钟"；清晨4点左右，牵牛花会展开它的大喇叭；大约到5点，野蔷薇也会开放……

啤酒花

1079年，德国人首先在酿制啤酒时添加了啤酒花，从而使啤酒具有了清爽的苦味和芬芳的香味。从此以后，啤酒花便被誉为"啤酒的灵魂"，成为酿造啤酒不可缺少的原料之一。

■ 凌晨3点开放的蛇麻花

蛇麻花又叫啤酒花，为多年生缠绕性草本植物，夏末秋初花朵盛开，且只在凌晨3点开放。蛇麻花主要用于增加啤酒的香味和苦味。酿造啤酒时加入蛇麻花，不但可增加香味、改善泡沫，而且有防腐作用。

■ 相约黄昏的茉莉和烟草

茉莉花是一种小型花，花色洁白，叶色翠绿，有"风流不肯逐春光，削玉团酥素淡妆"

昙花

昙花别名琼花、月下美人，属仙人掌科、昙花属。其花非常美丽，但花期很短，固有"昙花一现"之说。

之赞，通常在夏季下午5点的黄昏时分开放。

烟草花喜温暖、向阳环境，不耐寒，较耐热，喜肥沃、深厚、排水良好的土壤。花期为4至10月份，一般在傍晚6点开花。由于花期长、花色鲜艳，很适宜栽种。

■ 晚上9点开放的昙花

昙花别名琼花、月下美人，夏秋季晚间开放，花为白色，呈漏斗状，有芳香。每逢夏秋夜深人静时，昙花就会展现其美姿秀色，清香四溢，光彩夺目。

昙花的开花季节一般在6月份至10月份，开花的时间一般在晚上9点钟以后。昙花开放时，花筒慢慢翘起，绛紫色的外衣慢慢打开，然后由20多片花瓣组成的、洁白如雪的大花朵竞相开放。可是三四个小时后，花冠闭合，花朵很快就凋谢了，真可谓"昙花一现"。

■ 轰动一时的"花时钟"

在国外，早在16世纪末就有人建造了一座"花时钟"。它用一株削去枝杈的紫杉树作为日晷的指针，周围按顺序用黄杨修剪成12个罗马字母，在每个字母的扇面内栽上这个时刻开放的花草，日晷指针的阴影指向哪里，哪里的花就开放，这就是轰动一时的"花时钟"。

植物的"七情六欲"

世界之最　毛毡苔是感觉最灵敏的植物，它能感觉到0.000003毫克的重量。

随着一项研究结论分别在德国和意大利诞生，关于植物是否有知觉的争论再度兴起。这项研究结论称，植物其实相当聪明，它们在遇到危险时，会做出积极而聪明的判断和反应。它们不仅能够把危险信息传递给身边的同伴，还能够向那些友好的动物寻求帮助。

牛舌兰
牛舌兰叶片宽厚，肉质，鳞茎上方有短茎抽出，伞形花序生于顶部，呈白色。

■ 冰雪聪明的植物

1966年2月的一天，美国中央情报局的测谎专家克里夫·巴克斯特一时心血来潮，把测谎仪接到了一株牛舌兰的叶片上，并向它的根部浇水。当水从牛舌兰的根部徐徐上升时，他惊奇地发现：在电流计的图纸上，自动记录笔画下了一大堆锯齿形的图案，这种曲线图与人的感情波动曲线图很相似。

当他准备对叶子进行一次威胁行动，并在心中想象叶子燃烧的情景时，更奇妙的事情发生了：他还没动手，自动记录笔就在图纸上不停地画线。

随后，他又取来火柴，刚刚划亮的一瞬间，记录仪上再次出现了明显的变化：燃烧的火柴还没接触到植物，记录仪的指针已开始剧烈地摆动，记录曲线甚至超出了记录纸的边缘。而当他假装要烧植物的叶子时，图纸上却没有这种反应。植物竟然还具有辨别人类真假意图的能力，真是不可思议。

■ 表达激动的情绪

苏联的普斯金博士曾经做过一个实验。他请来了一位催眠师，并叫这位催眠师对一名妇女施行催眠，还在催眠师和妇女之间放了一盆百合花。普斯金博士在百合花的小径上固定着一个装有电脑摄像仪的传送器，并连接到荧光屏上。

由于催眠的作用，这位妇女一会儿欢笑，一会儿抑郁。而与此同时，百合花也相应表现得十分"激动"，因为荧光屏上所显示的线条就像九级风浪一样，不停地波动。

■ 爱听恭维话

令人惊奇的是，植物也和许多人一样，喜欢听恭维话。

德国某个公司的科学家曾经做过一个有趣的试验。他把番茄分成两组种植，这两组的土壤、水分、肥料等条件完全相同。唯一的区别是，甲组番茄每天听到"您长得真壮实！"等恭维话，而乙组番茄却没有受到此类待遇。结果，甲组番茄长得非常茂盛，产量比乙组番茄高了22%。

百合花
百合花因品种不同而色彩多样，多为黄色、白色，高雅、清香、美丽。

| 世界之最 | 在英国伦敦以西400千米的地方,有一个世界上最大的温室,共培育着来自世界各地超过10万种的植物。 |

▶ 爱听小提琴声的水稻
▶ 喜好《蓝色狂想曲》的大豆和玉米
▶ 植物普遍喜欢音乐

植物也会欣赏音乐

很多人爱听音乐,因为欣赏美妙的音乐,会使人心情轻松愉快。在养牛场或养鸡场里经常播放动听的音乐,可以刺激乳牛多产奶,促使母鸡多生蛋。那么,植物是否也能通过听音乐来快速生长呢?

于是,他明白了自己院子里的植物比院子外的植物长得好的原因,因此得出结论:植物也喜欢音乐。

■ 爱听小提琴声的水稻

印度的一位科学家十分擅长拉小提琴,他每天早上梳洗完毕后,就在自己的院子里拉半个小时小提琴。拉完琴之后,他边吃早餐边听音乐唱片。一天,他突然发现院子里的植物总是比院子外的植物长得快、长得茂盛。

第二年的春天,农民们种下早稻,待到秧苗长到比较稳定的时候,这位科学家每天早晨来到院子外的水稻田边拉小提琴、放音乐唱片。这样过了45天左右,奇迹出现了:每天"听"他拉小提琴、放音乐唱片的那一大片水稻,要比其他稻田里的水稻长得好,植株既高又壮。

■ 喜好《蓝色狂想曲》的大豆和玉米

20世纪50年代末,美国伊利诺州有个叫乔·史密斯的农学家在温室里种下了玉米和大豆,在控制温度、湿度、施肥量等各种条件的同时,他还在温室里24小时连续播放著名的《蓝色狂想曲》。不久,他惊讶地发现,"听"过乐曲的玉米和大豆竟然提前两个星期萌发了,而且长出的茎干十分粗壮。

后来,他继续在一片杂交玉米的试验地里播放经典的乐曲,一直从播种到收获都未间断。结果又让他很惊喜:这块试验地里的玉米比同样面积的未"听"过音乐的玉米,竟多产出700多千克玉米。

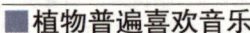

■ 植物普遍喜欢音乐

植物学家发现,每天对黑藻播放30分钟的轻音乐,15天之后,发现黑藻的繁殖力大大加强。

有的科学家经过实验,还发现了一个十分有趣的现象:如果对植物分别播放不同歌唱家演唱的唱片,会有不同的效果。播放女声的音乐取得的效果比播放男声音乐的好,播放高音唱片比播放低音唱片的效果好。

含羞草

植物学家发现,含羞草每天"欣赏"20至25分钟古典歌曲后,心情好像更加舒畅,生长速度会明显加快,枝叶也会更加茂盛。

- "汗水"与露水的区别
- 吐水现象
- 会"哭泣"的树

世界之最 苎麻单纤维长度为60至250毫米,是纤维品质最好的植物。

植物王国篇

植物也会"出汗"

"汗水"滴答
　　植物的"汗水"通常出现在叶尖或叶缘,其中含有少量的无机盐和其他物质,与露水是有区别的。

　　夏季天气酷热时,人身上会出汗。有趣的是,很多植物也会在夏天"出汗"。夏天早晨,在土豆、西红柿、蚕豆、杨树、柳树等的叶子上或者在嫩绿的杂草上会有一颗颗十分明亮晶莹的小水珠,它们犹如光芒四射的珍珠一般。这就是植物流出的"汗"珠。

　　许多人会说,难道这不是露水吗?怎能把露珠当汗珠呢?其实,露水固然有,但植物的汗水也是真正存在的。

■ "汗水"与露水的区别

　　观察植物就会发现,从植物叶子尖端冒出来的亮晶晶的水珠掉落下来后,叶尖又会慢慢冒出小水珠,渐渐变大,最后掉落下来。如此反复不断。显然,这不是露水。

　　露水是指凝集在地面及地上物体表面的水珠,通常在晴朗少风的夜晚出现。露水水滴很小,总是一滴滴盖满整张叶片的表面,而不是从叶尖冒出来。而植物的"汗水"通常是大滴液珠,一般在叶尖和叶缘。这样一比较,就能区分什么是露水、什么是植物的"汗珠"了。

■ 吐水现象

　　为什么植物在夏天也会"出汗"呢?

　　白天气温比较高,植物会大量吸水。晚上气温下降,但湿度还较高,植物体内蒸发的水分很少。而这时植物根部的水分含量还很充足,根系大量吸水,从而产生较强的根压,促使植物把体内多余的水分通过叶缘的水孔排出,于是,植物就"出汗"了。在植物生理学上,这种现象叫作"吐水现象"。

　　吐水现象在盛夏的清晨最容易看到。有时在空气潮湿、没有阳光的白天,植物也会"出汗"。

　　植物"出汗"除了能保持植物体内的水分平衡、使植物正常生长外,还有一个好处,那就是能把体内过多的矿物质排泄出来。

■ 会"哭泣"的树

　　在热带森林中,有一种树在吐水时,滴滴答答,好像在哭泣,当地居民把它叫作"哭泣树"。中美洲多米尼加的雨蕉就是一种会"哭泣"的树。在温度高、湿度大、水蒸气接近饱和及无风的环境下,雨蕉体内的水分就会从水孔溢出来,一滴滴地从叶片上落下来,好像在哭泣。

露水
　　与植物"汗水"不同,露水水滴很小,总是一滴滴盖满整片叶子的表面。

世界之最 南美洲一种名叫卷柏的植物，能从一个地方移动到另一个方，是世界上"最会走路"的树。

- "遇水而安的迁徙者"——卷柏
- "草原流浪汉"——风滚草
- "随遇而安"的步行仙人掌

会跑的植物

一株植物，除非被人移动，否则一辈子都只能在一个地方定居，这似乎是天经地义的。但是，在自然界中，确实有一些会"跑"、会"行走"的植物，这听起来似乎不可思议。

■ "遇水而安的迁徙者"——卷柏

南美洲有一种奇特的会走路的植物——卷柏。因为卷柏的生存需要充足的水分，所以当水分不足的时候，它就会自己把根从土壤里拔出来，让整个身体蜷缩成一个圆球，随风在地面上滚动。一旦滚到水分充足的地方，圆球就会迅速打开，根又重新钻到土壤里，安居下来。

那么卷柏不走就不能生存吗？一位植物学家对卷柏做了这样一个实验：

用挡板圈出一片空地，把一株卷柏放入空地中水分最充足处。卷柏便扎根生存下来。几天后，空地水分减少，卷柏便抽出根须，卷起身子准备换地方。可实验者隔绝了它移走的一切路径。不久，卷柏又重新扎根生存在了那里，在几次将根拔出，几次又动不了的情况下，它便再也不动了。此时卷柏的根已深深地扎入泥土，而且长势比任何一段时间都好。这可能是它"发现"扎根越深水分就越充足的缘故吧。

■ "草原流浪汉"——风滚草

秋天，草原上的植物渐渐枯黄了，这时候就会有很多草球在草原上随风飘滚。这便是被人称为"草原流浪汉"的风滚草。

风滚草是草原上特有的一

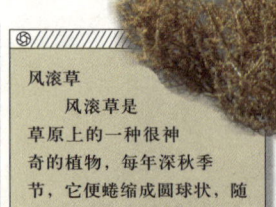

风滚草
风滚草是草原上的一种很神奇的植物，每年深秋季节，它便蜷缩成圆球状，随风四处飘移，将自己的种子播撒到草原的每一个角落。

种植物类型，每到深秋季节，它们就干枯了，靠近地面的茎部变得很脆，风一吹很容易折断。而断落的"圆球"则会在草原上随风滚动起来。

植物学家经过观察研究，解开了其中的奥秘。原来，它们是在借助风的力量传播种子。风滚草的果实底部藏着许多又小又轻的种子，在滚动过程中，它们不断与地面发生碰撞，使种子不断掉出来，落入泥土中。一棵风滚草就好比一架天然播种机，经过滚动，会让种子散布到广阔的草原上。

■ "随遇而安"的步行仙人掌

南美洲秘鲁的沙漠中，有一种能自己行走的植物——步行仙人掌。它的根是由一些软刺构成的，能随风在地面上飘拂。沙漠本来荒凉贫瘠，缺少水分，它为了觅取自身需要的水分和养料，在某一地区生活不下去的时候，就会随风一步一步地移动；当遇到生活条件适宜的地区时停下来，"安营扎寨"，继续生长。步行仙人掌需要的营养大部分是从空气里吸取的，故能短时间离土而不死。

卷柏
卷柏为一年或多年生匍匐蔓生蕨类植物，高不过十几厘米，有奇特的会走路的本领。

102

- 灯草
- 灯笼树
- 放光草地之谜

世界之最　北美洲的魔树是最亮的树，晚上树下的人们借它的光可以看清楚小5号楷体字。

植物王国篇

会发光的植物

长期生活、工作在海上的船员、海军经常会在天气晴朗的夜晚看到海面上呈现一大片蓝绿色或乳白色的闪光，人们把这种现象叫作"渔火"。它并不是海底火山之类发出的，而是海里的藻类、细菌和某些海洋浮游生物大量聚在一起而形成的生物光。

那么，还有哪些植物能发光？为什么它们能发光呢？

■灯草

冈比亚西部的南斯朋考草原上，生长着一种红色的能发光的灯草。这种草的叶瓣外部长着一种晶素，仿佛上面涂了一层银粉。每到夜间，"灯草"叶瓣上的晶素就闪闪发光，草丛里好像装上了无数只可放光的"灯"。

"灯草"集生的地方亮如白昼，周围的一切都看得很清晰。因为"灯草"能发光，当地居民就把它们移植到自己的屋门口或院门口，作为晚上照明的"路灯"用。另外，"灯草"的根茎还含有40%以上的淀粉，将它磨成粉末，可以代替粮食。

■灯笼树

灯笼树是一种杜鹃花科的落叶灌木，生长在我国中部一带，一般有2至6米高。每当夏日，它的枝端两侧会长出十几朵肉红色的钟形花朵，所以又称吊钟花。

灯笼树的果实在10月成熟，椭圆形，棕色。有趣的是，它的果梗完全向下垂着，而前端弯曲向上，因此结的果实就是直立的。远远望去，仿佛树枝上挂满了一个个小灯笼，它也因此而得名。

灯笼树吸收土壤中磷质的本领很强。这些

灯笼树

夏日，灯笼树的枝端两侧会长出十几朵肉红色的钟形花朵。

磷质分布在树叶上，会放出少量磷化氢气体。这些气体燃点低，在空气中能自燃，发出淡蓝色的火焰。在晴朗无风的夜晚，恰似山间的一盏盏路灯。

■放光草地之谜

哥伦比亚西南部森林里有一块被称作"拉戈莫尔坎"的草地。"拉戈莫尔坎"在哥伦比亚尼赛人的土语中就是"光明的草"或"放光的草地"的意思。

原来，这块草地上生长的草，细短而匀称，柔软如绸，而且长得很浓密。一到晚上，这块草地就一片光明，宛如被月亮照亮的大地一样。这些光是从哪里来的呢？

后来人们发现，光是草瓣发出来的。这种草能够制造一种叫"绿莹素"的荧光素，它的草瓣能发出光来。即使将这种草割下来晒干，它们也能在黑暗中闪耀很长一段时间才渐渐"熄灭"。

| 世界之最 | 神农架的"跳舞草"能闻声而动,且姿态优美,是最会"跳舞"的草。 |

- 出色的"舞蹈家"——跳舞草
- 随音乐起舞的"风流树"
- 植物为什么会"跳舞"呢?

会"跳舞"的植物

工作学习之余,人们往往喜欢沉醉于优美的乐曲和动人的舞蹈之中。植物会运动,这在现代人看来已不是什么新鲜事了。可是,在趣味盎然的植物世界,居然也有不少"舞蹈家"呢!

■ 出色的"舞蹈家"——跳舞草

跳舞草是一种濒临绝迹的珍稀植物,又名"情人草"或"多情草""风流草"。它的叶片两侧生有大量的线形小叶,对声波非常敏

跳舞草

跳舞草是一种濒临绝迹的珍稀植物,又名情人草。该草属多年生蝶形花科木本豆科植物,野生于深山老林之中,是自然界出色的"舞蹈家"。

感,受到声波刺激时会连续不断地上下摆动,犹如飞行中轻舞双翅的蝴蝶,又似舞台上轻舒玉臂的少女。

在气温不低于22摄氏度且无风雨的条件下,跳舞草的两片小叶会左右摆动,上下弹跳,时快时慢,自行交叉转动、亲近、"接吻",每片叶转动180度后又弹回原处,后又再行起舞,周而复始。

当气温达28摄氏度至34摄氏度时,如果雨过天晴或是阴天,跳舞草的跳动更具戏剧性,全株叶片如久别的情人一样双双拥抱,又似蜻蜓点水,上蹿下跳,温柔之极。

而夜幕降临时,它又将叶片竖贴着枝干,紧紧依偎,静静休息。这一切,真是植物界罕见的景观!

■ 随音乐起舞的"风流树"

在我国西双版纳勐腊县尚勇乡附近的原始森林里,有一棵会跳舞的小树。若在这棵小树旁边播放音乐,它便会随着音乐的节奏翩翩起舞。

更令人惊奇的是,如果播放的音乐是轻音乐或柔情歌曲,小树的舞蹈动作便随着节拍而变动,音乐越优美动听,它的动作就越婀娜多姿。如果播放雄壮的进行曲或嘈杂的音乐,小树反而不跳舞了。因此,当地群众叫它"风流树"。

■ 植物为什么会"跳舞"呢?

植物"跳舞"的奥秘究竟是什么呢?这一直是植物学家们探讨的问题。对此,学者们有各种不同的解释。

有人认为,这是植物体内生长素转移引起植物细胞生长速度变化造成的。也有人认为,这是植物体内微弱的生物电流的强度与方向变化引起的。还有人认为,有些植物生长在热带,为了避免体内的水分蒸发掉,当它受到阳光照射时,两枚叶片就会不停地舞动,极力躲避酷热的阳光。所以,这是它们为了适应环境、谋求生存而"锻炼"出来的一种特殊本领。

但关于这些植物跳舞的真正原因,至今还众说纷纭,没有定论。

- 茅膏菜
- 捕蝇草
- 猪笼草
- 植物为何要吃虫？

世界之最 现知被子植物有1万多属，20多万种，占植物种数的一半，堪称世界上最大的植物家族。

植物王国篇

奇妙的食虫植物

在我们看来，动物吃植物是正常的事，可是，有的植物也能吃动物。在众多的绿色植物中，约有500种能捕捉小虫，这类植物叫食虫植物。但它们是怎样捕食小虫的呢？

■ 茅膏菜

茅膏菜是一种食虫植物，在我国东南各省很常见。它的个子很小，叶片就是一个盘状的捕虫器，盘的周围生有许多腺毛。腺毛是植物体上的一种分泌结构，不同植物上的腺毛所分泌的物质不一样。当小虫爬到茅膏菜的叶上时，它的腺毛受到刺激就会向内蜷缩，把小虫牢牢"捆住"。与此同时，腺毛开始分泌消化液，最终把小虫消化掉。之后，腺毛又慢慢张开，等待下一个猎物到来。

茅膏菜 茅膏菜一般分布在热带和温带地区，有半数以上分布在澳大利亚。

■ 捕蝇草

在所有的食虫植物中，捕蝇草是人们最熟悉也是科学家研究得最多的一种植物。它的捕虫器形状很像一个张开的"贝壳"，"贝壳"的边缘有二三十根硬毛，靠近中央处还生有许多感觉毛。当小动物触动它的感觉毛时，"贝壳"在很短的时间内就可闭合，然后靠消化液把小动物"吃"掉。

捕蝇草 捕蝇草是很受人们欢迎的食虫植物，盆栽可适于向阳窗台，也可专做栽植槽培养，别有情趣。

■ 猪笼草

在我国云南、广东等南方各省，有一种绿色小灌木，它的每一片叶子尖上都挂着一个长长的"小瓶子"（实为变态的叶），上面还有个小盖子。这"小瓶子"很像南方人运猪用的笼子，所以人们给这种灌木取名为"猪笼草"。

猪笼草"小瓶子"的内壁能分泌出又香又甜的蜜汁。小昆虫闻到甜味就会爬过去吃蜜，当它们脚下一滑，一头栽进"小瓶子"里时，上面的盖就会立即关上。由于"小瓶子"里贮有黏液，昆虫很快就被粘得牢牢的。这样，猪笼草便得到了一顿"美餐"。

猪笼草 美丽的花朵，温柔的陷阱。小虫子一进入，它的盖子就马上合上，小虫子便只能做猪笼草的点心了。

■ 植物为何要吃虫？

食虫植物吃虫全靠它们奇妙精致的捕虫器。但是不要忘记，这些捕虫器都是由叶子变化而来的。也许你会问，绿色植物不是能自己制造养料吗？为什么还要吃虫呢？

科学家们研究发现，这些植物的祖先都生活在缺氮的环境中，它们的根系不发达，吸收矿物质养料的能力较差。为了获得养料满足生存的需要，经过长期的自然选择和遗传变异，它们的一部分叶子就逐渐演变成了各种奇特的捕虫器。

105

| 世界之最 | 一种叫"见血封喉"的树是世界上最毒的树，其汁液有剧毒，沾到伤口上，人或牲畜不久就会死亡。 | ▶ "吃人植物"的传闻
▶ 真的有"吃人植物"吗？ |

恐怖的"吃人植物"

瓶子草

瓶子草的"瓶口"附近有许多蜜腺，能分泌出含有果糖的汁液。这些蜜汁是致命的毒液，昆虫吃了它就会中毒致死而落入"瓶"中。

人们都知道，凶猛的动物往往具备吃人的本性，譬如狼、老虎等。可是你听说过吃人植物吗？这似乎让人觉得不可思议。然而，在许多报刊上又确实有关于吃人植物的报道，目击者叙述得有声有色，让人如临其境。

那么，地球上真的有吃人植物吗？它们是什么样子的？是像动物那样突然张开血盆大口，还是另有招术？它们又"居住"在哪里呢？

■ "吃人植物"的传闻

"一阵急急的木鼓声响起，人们向密林中的一块空旷处聚拢过去。他们停留在一棵叫作捷拜树的怪树下。这棵5米高的黑褐色树上长满了硬刺，整棵树只有8片带钩的巨大苞片，树的顶部往下滴着红色的汁液。几个人用长矛押来了一个违反了部落戒律的女人，逼迫她爬到树上去。在呐喊声、木鼓声中，绝望的女人被迫沿着树干往上攀登……快到顶部时，只见那8片巨大的带钩叶片慢慢地围拢过来，把那个不幸的女人包成一个大'花苞'。10多天后，'花苞'逐渐散开，从苞心掉下了一具骇人的骷髅……"

以上这段文字，出自法国探险家利赫1881年的游记，据说是真实记录。这段文字可以算是有关吃人植物的最早描写了。而后陆续又有一些关于吃人植物的报道，所报道的吃人植物中，最有名的莫过于印度尼西亚爪哇岛上的吃人树——奠柏。

据说，这种树高八九米，枝条柔软纤长，直垂地面，风一吹动，便会枝摇蔓摆。人或动物要是不注意碰到这些枝条，它们就像得到号令一般，同时卷过来，将猎物捆绑得结结实实，同时分泌出一种很黏稠的消化液，牢牢将猎物粘住憋死。直到将猎物"消化"掉以后，枝条才会重新展开，等待下一个猎物到来。

然而，当地人非但不肯将这种可怕的树毁掉，反而竭力加以保护，因为这种树流出的胶液是一种珍贵的药材和工业原料。可采集这种胶液是有生命危险的。但当地人已掌握了它的"脾气"，便先用鱼去喂它，等它吃饱后，即使有人再去碰它的枝条，它也不愿意"动手动脚"了。人们就这样采到了胶液。

在巴拿马的热带原始森林里，据说还生长着一种类似奠柏的"捕人藤"。如果人或动物不小心碰到了它的藤条，藤条就会像蟒蛇一样把猎物紧紧缠住，直到勒死。

■ 真的有"吃人植物"吗？

世界上真有这种能吃人的植物吗？很多科学家对此表示怀疑，因为在权威的植物学著作中，从没有提到过这类植物。而且，在所有发表的有关吃人植物的报道中，谁也没有拿出关于吃人植物确实存在的直接证据。

106

科学探究之路

世界之最 生长在美国加利福尼亚州西北部沿海的红杉树是目前存活的世界上最高的树，高约112米。

植物王国篇

20世纪70年代，一支由专家组成的探险队到当年利赫发现捷拜树的马达加斯加岛进行考察。他们果然发现了类似奠柏那样的怪树。这种树细长柔软的枝条上长着带有钩状刺的果实，这种钩状刺一旦钩住过往的小动物，便会紧钩不放。不过，小动物并不是被怪树"吃"掉的，而是被活活饿死的。

专家们在那里还发现了一种长有很多毛刺的树形荨麻，它的汁液可以使人中毒，立即身亡。

到目前为止，人们发现的最大的能吃动物的植物是生长在美国加利福尼亚州沼泽地中的瓶子草。这种瓶子草有一个从地下直接长出来的1米多高的捕虫罐。由于那里的土壤中缺乏氮元素，为了生存，它们只得靠猎取动物来获得氮元素。尽管如此，它充其量也只能吃些体型较小的昆虫，连老鼠也吃不进去，更别说吃人了。

■ **科学探究之路**

那么，为什么会出现吃人植物的说法呢？

一些学者认为，最大的可能是人们根据食肉植物捕捉昆虫的特性经过想象和夸张而编造的。当然，也可能是根据某些未经核实的传说而误传的。

英国学者艾得里安·斯莱克在他的专著《食肉植物》一书中指出，这些植物的叶子长得非常奇特，有的像瓶子，有的像小口袋或蚌壳，也有的长满腺毛，能分泌各种酶来消化虫体，它们通常捕食蚊蝇类的小虫子，有时也能"吃"掉像蜻蜓一样的大昆虫。这些食肉植物大多数生长在经常被雨水冲刷和缺少矿物质的地带。由于这些地区的土壤呈酸性，缺乏氮素养料，因此植物根部的吸收作用不大，导致其根部逐渐退化。为了获得氮素营养满足生存需要，它们经历了漫长的演化过程，

见血封喉树
又称"箭毒木"，其树干流出的白色乳液有剧毒，西双版纳少数民族用以涂箭头猎兽，猎物中箭后即可见血封喉，故而得名。见血封喉树虽不会主动吃人，但其汁液与人的流血伤口接触，会使人心脏停止跳动，溅到人的眼里，会使眼睛立即失明。

变成了一类能吃动物的植物。但艾得里安·斯莱克强调，在迄今所知的食肉植物中，还没有发现哪一种植物像某些文章中描述的那样能用枝条将人牢牢粘住。

有些学者认为，目前已发现的食肉植物，捕食的对象仅仅是小小的昆虫而已，对于人或较大的动物没有丝毫威胁，地球上存在吃人植物的说法很难使人相信。

但也有学者认为，虽然眼下还没有足够证据证明吃人植物的存在，但也不应该武断地加以彻底否定。也许，在那些沉寂的原始森林中，确实有许许多多的奥秘在等待我们去揭开。

大花草
大花草是世界上最大的花，它本身没有茎，也没有叶，一生只开一朵花。花开的时候，散发出臭不可闻的腐尸气味，所以曾被误认为是食人花。

| 世界之最 | 北美洲的糖槭树是最甜的树，其树汁含糖量高达85%。 |

- 米树
- 糖树
- 储水树
- 牛奶树

拥有神奇功能的树

树是我们日常生活中经常见到的一种植物。可是，你听说过能产米的树吗？你见过在树上采糖吗？你知道树还能储水和产"牛奶"吗⋯⋯大自然孕育了万种生灵，很多都让人感到惊奇不已。

■ 米树

在菲律宾、马来西亚、印度尼西亚等国的岛屿上，生长着一种会产米的树，名叫西谷椰子。这种米树为常绿大乔木，树干粗壮笔直，高达20米，20年左右才开一次花，其茎干内富含淀粉。

当地人常在米树开花之前将它砍倒，将其茎内的淀粉刮出，放在水中浸泡、搓洗，并充分搅拌。最后，沉淀下来的淀粉干燥后，即可被加工成洁白圆润的西谷米（或称西米）。一株米树可产米近200斤。西米富含营养，口味独特且不怕虫蛀，还可在纺织工业中用来上浆。

■ 糖树

糖槭树

糖槭树俗称枫树，以加拿大的最为著名。每年入秋以后，枫树区层林尽染，万山红遍，登高远望，美不胜收。

"枫叶之国"加拿大特有的糖槭树是世界三大糖料木本植物之一。糖槭树植株高大，叶片红艳，寿命很长。春天花未盛开、树液开始流动时，在其树干上钻个洞便可采糖。

采得的槭糖主要成分为蔗糖，亦含葡萄糖、果糖，营养价值不低于蜂蜜。此糖加工成的各种食品，甜美而芬芳，深受人们喜爱。

■ 储水树

在澳大利亚腹地的一片大沙漠中，对于口渴难当的旅行者而言，发现储水树就相当于找到了救星。储水树两头细，中间粗，形似一只粗而圆的木桶。只要用刀在树干上挖一个小孔，洁净的清水就会汩汩流出，足够几个人痛饮一番。

■ 牛奶树

南美洲的厄瓜多尔等地，有一种名叫"索维尔拉"的热带树，其树皮被割破后会流出一种又白又浓的液体。这种液体内含糖、蛋白质及脂肪，是一种难得的天然营养饮品。若用清水冲淡并加热煮沸，它就成了鲜甜可口的"牛奶"。

西谷椰子

西谷椰子（米树）所含的碳水化合物是制作西米的主要原料，而提取淀粉后留下的纤维则可用来烤薄饼或做鱼食。

- "魔术大师"木芙蓉
- 一藤双花的金银花
- 色彩缤纷的棉花
- 开谢有别的杏花和菊花
- 变色的"戏法"

世界之最 世界上寿命最长的花是生长在热带森林里的一种兰花，其开花时间能达到80天。

植物王国篇

会变色的花

棉花
世界主要棉花产区有中国、美国、印度、乌兹别克斯坦、埃及等。其中中国的单产量最大，乌兹别克斯坦则有"白金之国"的美称。

春回大地，百花齐放。雪白的李花、娇黄的迎春花、粉红的桃花、鲜红的茶花……各种花儿争妍斗艳，好不热闹。更妙的是，有些花的颜色还会不断变化。

■ "魔术大师"木芙蓉

弄色木芙蓉是变色花中的佼佼者，它的变色本领毫不亚于动物界的变色龙。花朵刚绽开时是白色，第二天变为淡红色，第三天变成黄色，第四天变成深红色，最后又变成紫色。一朵花竟能变化出五种颜色，真可谓色彩变幻的"魔术大师"。

■ 一藤双花的金银花

金银花在春夏之交开花，花朵初放时色白如银，但过一两天之后，却又色黄如金了。这样，一藤之上，黄白花相映，非常有趣。因此，人们给它起了一个美名——金银花。

■ 色彩缤纷的棉花

棉花是变色花中最典型而又常见的"代表"。它刚绽开的花朵是黄白色的，受精后变成粉红色，以后越变越红，慢慢变成紫红，最后则变成灰褐色。由于变色时间先后不同，同一棉株上往往呈现出色彩缤纷的花朵。

■ 开谢有别的杏花和菊花

杏花含苞待放时是红色的，开放后颜色却渐渐变淡，最后几乎变成了白色。有一种菊花却刚好相反，初开放的花为白色，到了快要凋谢时，又会变成红色。

■ 变色的"戏法"

花色的神奇变化，看起来似乎很玄妙，其实不然，这只是花中各种色素的小小"戏法"。花中的色素可随着温度和酸碱度的变化而改变花的颜色。

牵牛花
牵牛花朝开暮谢，因此被人们称为"朝颜"。

我国有一种樱草，春风吹暖大地时，它便开放出美丽的花朵。在20摄氏度左右的常温下，它的花是红色的；当把它放到30摄氏度的暗室里，花却变成了白色。

牵牛花早晨呈蓝色，到了下午就会变成红色。这是因为牵牛花中含有花青素，花青素在碱性溶液中呈现蓝色，而在酸性溶液中呈现红色。一天从早到晚，随着空气中二氧化碳浓度的提高，牵牛花对它的吸收量逐渐增加，花中的酸性也不断增大，所以花的颜色也就渐渐从蓝色变成了红色。

金银花
金银花是著名的庭院花卉，花叶俱美，常绿不凋，适于用作篱垣、阳台、绿廊、花架、凉棚等处的垂直绿化。

| 世界之最 | 无根萍的花是世界上最小的花,只有针尖般大小。

- 缤纷的色彩
- 妩媚的姿态
- 时开时合的缘由

时开时合的睡莲

睡莲是多年生水生观赏花卉,原产于东亚地区,我国各地皆有种植。在古希腊、古罗马,睡莲与中国的荷花一样,被视为圣洁、美丽的化身,常被用作供奉女神的祭品。在《圣经·新约》中,也有"圣洁之物,出淤泥而不染"之说。古埃及人则早在2000多年前就已开始栽培睡莲,并视之为太阳的象征,认为它是神圣之花。

《睡莲》
睡莲系列是印象派画家莫奈的代表作品。画家以丰富而高雅的色调和灵动的笔触,生动地描绘出了睡莲在不同时段的迷人光影。

■ 缤纷的色彩

睡莲又名子午莲、水浮莲、水芹花等。其花叶都浮于水面,叶呈圆盾形,叶面绿色,叶背紫色;花有白、红、粉、黄、蓝、紫等色及其中间色;花期6至8月,每朵花可连续开放4至7天,凋谢后才逐渐蜷缩沉入水中结果。

睡莲的种类很多,有40多种,多分布在温带和热带地区。墨西哥有黄睡莲,印度有红睡莲,埃及有白睡莲,美国有一种香气极浓的白色睡莲,我国常见的是白色睡莲。

■ 妩媚的姿态

睡莲的习性很奇特:每天上午八九点钟,睡莲慢慢醒来,渐渐抬起头,迎接太阳;中午时分,它就开放出艳丽的花朵;而在傍晚,随着暮色降临,它又收起花瓣进入梦乡。"睡莲"之名也因此而来。

炎炎夏日,清风徐来,碧波荡漾,一丛丛美丽的睡莲轻舞花叶,形影妩媚,好似凌波仙子,令人赏心悦目,心旷神怡,不禁联想起"凌波不过横塘路,但目送、芳尘去""飘忽若神,凌波微步"等美妙的诗句。

■ 时开时合的缘由

睡莲为什么时开时合?夜晚它真的入睡了吗?原来,这是阳光搞的鬼,因为睡莲对阳光特别敏感。

清晨,太阳初升,闭合的睡莲花瓣的外侧层受到阳光的照射,生长变慢;而内侧层背阳,迅速伸展,于是花儿绽开了。

中午,花瓣展开成一个大圆盘。下午至傍晚时分,睡莲花内侧层受到阳光照射,生长变慢;外侧层正相反,它的伸展逐渐超越了内侧层。因此,花儿就慢慢地自动闭合了。

盛开的睡莲
睡莲花色艳丽,花姿楚楚动人,在一池碧水中宛如淡雅脱俗的少女,被人们誉为"水中女神"。

- 仙人掌家族
- 不可思议的耐渴本领
- 夜间"氧吧"与吸尘"高手"
- 带刺的美味
- 仙人掌与墨西哥的"不解之缘"

世界之最　墨西哥有一株高达17.69米的仙人掌，是世界上最高的仙人掌。

植物王国篇

生命力顽强的仙人掌

仙人掌之花
仙人掌的花朵特别艳丽，花瓣有金属光泽，看上去非常美丽。

仙人掌是一种生命力十分顽强的热带植物。它不畏酷暑干旱，就是气温高达40摄氏度，几天不"喝"水，它也能坚强地活下去，它顽强地经受着烈日的考验，快乐地生长着。

■ 仙人掌家族

仙人掌类植物是个大家族，成员至少有2000种。仙人掌大多生长在干旱的环境里。它的花绚丽灿烂，有黄色的、红色的，像喇叭、像漏斗，最大的花直径可达60厘米。它的果实如鸭蛋大小，除了黑色，几乎什么颜色的都有，而且味道很甜。

■ 不可思议的耐渴本领

仙人掌类植物有一种特殊的本领：在干旱季节，可以"不吃不喝"地进入休眠状态，把体内养料与水分的消耗降到最低程度。

有人拔起一个仙人球，称了称，有37.5千克重，然后把它扔在了屋子里，6年时间没有理睬它，6年后它却依然活着！再称时发现，其体重为26.5千克。也就是说，6年时间里它仅仅消耗了11千克的储备水。

■ 夜间"氧吧"与吸尘"高手"

大多数植物白天进行光合作用，吸收二氧化碳，释放氧气；夜间进行呼吸作用，吸收氧气，释放二氧化碳。仙人掌正好与此相反，它白天释放二氧化碳，吸收氧气；夜间吸收二氧化碳，释放氧气。因此，晚上居室内若放有仙人掌，就可补充氧气，增加新鲜空气和负离子，有助于人的睡眠。

仙人掌还是吸附灰尘的高手。在室内放置一盆仙人掌，可以起到净化环境的作用，对空气中细菌的繁殖也可起到很好的抑制作用。

■ 带刺的美味

仙人掌不只是观赏植物，而且还可以用来酿酒、制药、烹饪等。仙人掌营养极为丰富，食用方法也多种多样，比如用它的嫩茎做菜，可鲜食，也可腌制加工。鲜食吃法多样，凉拌、热炒、做馅、炖汤都别具风味。其中，最常见的炒仙人掌饼，是餐桌上的美味佳肴。

■ 仙人掌与墨西哥的"不解之缘"

墨西哥是举世闻名的"仙人掌之国"，仙人掌是墨西哥的国花。相传，仙人掌是神赐予墨西哥人的。各种各样的仙人掌构成了墨西哥独特的风貌。它们生长在高原的恶劣环境中，无论土壤多么贫瘠、天气多么干旱，也总是生机勃勃。仙人掌顽强的生命力、坚忍的性格已经成为坚强、勇敢、不屈、无畏的墨西哥民族的精神象征。

仙人掌盆栽
仙人掌具有净化空气、吸收辐射等作用，因此被广泛移入室内栽培，成为家居生活中一道独特的风景。

世界之最　孟加拉榕树是世界上树冠最大的树，其树冠可以覆盖约1万平方米的土地。

▶ 榕树的分布与特性
▶ 茂密的枝叶和庞大的根系
▶ 树冠最大的树——孟加拉榕树

"独木成林"的榕树

俗话说"独木不成林"，可在树木的大家庭里却无奇不有——有一种榕树，仅一棵树的树冠投影面积就可达数百乃至数千平方米，远远看去就像一片树林。

■ 榕树的分布与特性

榕树是热带植物区系中最大的木本树种之一，全世界已知有800多种，主要分布在热带地区。我国榕树属植物约100种，其中西双版纳有44种。

榕树具有板根（多为气生根，呈扁平状）、支柱根（可帮助支撑植株的根）、绞杀、老茎结果等多种热带雨林植物的重要特征。

绞杀现象是热带雨林的重要特征，常见于榕树群落，它们绞杀的对象有油棕、红樱树等。榕树的种子通过鸟类的粪便或风雨的力量遗落或漂移到其他热带植物的枝干（可称为寄主）上，渐渐长出气生根来。气生根缠绕在寄主的茎干上，一直垂吊而下，直扎进寄主的根基。利用自己根须发达的优势，气生根越来越紧地缠绕、包围着寄主，与其展开一场看不见的争夺水分和养料的"冷战"，直至寄主死亡、腐烂。一般的树根本不是榕树的对手，最多3到4年，就会被绞杀致死。

■ 茂密的枝叶和庞大的根系

榕树是一种寿命长、生长快、侧枝和侧根都非常发达的树种。它的主干和枝条上可以长出许多气生根，向下垂落，落地入土后不断增粗成为支柱根。支柱根不分枝、不长叶，具有吸收水分和养料的作用，同时还支撑着不断向外扩展的树枝，使树冠不断扩大。这样，柱根相连，柱枝相托，枝叶扩展，就形成了遮天蔽日、独树成林的奇观。

■ 树冠最大的树——孟加拉榕树

俗话说，"大树底下好乘凉"。孟加拉有一种榕树，它的树冠可以覆盖约1万平方米的土地，是一个足球场面积的1.5倍，从远处望去，像是一片树林。因此，当地人又称这种榕树为"独木林"。

据说，曾有一支六七千人的军队在一株孟加拉大榕树下乘过凉。当地人还曾经在一棵古老的孟加拉榕树下开办了一个熙熙攘攘的市场。

榕树的气生根
榕树以庞大的气生根闻名于世，享有"林是一棵树，树是一座林"的盛誉。

Part 6
人类生命篇

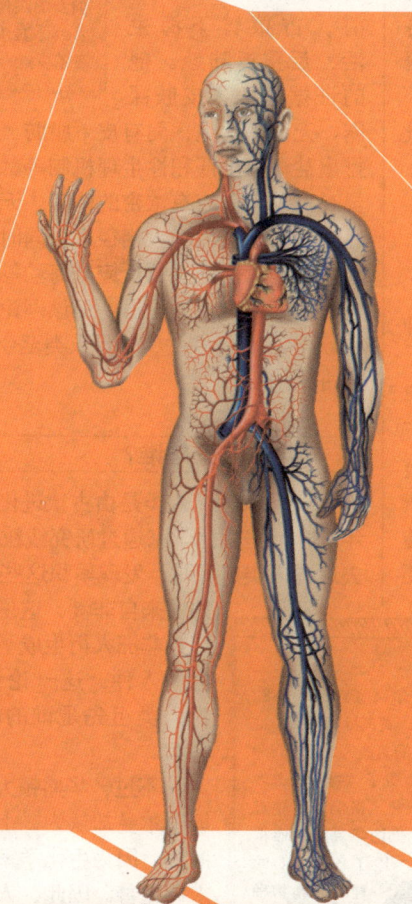

| 世界之最 | 1809年，法国人拉马克在《动物哲学》一书中阐述了生物转变论观点，这是世界上最早的对进化论进行阐释的著作。 | ▶ 关于人类起源的神话传说
▶ 追寻人类起源
▶ 人类的祖先是谁？ |

人类的起源

人类是从哪里来的？人类的祖先是谁？目前，人们对这些问题的了解主要依赖于对古人类、各种猿类化石的研究以及对现在世界各地的人和猿类动物各个方面的比较研究。然而，迄今为止，人们仍没有提出一套令人信服的说法。

造人补天的女娲

女娲是中国上古神话中的创世女神。传说，女娲用黄土仿照自己创造了人类，后来又炼石补天，免除了人类的一场灭顶之灾。

年前）。其中，古猿与南猿间空缺400万年，南猿与猿人间空缺20万年，这是因为关于这两个阶段至今尚未找到相应的化石。

1960年，英国人哈代提出"海猿说"，指出800万至400万年前，古猿曾下海生活，后重返陆地。他的证据是：人皮肤裸露、无浓密体毛，而有皮下脂肪，泪腺分泌、排出盐分，出汗和性生理机制等都像水兽；而灵长类动物体表有浓密的体毛，无皮下脂肪，且生理机制与人类大相径庭；同时，婴儿天生喜欢水，人潜水时的反应与海豹等类似，这些也可作为该理论的论据。但该理论无法解释这400万年的化石缺失，并且人类至今并未发现海洋古猿化石。

北京人复原头像

这座头像是古人类学家于1959年根据对北京人头骨化石的研究复制而成的，是一个中年妇女的头像。我们可以看到，其头部仍然保留了不少猿的特征。

■ 关于人类起源的神话传说

关于人类的起源，各民族都有相当多的神话传说，其中有些说法还颇为相似。

埃及人认为，人类是神呼唤而出的；印第安人的神话认为是神创造了天地，然后从地下带领人类上到了地上；日耳曼神话认为，人类是植物变的；美洲神话则说人是猿猴变的。所有神话中，"泥土造人"的说法最多，也流传最广。而最引人入胜的泥土造人的故事，则要数我国的女娲造人的传说。

■ 追寻人类起源

达尔文的生物进化论认为，人是从古猿进化来的。结合当代研究和发现成果，人们制作出了人类进化时间表：古猿（1400万~800万年前）——南猿（400万~190万年前）——猿人（170万~20万

达尔文

达尔文（1809—1882年），英国博物学家，进化论的奠基人。他于1859年出版了《物种起源》一书，提出了生物进化学说，从而摧毁了各种唯心的神造论和物种不变论。

■ 人类的祖先是谁？

一般认为，人类是由古猿进化而来的。近年来，一些生化学家通过研究线粒体内的DNA去追寻人类起源时，发现累积这些DNA最多的妇女来自非洲。这说明，是一小部分非洲人衍生成了今天种种肤色的人种。这一论调，似乎已为人类祖先是谁的问题找到了答案。

不过，华盛顿大学遗传学家坦普尔曼却认为，上述理论值得商榷，因为生化学家的分析技术未臻完善。因此，人类的祖先到底是谁，至今仍然是个谜。

- 灵敏的触觉
- 有趣的味觉
- 敏锐的听觉
- 敏感的视觉

世界之最 中国北宋时期钱乙所著的《小儿药证直诀》是世界上最早的儿科专著。

人类生命篇

胎儿在母体中如何生活？

胎儿被许多人认为是不能看、不能听、整天在母体中睡大觉的小东西。其实，用超声波扫描子宫，通过电视屏幕，就可以观看胎儿的一举一动。胎儿在子宫里会打哈欠、吸吮、抓东西、伸懒腰、眨眼睛和做鬼脸，有时还能表现出喜怒哀乐呢！

■ 灵敏的触觉

胎儿的触觉比其他的感觉（如听觉、视觉等）形成得更早。到第12周左右，胎儿的触觉已经和成人的一样了，其中特别发达的是指尖、唇部的触觉。这时用超声波扫描，即可看见胎儿吸吮指头的情形，这是胎儿的一种本能。

吸吮是婴儿最重要的生存本领之一，在出生前就必须练好。这为胎儿出生后的第一餐做好了准备。

■ 有趣的味觉

令人难以置信的是，胎儿的味觉也很灵敏，并能食其所好。

胎儿发育到3个月左右，舌头上便开始形成味蕾。到了7个月左右，其味觉便十分发达，此时胎儿就能够分辨出苦味、甜味或者酸辣味了。

胎儿特别喜欢甜味而讨厌苦味。若在羊水中加入带有苦味的物质，胎儿吮吸的次数就会减少，甚至出现皱眉的表情；若把糖等带有甜味的物质加入羊水中，胎儿吮吸的次数就会增加；若母亲偶然吃了点很辣的东西，胎儿甚至会做鬼脸来表示不满。

■ 敏锐的听觉

胎儿的听觉通常在32周到35周时迅速敏锐起来。胎儿在母亲的子宫里，能听到母亲心脏的跳动，有时，还能听到对话。尽管胎儿听不懂人们在说些什么，但它能够逐渐熟悉语言的特点，从而在出生后迅速形成辨别语言与其他各种声音的能力。

胎儿最爱听慢节奏的音乐——节奏最好能接近母亲的心跳。不同的音乐，还会引起胎儿不同的反应。听到优美的乐曲，它就会安宁下来；要是听到杂乱无章的摇滚乐，它就会躁动不安。

■ 敏感的视觉

胎儿的视觉发育较晚，这主要与子宫内缺少光线刺激有关。胎儿从第4个月起，开始对光线十分敏感。

在6个多月时，胎儿就有了开闭眼睑的动作，它的眼睛在它睡觉或变化姿势时会或闭或睁。当一束光照在母亲的腹部时，睁开双眼的胎儿会将脸转向亮处。但这时，它看见的只是一片红红的光晕，就像用手电筒照在手背时从手心所见到的红光一样。

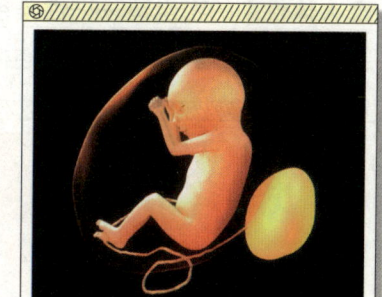

子宫中的胎儿

胎儿出生前在母亲的腹中共生活大约280天（即40周）。第37周是胎儿发育的最后阶段，满37周出生的婴儿就可以称为足月儿了。

| 世界之最 | 印度的医学体系包括阿育吠陀医学和悉达医学，是世界上最古老的医学体系。 |

- 遗传基因的载体——染色体
- 人体性别的密电码——性染色体
- 人的性别由谁决定？

人的性别是由什么决定的？

人的性别是由什么来决定的呢？直到19世纪，人类才逐步解开了这个千古之谜。

■ 遗传基因的载体——染色体

人体是由数目惊人的细胞构成的。每一个细胞里都有一个圆形的细胞核，细胞核里又有一种结构极为精密的"小部件"。它是由脱氧核糖核酸（DNA）、蛋白质和少量核糖核酸（RNA）组成的，是能进行自我复制的线状体。在科学实验中，这些线状体能够被碱性染料染成深色，故称染色体。

1883年，美国学者提出了生物遗传基因在染色体上的学说。1928年，科学家摩尔根证实染色体是生物遗传基因的载体，从而获得了诺贝尔生理医学奖。

染色体在生物体内都是成对存在的，但会因物种的不同而在数目和形态上有所不同。例如，果蝇体细胞内的染色体数是4对，豌豆是7对，猪是40对，人类则有23对（46条）。

■ 人体性别的密电码——性染色体

人体细胞中共有22对普通染色体，叫作常染色体，它们是管理人体除性别以外全部生命活动和性状的密电码。剩下的一对叫作性染色体，是管理人体性别的密电码。

性染色体有两种，一种叫X染色体，另一种叫Y染色体。男性的性染色体是由一条X和一条Y组成的配对（XY），而女性的性染色体却是由两条完全相同的X组成的配对（XX）。

染色体

染色体是遗传基因的载体。人体每个细胞内有23对染色体，包括22对常染色体和一对性染色体。女性的性染色体组成为XX，男性为XY。

■ 人的性别由谁决定？

含有性染色体的精细胞和卵细胞在成熟发育过程中都要经过二次减数分裂，使精子和卵子的染色体数目减半，由原来的46条减为23条。由于精细胞的染色体为XY型，经过减数分裂后，则形成不同的两类精子：一类含有X染色体，称为X型精子；另一类含有Y染色体，称为Y型精子。

当精子和卵子相遇时，如果是X型精子和卵子结合，它们的性染色体就成为XX配对，便形成女胎；如果是Y精子和卵子相遇，它们的性染色体就成为XY配对，便形成男胎。这就是决定性别的X-Y机理。

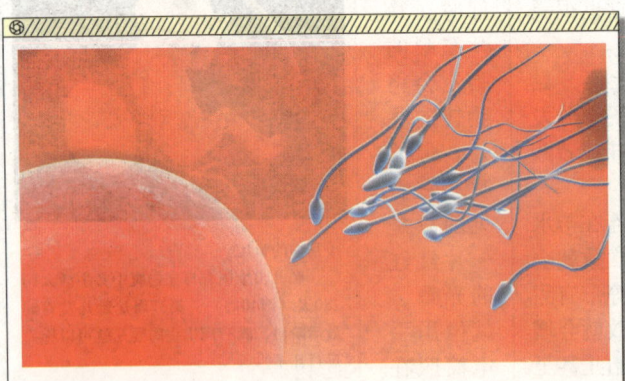

精子与卵子的结合

当精子与卵子结合成受精卵后，人的性别就确定下来了。除非进行后天的变性手术，否则性别终身不可更改。

- 器官再生的秘诀
- 人体有再生功能吗？
- 肝脏的再生功能
- 人体再生还有多远？

世界之最 中国东汉名医华佗发明的"麻沸散"是世界上最早的麻醉剂。

人类生命篇

人体器官的再生

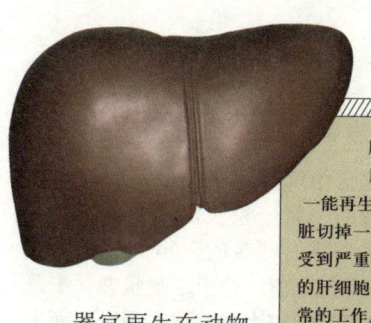

肝脏
肝脏是人体中唯一能再生的器官。若将肝脏切掉一半，或者当肝脏受到严重的创伤时，残留的肝细胞仍然能够从事正常的工作。

器官再生在动物界是很常见的事。例如，壁虎、蜥蜴在碰到敌人时会忍痛选择断尾逃生，不久后又能长出新的尾巴；斑马鱼能再生出它的鳍、鳞、脊髓和部分心脏……那么，人体也具有这种非凡的再生功能吗？

■ 器官再生的秘诀

研究发现，两栖类动物自我修复的"秘诀"是，它们"未来器官"的细胞在初步成长时并未完全发育，因而可以在"需要"时发育成肢体或者器官。也就是说，某些两栖动物的骨细胞、皮肤细胞和血液细胞的任何部位只要发生损坏，相应部位的细胞便会转化为一些和原细胞没有区别的细胞；这些未完全发育的细胞将采取积极态度，自动快速地转变成相应部位的完整细胞，最后，它们就会长成一只新的爪子或其他器官。

■ 人体有再生功能吗？

实际上，人体的某些部位也有这种再生功能。研究发现，人体指尖如果只砍掉前端一点点，只要受伤的部分不超过手指最后一个关节，就有可能再生出来。

断尾的蜥蜴
蜥蜴为了逃避天敌，常常会自断尾巴。断尾逃生后，蜥蜴可以从身体各个部位挤出营养，供应尾巴再生。

母体内不超过6个月的胎儿也有这种奇迹般的再生能力。如果给母体内不超过6个月的胎儿做手术，胎儿出生后，身上根本找不到手术留下的痕迹。但是，随着婴儿渐渐长大，这种完美的再生功能似乎也随之丧失了。

■ 肝脏的再生功能

肝脏是人体中功能最复杂的器官，能同时发挥500种以上的功能，而且还拥有其他器官所没有的强大的再生功能。当外科医生把病人3/4的肝脏切除以后，在各种客观条件充足的情况下，肝脏还能在两到三个星期里重新恢复到原来的样子。

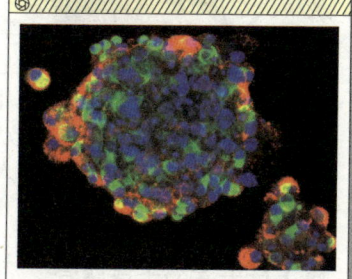

干细胞
干细胞是一种未充分分化、尚不成熟的细胞，具有再生各种组织器官的潜在功能，被医学界称为"万用细胞"。

■ 人体再生还有多远？

目前，肝脏是人体中唯一能再生的器官。科学家至今还不清楚，为什么其他人体器官以及四肢都没有这个非常有用的本领。但研究人员相信，人类最终能够在未来的某一天具备再生能力，因为人类的细胞先天便已经具备了发育新肢体部位的能力。在胎儿发育过程中，人体内细胞的发展再生便证实了这一点。另外，细胞内的DNA也具有新器官成长的"指示密码"。

世界之最	美国歌手玛丽亚·凯莉曾经唱出了G7#音阶,是目前世界上最高音的女歌手。

- 人体发音的主要器官
- 人是如何发音的呢?
- 青春期声音为何会发生变化?

人体发音的奥秘

发声

当气体从肺通过喉内声带时,声带会产生振动从而使人发出声音。

小鸟会鸣叫,野兽会怒吼,人类也会发音,还会唱出美妙动听的歌曲。如果你听过雨夜盲女的哀曲,听过快乐的男女山歌对唱,你一定会为人类美妙的歌声所打动。可是,你知道人为什么能唱出那么动听的歌声吗?人类发音的奥秘究竟是什么呢?

■ 人体发音的主要器官

当人们呼气时,由于声带闭合阻气,声带便会产生震动发音。我们称它为基音,这时的声音音量小,音色也不好听。只有经过身体的共鸣、器官的共振,才能产生自然、优美而响亮的声音。

发音器官主要包括喉头、会厌、声带等。喉头也叫喉结,是重要的发声器官;会厌是长在舌根与喉咙之间的一块半圆形的叶状软骨,它的作用是保护气管与声带;声带是位于喉咙中间的两条白色韧带,它们紧密地并列在一起,而且像橡皮筋一样,拉得越紧,反弹的声音就越大。

共鸣器官包括胸腔、口咽腔、鼻腔、窦腔等。人们歌唱时就是依赖这些器官的共鸣作用来扩大、修饰、润色声音的。

■ 人是如何发音的呢?

在两根声带中间有一条裂缝,叫作声门裂。随着声带的一紧一松,声门裂也忽长忽短,忽大忽小。平时呼吸时,声门裂是半开的,两根声带互相分离,处于松弛状态,于是空气就从两块韧带间较大的空隙中通过。而人发音前总要先吸一口气,然后暂时停止呼吸。这时,松弛的声带被喉部的肌肉上下拉紧,相互靠拢,声门裂变得又细又长,只留下一道窄小的缝隙。当气流迅速冲向声带并从这条细缝中穿过时,空气使得声带发生振动,而且这种振动还会使喉腔里的空气也一起动起来,于是就发出了声音。

■ 青春期声音为何会发生变化?

到了青春期,呼吸系统会发生很大的变化,喉腔会迅速增大,声带也会逐渐加长。女孩声带会从幼童时的6至8毫米逐渐增长到15至18毫米,男孩可增长到20至24毫米。此外,声带在厚薄宽窄上也会发生明显变化,结果使男女青少年的声音出现显著改变。女孩的嗓音从尖细声变成了高亢的女声,男孩的声音则从童声变成了低沉浑厚的男声。

有些男孩变声非常强烈,以致声音出现破裂嘶哑,有时甚至会发出假声。此时不必过于焦虑,因为这只是暂时现象,等喉部发育完善后,声音就会恢复正常。

喉

喉上通喉咽,下接气管,是呼吸与发音的重要器官。喉位于颈前正中部,是一个由软骨、韧带、喉肌及黏膜构成的锥形管状器官。

- 打喷嚏的重要作用
- 打喷嚏的多种原因
- 为什么有人见太阳就打喷嚏？

世界之最 中国的《神农本草经》约成书于秦汉时期，是世界上已知的最古老的草药书。

人类生命篇

人为什么要打喷嚏呢？

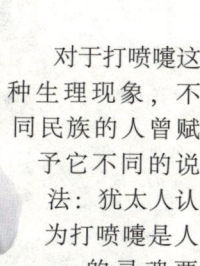

对于打喷嚏这种生理现象，不同民族的人曾赋予它不同的说法：犹太人认为打喷嚏是人的灵魂要离开躯体的信号；英格兰人认为那是人将获得财物的兆头；中国人则认为这是有人在背后议论自己。

打喷嚏
　　打喷嚏是肌体从鼻道排除刺激物或外来物的一种方式。其原因主要有四种，即感冒时打喷嚏、患有过敏性鼻炎或花粉症时打喷嚏、患有血管收缩性鼻炎时打喷嚏和患有非过敏性鼻炎时打喷嚏。

■ 打喷嚏的重要作用

　　喷嚏和咳嗽一样，是人体的一种防御性呼吸反射。在打喷嚏的瞬间，鼻腔的气流速度可高达每小时50千米。如此高速的气流可以对上呼吸道进行彻底"清扫"，把刺激物、致病因素如烟雾、粉尘、花粉、病原体、有毒化学气体以及鼻腔中的原有病毒都喷出去，从而减少病原体及有毒物质对人体的危害，有助于预防疾病。

■ 打喷嚏的多种原因

　　人们之所以会打喷嚏，在生理方面主要有以下四种原因：①感冒时打喷嚏，以清洁鼻部；②患有过敏性鼻炎或花粉症时打喷嚏，以便从鼻道中排出过敏物；③患有血管收缩性鼻炎的人经常打喷嚏，是鼻部血管对湿度和温度、甚至辣味食物的过敏反应；④患有非过敏性鼻炎者打喷嚏。另外，打喷嚏还可能因为外界对鼻道的刺激，如胡椒粉、外来微小物质、花粉、霉菌或其他过敏原。

　　对一次偶然的打喷嚏不必忧虑；作为感冒症状的打喷嚏，也可随感冒病愈而消失。然而，如果持久打喷嚏或伴有其他过敏症状如流涕、鼻塞、咽痛或眼睛发痒、流泪等，就有必要去看医生了。

■ 为什么有人见太阳就打喷嚏？

　　不可思议的是，有的人一见到阳光或灯光就鼻腔发痒，容易打喷嚏。这究竟是什么缘故呢？
　　目前较可信的说法是，眼睛和鼻子的知觉受到同一条三叉神经的支配，它们对于强烈刺激的防御反应混淆在一起引起打喷嚏。具体说来就是，鼻腔把从眼睛进入的强烈阳光误以为是对自己的刺激，故以喷嚏的形式欲将异物驱逐出去。
　　据说人因强光引起喷嚏的体质具有遗传性。父母中若有一人属于这种体质，那么他们的子女有半数以上会继承这种体质，所以有的家庭会有许多人犯这种毛病。

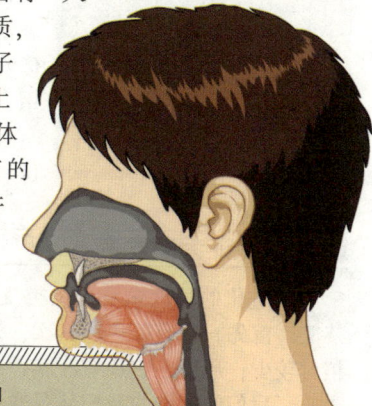

鼻腔结构示意图
　　鼻腔是呼吸道的首端和门户。鼻毛对空气中较大的粉尘颗粒有过滤作用；鼻甲黏膜下有海绵状血窦，可供调节鼻内气温所需的热量；鼻腔黏膜腺体可分泌大量液体，用来提高吸入空气的湿度，防止呼吸道黏膜干燥。

世界之最　1593年意大利科学家伽利略发明的温度计是世界上最早的温度计。

- 皮肤有什么重要作用？
- 皮肤保证大脑发育
- 皮肤的新陈代谢

认识人类的皮肤

皮肤是人体的最大器官，总重量占体重的5%至15%。一个普通成人皮肤的总面积为1.5至2平方米，厚度因人或因部位而异，在0.5至4毫米之间。皮肤中血管密布，若将这些血管首尾相接，总长度将超过17千米。为了对触觉和痛觉作出准确的反应，皮肤里至少有5种感受器，它们能对仅重20毫克的飞尘作出反应。

■ 皮肤有什么重要作用？

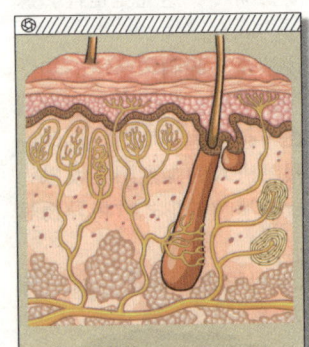

人的皮肤构造　皮肤由表皮、真皮和皮下组织构成，并含有附属器官（汗腺、皮脂腺、指甲、趾甲）以及血管、淋巴管、神经和肌肉等。

大汗淋漓　汗是由皮肤里的汗腺分泌的。成年人身上约有200万至500万个汗毛孔，一个人全身汗腺管的长度加起来至少有10千米长。出汗有很重要的生理作用，能够调节体温、排泄体内代谢的废物、"冲掉"体表微生物等。

皮肤覆盖人体全身，它可使人体内各种组织和器官免受物理性、机械性、化学性和病原微生物性的侵袭，主要起着保护内脏、防止细菌侵入、调节体温、分泌排泄、感受体外刺激等作用，在人体中占有至关重要的地位。

■ 皮肤保证大脑发育

从进化的角度来看，人类皮肤有3个明显特征：首先，它有颜色；其次，人类皮肤毛发相对较少；最后，它还有汗腺。最后一点非常重要，我们的大脑为我们从猿猴进化成人类提供了可能性，但如果没有能流汗的皮肤的话，大脑便不可能发展。

大约200万年前，人类进化发生了一次巨大飞跃。当时的灵长类动物已不能被称为"猿猴"了。这些早期人类在东非大草原的宽阔地带快速奔跑，为了在赤道的阳光下生存，他们需要降低大脑的温度。因此，早期人类进化出现了更丰富的汗腺，以满足人类脑容量不断增大的需求。脑容量增大后，人类的思维能力也相应增长了，这使得人们能离开非洲跑到世界其他地方去。

■ 皮肤的新陈代谢

你一定想象不到，你的皮肤每分钟会脱落5万个细胞！皮肤在一天中会不停地进行新陈代谢，而且还有一定的规律。

早上7点：虽然此时皮肤处在抵抗紫外线和各种空气污染的紧张状态中，但如果前一夜的自我修复做得充分，那么它的状态就会达到最佳，有能力抵抗各种外界压力。

上午11点到下午3点：皮肤的新陈代谢速度减慢，于是皮肤开始由兴奋变得疲倦，肤色显得比早上黯淡很多。

下午6点到晚上10点：这时候如果能够运动一下，就能使皮肤因为运动而获得充分的氧气，从而变得红润，气色也会更好。

晚上10点到凌晨4点：这时皮肤处在完全放松的状态下，所以细胞生长和自我修复效率最高，这一时段细胞分裂的速度要比平时快8倍左右。

- 人类皮肤为何有颜色差异?
- 人类皮肤是"细菌乐园"

世界之最 世界上最小的温度计是日本研制的,柱长约0.1微米,柱直径约75纳米,被命名为"碳纳米温度计"。

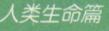

各色人种
人们通常按肤色、鼻形等体质特征来划分人种,这些特征主要是人长期以来为了适应环境而逐渐形成的。

同是人类在长期进化过程中为适应环境而逐渐形成的。

■ 人类皮肤是"细菌乐园"

有人估计,人类皮肤上至少有250种细菌。一个大型动物园居住的动物一般有150至200种,所以,人类皮肤真可以算得上是一个大型的"细菌乐园"了。

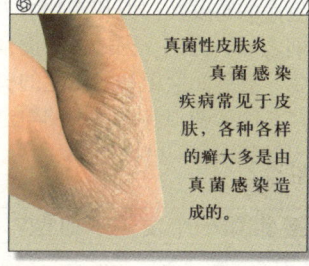

真菌性皮肤炎
真菌感染疾病常见于皮肤,各种各样的癣大多是由真菌感染造成的。

科研人员认为,皮肤菌种一半以上是"常住居民",它们主要分为葡萄球菌、链球菌、丙酸菌和棒状杆菌四类,其他则属"短期居住者"。所以,人类无需为此恐惧,因为皮肤细菌与人类已共生多年,其中一些不但无害还相当有好处。比如,有些细菌在人体消化系统内可以起到促进消化的作用。所以,人们不必过度清洗自己的身体,因为那样相当于在洗掉人体的一层"保护伞"。

■ 人类皮肤为何有颜色差异?

我们知道,亚洲人是黄皮肤人种,非洲人是黑皮肤人种,欧洲人是白皮肤人种。为什么人类皮肤的颜色会有差异呢?

原来,人体中存在着一种色素细胞,不同种族之间和同种人之间肤色的不同,只是由于皮肤中黑色素的含量不同而已。色素细胞所产生的黑色素越多,肤色就越深。

阳光中有大量的紫外线,黑色素能吸收紫外线,用以制造人体必需的维生素D,但吸收紫外线过多则会对人体有害。在非洲,黑肤色有保护身体的作用。因为如果黑色素把大量的紫外线吸收掉,进入细胞的紫外线就不会太多了。而在斯堪的纳维亚及其他阳光较少的地方,白肤色则能使人吸收足够的紫外线,以制造维生素D。所以,肤色的不

洗手
手是细菌的仓库。研究证实,用肥皂洗手可将能引起普通感冒、甲型肝炎、急性肠胃炎等多种疾病的病毒祛除干净。

| 世界之最 | 奥地利病理学家、免疫学家卡尔·德斯坦纳于1900年发现了红细胞血型,是世界上最早发现血型的人。 |

- 谁第一个发现了血型?
- 人类血型有多少种?
- 人类血型是如何进行遗传的?

人类的血型

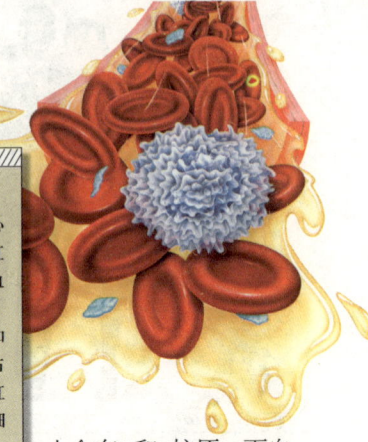

很久以前,很多人已经认识到了血液对人生命的重要性,但却不知道人类血液还存在型别之分。因此,因输错血而致死的悲剧时有发生。直到20世纪初,血型的奥秘才被揭开。从此,临床输血步入科学的轨道,血液逐渐发挥出挽救生命的巨大作用。

■ 谁第一个发现了血型?

世界上第一个发现红细胞血型的人是奥地利病理学家、免疫学家卡尔·德斯坦纳,时间是1900年。这一划时代的发现,为以后安全输血提供了重要保证。1930年,德斯坦纳因为这项发现获得了诺贝尔生理学医学奖,并赢得了"血型之父"的美誉。

刚开始,德斯坦纳只发现了人类红细胞血型的A、B、C三型。1902年,他的两个学生又发现了A、B、C之外的第四型。后来,国际联盟卫生保健委员会将这四型正式命名为A、B、O、AB型,这就是现在人们熟知的红细胞ABO血型系统。

■ 人类血型有多少种?

人类血型有ABO血型系统、MN血型系统、P血型系统、RH血型系统、HLA血型系统等20多个血型系统,但与输血关系最大的是ABO血型系统。

ABO血型系统是以人体红细胞上的抗原与血清中的抗体而定型的。凡红细胞上含有A抗原,而血清中含有抗B抗体的称为A型;红细胞上含有B抗原,而血清中含有抗A抗体的称为B型;红细胞上含有A和B抗原,而血清中无抗A、抗B抗体的称为AB型;红细胞上不含有A、B抗原,而血清中含有抗A和抗B抗体的称为O型。

■ 人类血型是如何进行遗传的?

ABO血型受ABO三种基因控制,A基因控制A抗原的产生,B基因控制B抗原的产生,O基因则控制不产生A和B两种抗原。基因都是成对存在的,所以控制ABO血型的基因有六种不同组合,即AA,AO,BB,BO,AB,OO,我们每个人只有其中一对。

ABO血型基因也有显性和隐性之分,A基因和B基因呈显性,O基因则是隐性。例如,一个人的一对基因为AA,则血型为A,如他的一对基因为AO,因A基因显性,而O基因呈隐性,所以O基因不能起显示作用,那么,这个人的血型为A型。B基因显性方式同A基因一样。当A基因和B基因都出现时,这个人的血型则是AB型;一对基因都是O时则为O型。

血液的组成

血液是流动在心脏和血管内的不透明红色液体,主要成分为血浆、血细胞和血小板。血细胞又分为红细胞和白细胞。其中红细胞占大部分,里面含有血红蛋白,血红蛋白使红细胞看起来呈红色。

人体血液循环路径

人体血液循环系统包括心脏和血管两部分,心脏是动力枢纽,血管是运输管道。该系统的功能就是把血液输送到全身各器官和组织中去,从而确保人体营养物质的需要。

- 什么是人体的生物钟?
- 生物钟的作用
- 名人的生物钟

世界之最 世界上最早的透射电子显微镜由德国工程师麦克斯·诺尔和阿斯特·瑞斯卡于1938年制造。

人类生命篇

神奇的人体生物钟

琴师蟹

每种动物都有自己的生物钟,其中琴师蟹(也叫招潮蟹)的生物钟是最奇妙的。白天,琴师蟹藏在暗处,身体的颜色会变深;夜晚,它们四处活动,身体的颜色又会变浅。引人注目的是,琴师蟹体色最深的时间,每天会推迟50分钟,而大海涨潮和落潮的时间,每天也恰好推迟50分钟。

每个人的家里几乎都有一个钟,它会告诉你,什么时候该起床,什么时候该吃饭或睡觉。然而,你自己身体内也有一个"钟",它就是生命的时钟——人体的生物钟。

■ 什么是人体的生物钟?

从单细胞生物到高等动植物,其生理功能和行为表现都具有多样性。科学家在研究中发现,多种多样的生理功能和行为表现都有一个共同规律,那就是二者的起伏消长都有一定的时间属性,形成了有规律的节奏。比如,许多动物在白天欢叫飞腾,一到夜晚就寂静无声;春天万物复苏,百花盛开,秋天瓜熟蒂落,草木枯黄;潮水定时起落,等等。科学家把这种节律性变化称为生物钟。

人体和其他生物体一样,生理功能和行为表现也有一定的节律性,也有生物钟。比如,人在白天精力旺盛,头脑清醒,适合体力劳动或脑力劳动;夜晚则体态疲乏,大脑迟钝,需要休息和睡眠。

■ 生物钟的作用

现代生理学知识告诉我们,人体内血液的成分和凝血的时间、眼内的压力、肾上腺素的分泌、直肠的温度、尿液的成分等都有周期性的变化。这些都是生物钟所起的作用。

人体生物钟还能进行自我调控。它既能监控智力、体力,又能监控人的情绪,并且对各个年龄段的人都适用,可以贯穿一个人的一生。所以毫不夸张地说,掌握了人体生物钟,就掌握了人生的主动权。一个人的全部生活,包括饮食、起居、运动、学习、工作、婚姻等,均可通过掌握和调节生物周期(即利用生物钟的高潮期与低潮期)以达到趋利避害的目的。

■ 名人的生物钟

苏霍姆林斯基是原苏联著名的教育学家,他的生物钟是"百灵鸟"型的。他说:"我所完成的一切都是早晨做的。30年来,我都是清晨5时开始一天的工作,一直忙到8时。30本教育方面的书和300多篇学术论文,都是在早晨5时到8时之间完成的。"

恩格斯的生物钟则是"猫头鹰"型的。他每天早饭后阅读报刊杂志,处理来往信件;午饭后去公园散步,然后开始工作,除1小时的晚饭和休息时间外,他通常一直工作到凌晨2时。

恩格斯

弗里德里希·恩格斯(1820~1895年),德国社会主义理论家及作家,马克思主义的创始人之一,马克思的亲密战友,国际无产阶级运动的领袖。

| 世界之最 | 弗洛伊德的《梦的解析》是世界上关于梦的最著名、最重要的著作。 |

- 梦在心理学上的解释
- 梦境会成真吗？
- 梦的情景预言

人类的奇妙梦境

人为什么会做梦？梦有什么意义？千百年来，占梦学家、心理学家以及神经生物学家一直为此苦苦研究。

■ 梦在心理学上的解释

奥地利著名心理学家弗洛伊德认为，人不停地产生着愿望和欲望，这些愿望和欲望在梦中通过各种伪装和变形表现、释放出来，这样才不会闯入人的意识，把人弄醒。也就是说，梦能够帮助人排除意识体系无法接受的愿望和欲望，因此，梦是保护睡眠的卫士。

亚里士多德对梦的定义是，"梦是一种持续到睡眠状态中的理想"。对此，弗洛伊德说，从人的本能角度推断，应该承认，梦一定有某种意义，就算是一种晦涩的"隐意"在取代某种思想的过程中，也有其意义存在。所以，只要我们能正确地找出这种"取代物"，就能正确地解释梦的"隐意"了。

庄周梦蝶

"庄周梦蝶"是一个关于"梦"的著名典故。一天，庄周（庄子）梦见自己变成了一只翩翩起舞的蝴蝶，悠然自得，一会儿梦醒了，他发现自己还是僵卧在床的庄周，因而感叹说，不知是庄周做梦变成了蝴蝶呢，还是蝴蝶做梦变成了庄周？

■ 梦境会成真吗？

俗话说："日有所思，夜有所梦。"当你极度渴望做成一件事情时，晚上做梦就会梦到，而一旦这件事真的成为现实，人就会以为那是梦想成真了。

其实，这种说法是没有任何道理的。圆梦，只是碰巧，是敏感、多疑、偏激的人把一些不相干的事情联系起来的结果。人一般都会梦到生活中的事。我们小时候发生过的事，长大后的某一天也许

弗洛伊德

弗洛伊德（1856~1939年），奥地利人，精神分析学的创始人。他著有《梦的解析》一书，认为梦是潜意识的欲望，由于睡眠时大脑的检查系统松懈，这些欲望便趁机以伪装方式绕过抵抗，通过梦释放出来。

会梦到；东西找不到，说不定在梦里就会清晰地看到东西所在的位置。但这些都是潜意识，而不是什么梦想成真。

■ 梦的情景预言

有人经常梦到吃东西、找厕所、被人追、争吵、打架等，噩梦醒来后，便因此而忧心忡忡。

研究表明，如果不是在人为的因素下长期做内容大致相同的梦，就很可能是肌体的某一部分出现了病变，在向你发出信号。梦见吃东西、感觉恶心可能预示胃部有潜在的疾患；梦见掉牙齿，可能与消化系统和呼吸系统的疾病有关。

梦境虽然能够提醒健康状况，但这并不意味着梦到了什么，就会有什么疾病出现。只有长期反复出现同一性质的梦时，才需要提高警惕，及时到医院进行检查。

- 记忆如何产生？
- 记忆跟什么有关？
- 记忆可以移植吗？

世界之最 日本人原口证能背诵圆周率小数点之后的100000位数，是目前世界上背诵圆周率位数最多的人。

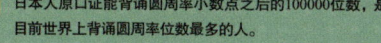

人类生命篇

人类记忆的奥妙

记忆是一种奇异的生命现象，它吸引着众多的人去探究。早在远古时期，人们就对记忆现象产生了浓厚的兴趣。古希腊哲学家柏拉图称它为"火在蜡上烧成的景象"。那么，脑子里的什么东西起着蜡的作用？外界的景象又是怎样"点燃"它的呢？

海马区（蓝色部分）
科学家发现，大脑中的"海马区"在存储信息的过程中扮演了至关重要的角色。如果切除掉海马区，以前的记忆就会一同消失。

组织学家仔细研究了他的大脑切片，发现他的大脑细胞数量远远超过一般人。人的记忆力不但与遗传因素有关，还与后天的勤奋有关。成年人的脑细胞数量一般比儿童少，就是因为有些脑细胞在后天得不到锻炼，就自行死亡了。

美国科学家曾对涡虫做过一次实验。他们每次在开灯的同时电击一下涡虫，重复多次之后，这些虫子对灯光形成了条件反射。之后，他们又把这些有记忆的虫子碾碎，给那些没有经过训练的虫子吃，结果"吃了记忆"的虫子也知道躲避灯光。因此，科学家推测，这些虫子获得了某种记忆的化学物质，但究竟是什么化学物质，现在还是个谜。

■ 记忆如何产生？

科学家认为，人脑中的海马区域是负责产生记忆的地方，而这些记忆痕迹需要被转移到大脑皮质的各个地方安置下来，记忆才算真正形成。人的记忆能力实质上就是大脑储存信息以及进行信息反馈的能力。

人的大脑主要由神经细胞构成，每个神经细胞的边缘又有若干向外突出的部分，它们被称为树突和轴突。轴突的末端有个膨大的突起，叫作突触小体。每个神经元的突触小体跟另一个神经元的树突或轴突接触，这种结构叫作"突触"。神经元通过"突触"与其他神经元发生联系，并且接受许许多多其他神经元的信息。神经元传递和接受信息的功能，正是大脑储存记忆的生理基础。

■ 记忆跟什么有关？

近年来，人们逐渐认识到，人类记忆与大脑中的化学变化有着密切的关系。

著名物理学家爱因斯坦逝世后，神经

■ 记忆可以移植吗？

1996年，美国科学家把从海豚大脑中提取的记忆载入晶片植入了北美大棕熊的大脑里面。我们知道，北美大棕熊是不会游泳的，可是把晶片移植过去一会儿，它就会游泳了。这似乎证明了记忆是能移植的。

但也有科学家指出，从科学的角度看，"记忆可以移植"这种说法纯属无稽之谈。人的记忆储存在大脑皮质中，不可能通过移植肾脏、心脏、肝脏之类的器官来加以移植。

看来，记忆可不可以移植，还需要人类进一步的探索和研究。

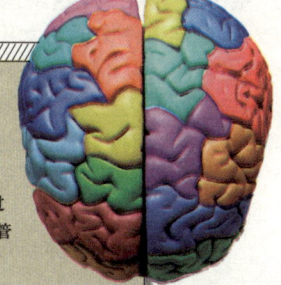

人类大脑模型
大脑主要包括左、右大脑半球，是中枢神经系统的最高级部分。人类的大脑是在长期进化过程中逐渐发展起来的主管思维和意识的器官。

世界之最 我国北宋王唯一铸造的两个针灸铜人是世界上最早的立体针灸模型。

▶ 奇异的自燃
▶ 人体为何自燃？

人体真的会自燃吗？

人体自燃是指一个人的身体未与外界火种接触而自动着火燃烧。有些受害人只是轻微灼伤，而另外一些受害人则可能化为灰烬。最令人感到奇怪的是，有时发生自燃时，受害人所坐的椅子、所睡的床甚至所穿的衣服都没有被烧毁。更有甚者，有些人虽然全身大部分被烧焦，但一只脚、一条腿或一些指头却依然完好无损。

白磷的自燃

白磷的燃点很低，仅有40摄氏度，能够在空气中自燃。有人认为，人体的自燃是因为体内积累的白磷过多而引起的。

■ 奇异的自燃

人体自燃这种不可思议的现象最早见于17世纪的医疗报告中。至20世纪，全球共发生了200多起人体自燃事件。

早期有充分证据的人体自燃事件之一，是巴托林于1673年记录的巴黎贫苦妇人神秘地被火烧死的事件。那妇人嗜饮烈酒，酒瘾之大竟达到3年内只喝酒而不吃任何食物的程度。有一天，她上床睡觉后，夜里竟自燃而死。次日早上，只有她的头部和手指遗留下来，其余部分均烧成灰烬。根据这次自燃事件，法国人雷尔在1800年发表了第一篇关于人体自燃的论文。

■ 人体为何自燃？

300多年来，科学家经过不断探索发现，在这200多起人体自燃事件中，男女比例相当，年龄从4个月到114岁不等，饮酒习惯和身体胖瘦各有不同，有的事件发生在当事人走路、开车、划船、跳舞等过程中。

有人认为，人体自燃与体内过量的可燃性脂肪有关，这种脂肪好比烛油，很容易燃烧；有人认为，人体内有某种天然的电流体，它能造成体内可燃性物质燃烧；还有人认为，体内磷积累过多，便能产生发光的火焰，从而引起人体自燃。

此外，静电也可能是人体自燃的原因之一。据美国防火协会的防火手册说，人体聚积的静电负荷达到数千伏电力时可通过头发放出，一般不会造成伤害。但在某些特殊情形下，例如在制造易燃物品的工厂或使用气体麻醉剂的医院手术室中，这种人就可能会自燃，甚至引起爆炸。

最新一种解释从物理学角度出发，认为人体内可能存在一种比原子还小的燃粒子，它可以引起燃烧。

另外，还有人提出其他的自燃因素，其中包括流星、闪电、体内原子爆炸、激光束、微波辐射、高频音响，等等，但对这些因素如何发挥作用则未能作出令人信服的解释。总之，人体自燃现象目前仍是一个难解之谜。

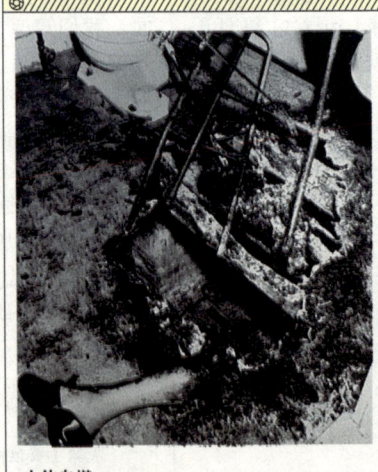

人体自燃
1920年，英国伦敦一名妇女的身体发生自燃，身体大部分被烧焦，但双腿却完好无损。

- 神秘有趣的辉光
- 说不清的原因

世界之最 德裔俄国生物学家冯·贝尔是世界上最早发现脊索的人,他还最早提出神经褶是中枢神经系统的原基。

人类生命篇

奇妙的人体辉光

在自然界里,很多东西都能发光。现代科学证明:每个人的身体都能发出不同程度的辉光,只是一般人发出的光太弱了,肉眼根本无法看见。

■ 神秘有趣的辉光

20世纪30年代,意大利有一个身体会发光的女子,她的全身好像有光环环绕,晚上光环更为明显。

为了证明人体光环是否存在,英国伦敦的华尔德·基尔纳医生做了一个实验。他用一块刷过双青花染料的玻璃观察人体,结果发现的确有一圈约15毫米宽的光晕存在于人体周围,光晕若隐若现,色彩丰富,非常奇妙。

有人曾对一个饮酒者的手指进行辉光拍摄,结果发现,在饮酒过程中,此人的手指辉光是逐步变化的。开始饮酒时,此人手指辉光发亮,而后辉光逐渐变得不调和,并开始转向暗淡,随着饮酒量的增多,辉光越来越暗,最终好像消失了一样。

日本医学专家稻场文夫教授通过一种能准确计算物质光子个数的仪器测算发现,饮食不同的人辉光也不相同。北欧、北美人生活水平较高,辉光较亮,生活水平较低的南美人辉光则相对较暗。

此外,辉光与人体健康状况也有关系。辉光呈红亮色说明身体健康,呈灰暗色则说明身体有病。

■ 说不清的原因

神秘的人体辉光究竟是怎么产生的呢?
有的科学家认为,人体辉光仅仅是荧光现象,因为能发出辉光的人的血液里含有特别强的有丝分裂射线,这种射线能激发体内的某些物质,于是荧光便产生了。

也有人认为,人体辉光的产生是由于体表的某种物质和空气发生了反应。甚至有科学家提出,辉光产生于人体盐分和水气以及人体高频电场的作用。另有观点认为,人体的光导系统或经络系统的外在显现是产生辉光的原因所在。

此外,还有一些人认为,当虔诚的信徒全神贯注在宗教信仰之中的时候,神经系统高度兴奋,皮肤也会发出光来。在神学家看来,辉光是人的灵魂不死的有力证明。

然而这些解释都没有充分的科学依据,无法令人信服。至于为什么只有少数人才能发出可见光来,我们更是无从得知。

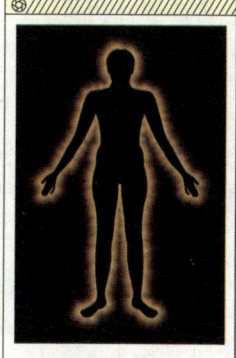

人体辉光
按中医理论,人全身共有666个针灸穴位。研究发现,人体辉光照片上的光辉明亮之处,正好是中国古代针灸铜人上标出的针灸穴位。

《哀悼基督》
乔托作。画面描绘的是基督被解下十字架时的情景。画面上,不仅基督尸体发出圣洁的光芒,其弟子和圣母玛利亚以及空中的天使都发出光芒。

| 世界之最 | 历史上最长寿的女人是法国的詹妮·路易·卡门，她活了122岁零164天。 | ▶ 人类寿命年限的推算
▶ 世界五大长寿之乡 |

探寻人类寿命的极限

人终有一天要走向死亡，这一点毋庸置疑。虽然现实生活中超过百岁的老人也有一些，但大多数人还是不能活到百岁。那么，人类寿命的极限到底是多少？人的寿命究竟与什么有关？长寿的秘诀又是什么呢？这些都是人们非常关心的话题，科学家们也一直在努力寻找答案。

■ 人类寿命年限的推算

在现代科学中，不同的学者从不同的视角采用不同的方法推算出了不同的人类寿命年限。

细胞分裂次数与分裂周期测算法是美国学者海尔弗利提出的。他认为，动物细胞分裂的次数和周期的乘积就是其自然寿命。小鼠细胞的分裂次数是12次，分裂周期为3个月，其寿命应为3年；而人的细胞分裂次数为50次以上，分裂周期大约是2.4年，依此计算，人的寿命至少是120岁。

根据哺乳类动物的性成熟期测算法来推算，哺乳类动物的寿命相当于性成熟期的8至10倍，而人类的性成熟期是13至15岁，那么人类的自然寿命应该是110至150岁。

根据生长期测算法来推算，哺乳类动物的寿命应当为其生长期的5至7倍，人的生长期为20至25年，那么人类

乾隆皇帝像
中国皇帝中寿命最长者是清乾隆皇帝，他活了89岁。据记载，他有16字的养生之道："吐纳肺腑，活动筋骨，十常四勿，适时进补。"

的自然寿命应为100至175岁。

以上方法推算的结果都表明，人类正常的自然寿命都应该在100岁以上。

■ 世界五大长寿之乡

联合国规定，长寿地区的标准是每100万人口中要有75位以上的百岁老人。目前，全世界有5个地方被国际自然医学会认定为长寿之乡：我国广西壮族自治区巴马、我国新疆维吾尔自治区和田、巴基斯坦罕萨、外高加索地区、厄瓜多尔的比尔卡班巴。

巴马县老龄委对当地144位长寿老人进行调查后发现，他们的祖父母寿命超过70岁的占29%和38%，父母寿命超过70岁的为41%和37%。据此，世界卫生组织认为，人的长寿有15%要取决于遗传因素。

至于饮食，五大长寿之乡居民的饮食结构则体现出了高度的一致性：豆类、薯类、玉米、水果吃得多，动物食品吃得很少，而且饭量小。人日均摄入热量1640千卡，明显低于一般人日均2400千卡的标准。

长寿之乡巴马的那社河
那社河蜿蜒曲折地穿梭于巴马境内，由于它的形状酷似草书"命"字，所以被当地人称为"命河"。

世界之最　历史上最长寿的男人是日本的泉重千代，他活了120岁零237天。

另外，五大长寿之乡基本都位于偏僻地区，民风淳朴，居民热情友好、乐观向上、喜欢清净，这些也是他们长寿的原因。

值得一提的是，五大长寿之乡的居民都身体力行地遵守着现代人最难坚持的长寿原则：劳动一生。专家认为，现代人追求尽兴、刺激，缺乏劳动意识，快速的社会节奏又常常使人处于紧张状态，这些对人的健康和长寿都是不利的。

孙思邈

孙思邈是我国隋唐的著名医学家，也是一个著名的养生家。他十分讲究性情和心理的保健，总是心平气和、平易近人，助人为乐、乐观豁达，终享101岁高寿，获得了"药王"的美誉。

■ **什么因素决定人类的寿命？**

目前，科学家普遍认为，人的寿命主要通过内外两大因素实现——内因是遗传，外因是地理与生活环境、社会背景、生活及饮食习惯等。

遗传对寿命的影响，在长寿者身上体现得较为突出。一般来说，父母寿命高的，其子女寿命也长。德国科学家用15年的时间调查了576名百岁老人，结果发现他们的父母死亡时的平均年龄比一般人高9至10岁。

外因也不可忽视。许多研究表明，通往长寿之路的关键还在于个人科学的行为方式和良好的自然环境、社会环境。按照健康生活方式生活，可以比一般人多活10年以上。

世界卫生组织于1992年宣布：每个人的健康与寿命，60%取决于自己，15%取决于遗传因素，10%取决于社会因素，8%取决于医疗条件，7%取决于气候（如酷暑或严寒）。可见，健康长寿主要取决于自己，生命掌握在自己手中。

科学家通过对实验动物的研究发现，包括限制热量摄入在内的一些方法可以明显地延长它们的寿命。但这些方法是否可以成功地应用到人的身上？用上它们又能延长多少寿命呢？这些还都是未知数。

长期从事人体衰老机制研究的美国生物学家瓦尔特·隆哥教授发现，经过基因"修改"的酵母菌，寿命可延长6倍！这项试验创造了延长生物生命的最高记录。

象征健康长寿的"寿"字

■ **突破人类寿命极限的研究**

随着人类居住环境条件的改善、公共卫生质量的提高，人类的平均寿命（尤其是在发达国家）在过去的几十年中一直在延长。

研究还表明，人类的最长寿命正在发生改变。寿命在生理学上并不是一个不变的常数，它是否能够无限制地延长下去目前还很难说。

世界之最 1076年在我国北宋都城汴梁（今河南开封）创建的"官药局"是世界上最早开办的"国家药店"。

▶ 舍利子究竟是什么？
▶ 佛祖和高僧的舍利子
▶ 发光的舍利子

离奇的舍利子

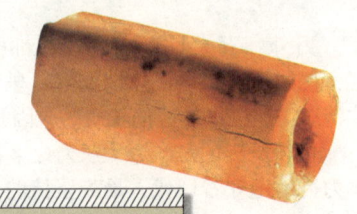

2002年2至3月，陕西省扶风县法门寺的佛指舍利赴台湾巡礼，引起海内外极大轰动。为确保佛指舍利在运送、巡礼期间万无一失，有关方面制定了极其周密的安全保卫措施。安置佛指的舍利亭内装有红外线感应器和摄像头，可随时监控现场。同时，由大陆24名武僧、台湾120名金刚组成的护法团与其他有关人员组成4道屏障，24小时护卫。这些足见佛指舍利的珍贵和重要。如此牵动人心的佛指舍利，究竟为何物呢？

■ 舍利子究竟是什么？

舍利子是梵文"Sarira"的译音，意思是"身骨""尸体"或"灵骨"，即死者火葬以后的残余骨灰。在佛教用语里，舍利子指佛祖释迦牟尼圆寂火化后留下的遗骨，多呈珠状宝石样，后来也指高僧火化剩下的生成物。佛经上说，舍利子是一个人通过戒、定、慧的修持再加上自己的大愿力所得来的，因此十分稀有。

■ 佛祖和高僧的舍利子

据传，2500年前，佛祖释迦牟尼涅槃后，弟子们在火化他的遗体后，得到了一块头顶骨、四颗牙齿、一节中指指骨和84000颗珠

释迦牟尼佛指舍利
公元前486年2月15日，80岁的释迦牟尼在娑椤双树下入灭，其遗体火化后留下了大量的舍利子。

状舍利子。佛祖的这些遗留物被信众视为圣物，当时有八位国王争分，他们每人各得一份，并带回自己的国家，兴建宝塔供奉，以让百姓瞻仰、礼拜。但在历史的烟云变幻中，绝大多数舍利子都已散失，无从寻找。

所幸的是，我国于1987年在法门寺的地宫中发现了世界上唯一的一颗佛指舍利。佛指舍利出土时，被五重宝函包着，舍利高40.3毫米，重16.2克，其色略黄，稍有裂纹和斑点。据史料记载，唐时该舍利"长一寸二分，上齐下折，高下不等，三面俱平，一面稍高，中有隐痕，色白如雨，稍青，细密而泽，髓穴方大，上下俱通"。所记与实物吻合，只是舍利颜色因受液体浸泡千年变成微黄了。

■ 发光的舍利子

前几年，我国的一些寺院相继出现舍利子半夜发光的奇迹。舍利子为什么会发光呢？有人认为，舍利子发光是能量场在起作用。那些德高望重的高僧修行时经常吸收天地宇宙之间的浩然正气，他们将这些精华吸入体内，久而久之，这些精华就凝聚成一种储藏能量的结晶体。当高僧的遗体火化后，这些结晶体就留了下来，成为舍利子。到了晚上，那些能量就会释放出来，形成奇特的发光现象。但是，这种说法带有太多的唯心色彩，缺乏科学依据。

舍利塔
舍利子通常被当做佛宝收藏在佛塔顶上，这种塔也因此被称为舍利塔。图为西藏古格王国遗址中的舍利塔。

Part 7
奥妙科学篇

世界之最

公元前300年前后，欧基里得撰写的《几何原本》是最早的关于黄金分割的论著。

- 黄金分割率有何奇异之处？
- 黄金分割的发现历史

黄金分割的惊人发现

0.618，也称黄金分割率，它是古希腊著名哲学家、数学家毕达哥拉斯于2500多年前发现的。

古往今来，黄金分割一直被后人奉为科学和美学上的金科玉律。在艺术史上，几乎所有的杰出作品都不谋而合地验证了这个著名的美学规律。

■ 黄金分割率有何奇异之处？

黄金分割率又称黄金率、中外比，即把一根线段分为长短不等的a、b两段，使其中长线段a与整条线段a+b的比等于短线段b与长线段a的比，列式即为a：(a+b)=b：a，其比值为0.6180339……这种比例能对人的视觉产生适度的刺激，正好符合人的视觉习惯，运用在造型上也比较悦目。

黄金分割的最基本形式，是将1分割为0.618和0.382。让我们先看一个数列，它的前面几个数是：1、1、2、3、5、8、13、21、34、55、89、144……

这个数列的名字叫作"菲波那契数列"，这些数被称为"菲波那契数"，它们有如下一些特点：

（1）任一数字都是前两个数字之和。

（2）前一数字与后一数字之比例，趋近于一个固定常数，即0.618。

毕达哥拉斯

毕达哥拉斯（约公元前572~前497年），古希腊哲学家、数学家、天文学家。他最早把数的概念提到突出地位，并创立了勾股定理。

（3）后一数字与前一数字之比例，趋近于1.618。

（4）1.618与0.618的乘积约等于1。

黄金分割率由于没有理论依据，被人批评为迷信、巧合。但自然界的确充满一些奇妙的巧合，谁都难以说出其中的道理。

■ 黄金分割的发现历史

五角星非常美丽，以至于不少国家的国旗图案上都有它的身影，这是为什么呢？原来，在五角星中，所有线段之间的长度关系都是符合黄金分割率的。正五边形对角线连满后出现的所有三角形，都是黄金分割三角形。那么，"黄金分割"是如何流传下来的呢？

公元前300年前后，欧基里得撰写的《几何原本》吸收了欧多克索斯的研究成果，进一步系统论述了黄金分割，这是最早的有关黄金分割的论著。中世纪后，黄金分割被披上神秘的外衣。直到19世纪，"黄金分割"这一名称才逐渐通行。

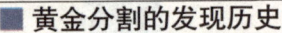

欧基里得

欧基里得（约公元前330~前275年），古希腊最负盛名的数学家。他的著作《几何原本》把前人的数学成果加以系统整理和总结，以严密的演绎逻辑把建立在一些公理之上的初等几何学知识构成了一个严整的体系。

| 黄金分割率的广泛应用 |
| 令人惊奇的人体黄金分割 |

世界之最 1644年，法国科学家笛卡儿在《哲学原理》一书中，首次明确地指出了惯性运动的直线性。

奥妙科学篇

■ 黄金分割率的广泛应用

哪里有0.618，哪里就有美的影子。我们如果去测量一下女神维纳斯雕像的躯干与身长，就会发现二者的长度比值正好接近0.618。难怪我们会觉得维纳斯奇美无比！

音乐家们发现，如果将手指放在琴弦的黄金分割点处，乐声就会显得格外洪亮，音色就会显得更加和谐；建筑师们发现，如果在设计殿堂时遵循黄金分割率，殿堂就会显得更加雄伟壮观；科学家们发现，如果在生产和科学实验中运用黄金分割率，就能够获得意想不到的成功……

■ 令人惊奇的人体黄金分割

近年来，有人在研究黄金分割与人体的关系时，发现了人体结构中的14个"黄金点"（物体短段与长段之比值为0.618）、12个"黄金矩形"（宽与长比值为0.618的长方形）和2个"黄金指数"（两物体参数的比值为0.618）。

14个"黄金点"：

肚脐：头顶－足底之分割点。

咽喉：头顶－肚脐之分割点。

膝关节：肚脐－足底之分割点（左右各一个）。

肘关节：肩关节－中指指尖之分割点（左右各一个）。

乳头：躯干乳头纵轴上之分割点（左右各一个）。

眉间点：发际－颏底间距上1/3与中下2/3之分割点。

鼻下点：发际－颏底间距下1/3与上中2/3之分割点。

唇珠点：鼻底－颏底间距上1/3与中下2/3之分割点。

颏唇沟正路点：鼻底－颏底间距下1/3与上中2/3之分割点。

左口角点：口裂水平线左1/3与右2/3之分割点。

右口角点：口裂水平线右1/3与左2/3之分割点。

12个"黄金矩形"：

躯体轮廓：肩宽与臀宽的平均数为宽，肩峰至臀底的高度为长。

面部轮廓：眼水平线的面宽为宽，发际至颏底间距为长。

鼻部轮廓：鼻翼为宽，鼻根至鼻底间距为长。

唇部轮廓：静止状态时上下唇峰间距为宽，口角间距为长。

手部轮廓：手的横径为宽，五指并拢时取平均数为长（左右各一个）。

上颌切牙、侧切牙、尖牙（左右各三个）轮廓：最大的近远中径为宽，齿龈径为长。

2个"黄金指数"：

反映鼻口关系的鼻唇指数：鼻翼宽与口角间距之比近似黄金分割率。

反映眼口关系的目唇指数：口角间距与两眼外眦间距之比近似黄金分割率。

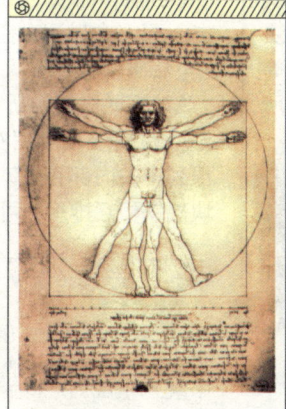

《维特鲁威人》

达·芬奇作。黄金矩形的长宽之比为黄金分割率，换言之，矩形的长边为短边的1.618倍。黄金分割率和黄金矩形能够给画面带来美感，在很多艺术品以及大自然中都能发现这一规律的存在。达·芬奇的这幅名画便遵循了这一规律。

维纳斯雕像

维纳斯雕像的体形符合希腊人关于美的理想与规范，其身长比例接近利西普斯所追求的人体美标准，即头与身之比为1∶8。由于8为3与5之和，而3∶5接近"黄金分割率"，这个比数成为后代艺术家创造人体美所遵循的准则。

133

世界之最 建造磁悬浮列车的设想,最早由美国科学家詹姆斯·鲍威尔于1922年提出。

- 磁铁为什么能吸铁?
- 最早使用磁铁的人
- 磁铁在现代的广泛应用

奇妙的磁铁

磁铁又叫"磁石""吸铁石",在日常生活中,它是一种常见的有趣物体。众所周知,磁铁可以吸铁,这是为什么呢?

指南针
指南针的发明,是我国劳动人民在长期的实践中对物体磁性认识的结果。

■ **磁铁为什么能吸铁?**

磁铁是磁体的一种,能够吸住铁、钴、镍等金属物,这种性质称为磁性。磁铁施加在物体上的力叫作磁力。

铁块中有许多具有两个异性磁极的原磁体。无外磁场作用时,这些原磁体排列紊乱,它们的磁性相互抵消,对外不显示磁性。但当铁块靠近磁铁时,这些原磁体在磁铁的作用下,会整齐地排列起来。这说明,铁块由于原磁体的存在,能够被磁铁磁化。磁化了的铁块和磁铁的不同极之间会产生吸引力,这样铁块就牢牢地与磁铁"粘"在一起了。而铜、铝等金属没有原磁体结构,所以它们不能被磁铁所吸引。

磁铁两端磁性强的区域称为磁极,一端为北极(N极),另一端为南极(S极)。面对的两个北极相互排斥,面对的两个南极也相互排斥。但如果一个北极面对一个南极时,它们将相互吸引。这说明,同性磁极相互排斥,异性磁极相互吸引,这是磁铁的特征。

■ **最早使用磁铁的人**

磁铁不是由人发明的,世界上原本就有天然的磁铁矿。最早发现及使用磁铁的是中国人,最古老的记载是黄帝大战蚩尤时使用的指南车,而最著名的发明则是闻名中外的"指南针"。

北宋科学家沈括在《梦溪笔谈》中记载了磁偏角的存在。他发现,在磁偏角的影响下,磁针会指向南方,但比真正的南方略偏东。依据这些知识,人们发明了可以利用地球磁力来指示方位的指南针。地球磁场的N极位于地球的南极点附近,根据同性相斥、异性相吸的原理,无论磁针在地球表面的哪个地方,其S极必指向南方。

■ **磁铁在现代的广泛应用**

目前,磁铁的用途很广泛。比如,利用电磁铁可以制成运送钢铁的起重机。因为电磁铁通电后磁性极为强大,能吸住笨重的钢铁,而要放下钢铁只需切断电源即可。

磁铁还被应用在火车领域。比如,磁悬浮列车的内部有磁铁,铁轨也是一块磁铁,两块磁铁相互排斥,可使火车悬浮运行。

磁悬浮列车
磁悬浮列车上装有电磁体,铁路底部装有线圈。通电后,底部线圈和列车上的电磁体极性总保持相同,两者"同性相斥",便可使列车悬浮运行。

- 什么是纳米？
- 纳米技术是什么？
- 法力无边的纳米半导体材料
- 将给医学带来变革的纳米技术

世界之最 世界上最小的碳纳米管直径只有0.4纳米，是由日本信州大学和三井物产下属的CNRI子公司共同研制的。

奥妙科学篇

纳米究竟是什么？

纳米结构模型
物质到了纳米尺度（在0.1至100纳米这个范围内），其性能就会发生突变，出现某些特殊性能。

一件衣服，若用可以调控温度的材料制成，那么，夏天穿它能够吸汗降温，冬天穿它可以防寒保暖。这不是科幻小说中的大胆想象，我国科学家在2004年已经通过纳米技术将其变成了现实。那么，纳米究竟是什么呢？

■什么是纳米？

"纳米"是英文nanometer的译名，是一种长度单位，一纳米为百万分之一毫米，即一毫微米，也就是十亿分之一米，约相当于45个原子串起来的长度。纳米与米对比，就像一个网球与一个地球，或者1只蚂蚁与一条5000千米长的公路相比。

■纳米技术是什么？

所谓纳米技术，就是研究尺寸在0.1至100纳米之间的微细粒子（即电子、原子、分子）的运动规律和特性的技术。

纳米技术是一门交叉性很强的综合学科，研究内容涉及现代科技的广阔领域。纳米科技现在已经是一门包括纳米生物学、纳米电子学、纳米材料学、纳米化学等学科知识在内的综合学科。

■法力无边的纳米半导体材料

纳米半导体材料可以发出各种颜色的光，可以做成小型的激光光源，还可将吸收的光能转化成电能。因此，用它制成的太阳能汽车、太阳能住宅有巨大的环保价值。

用纳米半导体材料做成的各种传感器可以灵敏地检测大气的温度、湿度和成分的变化，在保护大气环境等方面将得到广泛应用。

■将给医学带来变革的纳米技术

纳米技术在医学领域的应用将更为广泛。纳米级粒子使药物在人体内的效用更为突出——用数层纳米粒子包裹的智能药物进入人体后，可搜索并攻击癌细胞或修补损伤组织；器官移植手术中，如果在人工器官外面涂上纳米粒子，就可预防移植后的排异反应；使用纳米技术的新型诊断仪器只需检测少量血液，就能诊断出人体存在的各种疾病。

纳米技术将会给未来的医学领域带来深刻的变革。

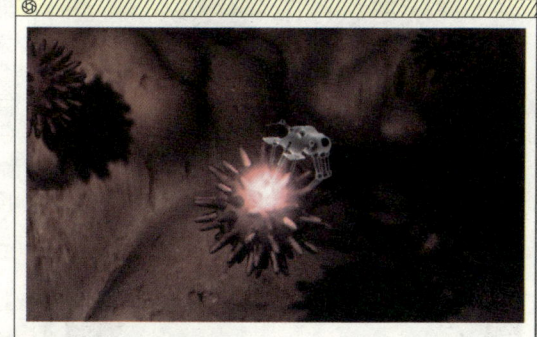

纳米技术在医学上的应用
纳米技术被广泛应用在医学上，纳米药物可深入体内，有目的地杀死病毒。

| 世界之最 | 德国科学家威廉·伦琴于1895年发现了X射线，他是世界上最早发现X射线的人。 | ▶ 伦琴是怎样发现X射线的？
▶ 患者的福音——X射线的医学应用
▶ X射线的危害与防治 |

伦琴发现的X射线

"X射线"又叫"X光"或"伦琴射线"，是一种电磁辐射。它的波长非常短，频率很高，具有极强的穿透能力，能穿透木头、纸张、硬橡胶、玻璃以及各种金属薄片（铂、铅除外），并具有使照相底片感光、荧光物质发光、气体电离的特性。

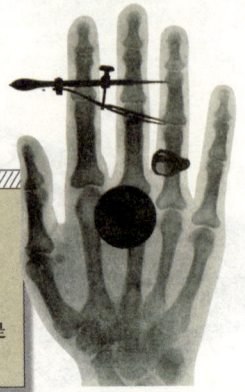

伦琴夫人的手（照片）

当时，伦琴夫人对丈夫发现的神秘射线既好奇又怀疑，伦琴就让她把手放在射线前拍摄了一张照片。这就是历史上的第一张X光照片。

■ 伦琴是怎样发现X射线的？

1895年11月8日傍晚，德国维尔茨堡大学校长兼物理研究所所长伦琴教授在研究阴极射线时，意外地发现在漆黑的屋子里的一个小工作台上有闪光，闪光是从一块荧光屏上发出的。伦琴经过反复实验，确信这是一种尚未为人所知的新射线，便将它命名为X射线。

1895年12月28日，伦琴向维尔茨堡物理医学学会递交了第一篇关于X射线的论文《一种新射线——初步报告》。该报告叙述了实验的装置、做法及初步发现的X射线的性质等。这个报告成了轰动一时的新闻，几天之内就传遍了全世界，并很快引出了更深层次的发现。

X射线的发现，开创了人类探索物质世界的新纪元，揭开了20世纪物理学革命的序幕。伦琴教授也因此成为20世纪最伟大的物理学家之一，获得了首届诺贝尔物理学奖。

■ 患者的福音——X射线的医学应用

就在伦琴宣布发现X射线的第四天，一位美国医生就用X射线照相发现了伤员脚上的子弹。从此，在医学上，X射线就成了神奇的医疗手段。后来，它还直接推动了CT机等现代医学仪器的问世。

为了能检查人体软组织器官和血管等X射线能透过的部位，1905至1962年，科学家研发了一整套技术，比如，在检查之前用射线透不过的物质来填充软组织和各种管道，以便更好地观察等。1962年，冠状动脉X射线摄影法诞生，并从此成为心脏病检查的最有效手段之一。

■ X射线的危害与防治

人体组织会吸收X射线，造成局部组织轻度灼伤，若长时间接触，还可能造成白细胞含量下降、毛发脱落，从而导致严重的射线病。

要防止这些伤害，最基本的方法是：防止身体各部位特别是头部受到X射线的直接照射或长时间间接照射；尽量不要长时间待在X射线实验室里；若不得不在X射线实验室内，则必须保证室内通风良好。

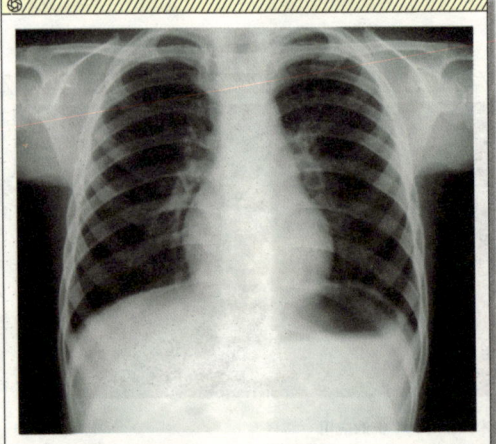

X光透视

X光透视被广泛应用于医疗辅助检查。

- 富兰克林的闪电实验
- 避雷针的发明
- 避雷针为何能避雷?

世界之最 1752年，美国科学家富兰克林发明了世界上最早的避雷针。

奥妙科学篇

富兰克林与避雷针

富兰克林
本杰明·富兰克林（1706~1790年），18世纪美国著名的实业家、科学家、社会活动家、思想家和外交家，也是美国历史上第一位享有国际声誉的科学家。

以前，闪电被认为是"上帝之火"。每次发生闪电时，总会有人或建筑物被其击中。直到避雷针出现，这些恐怖的事才开始远离人们的生活。这一切都要归功于现代避雷针的发明者——美国科学家富兰克林。

■ 富兰克林的闪电实验

1752年6月的一天，阴云密布，电闪雷鸣。富兰克林和他的儿子威廉带着上面装有金属杆的风筝，来到一个空旷地带。富兰克林高举风筝，他的儿子则拉着风筝线飞跑。转瞬之间，雷电交加，大雨倾盆。突然，一道闪电从风筝上掠过，富兰克林把手靠近连接风筝的铁丝，身体顿时感到一阵麻木。随后，他将风筝上的电引入了莱顿瓶中。

回家后，富兰克林用收集来的雷电进行了各种电学实验，发现雷电与摩擦电具有相同的性质，从而破除了雷电是"上帝之火"的神话。

■ 避雷针的发明

通过闪电实验，富兰克林设想，若能在高物上安置一种装置，就有可能把雷电引入地下。于是，他把一根数米长的细铁棒固定在高大建筑物的顶端，铁棒与建筑物之间则用绝缘体隔开，然后在铁棒底端连上一根导线，再将导线引入地下。经过试用，这种装置果然奏效。这就是最初的避雷针。

富兰克林精心设计了避雷针的大小、地面设备的类型以及如何将其与建筑物连接的方案。直到今天，避雷针仍基本保持着当年的样子。

■ 避雷针为何能避雷?

雷雨天气，当高楼上空出现带电云层时，避雷针和高楼顶部都会被感应上大量电荷，大多数电荷会集中在避雷针的尖头上。

避雷针与这些带电云层形成一个电容器，由于它较尖，电容很小，所能容纳的电荷也很少。但事实上它聚集了大量电荷，所以，当云层上电荷较多时，避雷针与云层之间的空气就很容易被击穿，成为导体。

这样一来，带电云层与避雷针就形成通路，避雷针就可以把云层上的电荷通过接入地下的导线导入大地，使其不对高层建筑构成危胁，从而保证人员和建筑物的安全。

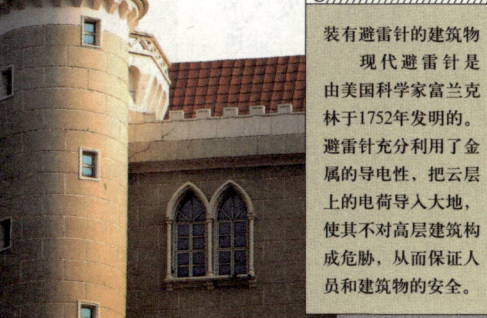

装有避雷针的建筑物
现代避雷针是由美国科学家富兰克林于1752年发明的。避雷针充分利用了金属的导电性，把云层上的电荷导入大地，使其不对高层建筑构成危胁，从而保证人员和建筑物的安全。

| 世界之最 | 1978年，美国加利福尼亚的科学家用"希瓦激光"把2.6×10^{23}瓦能量的光集中到针头大小的目标上，这堪称历史上最强的激光束。 | ● 激光的三大特性
● 激光用途的广泛性
● 神奇的激光全息摄影 |

激光的现代应用

激光是20世纪以来继原子能、计算机、半导体之后人类的又一重大发明。它的原理早在1917年就被著名的物理学家爱因斯坦发现了，但直到1958年，激光才被首次成功制造。

激光是在较丰富的理论准备和迫切的生产实践需要的背景下应运而生的。因此，它一问世，就获得了异乎寻常的飞速发展。

■ 激光的三大特性

激光也是一种光，它与普通的光没有本质上的区别。但是激光又是一种特殊的光，它主要有如下几个特性：

1. 亮度极高。激光的亮度是太阳表面亮度的100亿倍，所以能够照亮很远距离的物体。

2. 定向发光。激光的光束发散度极小，大约只有0.001弧度，接近平行。大量光子集中在一个极小的空间范围内射出，能量密度极高。

3. 颜色极纯。光辐射的波长分布区间越窄，单色性就越好。激光波长分布范围非常窄，因此颜色极纯，远远超过任何一种单色光。

■ 激光用途的广泛性

在工业上，利用激光的高亮度可以聚集热量，打出只有头发丝的1/10粗细的微孔，并能进行高速、精密加工；在医学上，用激光手术刀进行手术，病人既不流血也无痛感，还可以利用激光进行针灸、美容等；在军事上，激光雷达可以精确地测量和跟踪目标，激光枪、激光炮威力巨大……

■ 神奇的激光全息摄影

20世纪80年代初，在法国全息摄影展上，人们欣赏到一幕幕神奇莫测的景象：墙头上，明明有一只水龙头，举手去拧却抓了个空；一只镜框，里面什么都没有，可是一束光射过来，就出现了一位美丽的姑娘缓慢地摘下眼镜向人微笑致意的情景；一只玻璃罩，里面空无一物，但在光的照耀下，维纳斯雕像却突然出现……

这就是利用激光作为照明光源的全息摄影。全息摄影将激光分为两束，一束直接射向感光片，另一束经被摄物的反射或透射后再射向感光片。两束光在感光片上叠加产生干涉，就可完成一张全息图。

由于全息摄影不仅可记录物体上的反光强度，还可记录位相信息，因而，人眼透过激光照射过的底片就能看到被拍摄物体的三维立体像。所以，一张全息摄影图片即使只剩下一小部分，人们依然可以通过它重现全部景物。

激光治疗

1963年，高曼等人用激光有效地治疗了皮肤病，从而揭开了激光医疗的序幕。此后，激光在医学领域的应用越来越广，逐渐形成一门新兴的运用激光新技术去研究、诊断和治疗疾病的边缘医学。

激光切割机

现在的激光切割机一般用氮气、氩气、氧气、二氧化碳四种高纯度气体在高压下产生激光，激光产生后由四块镜片反射到喷嘴，喷嘴同时喷出纯氧作为切割气体，在高温及一定的压力下割穿加工件。

| 电脑的发明
| 诱人的发展前景

世界之最 截止到2011年，由日本富士通制造的超级计算机"京"，成为全球运算最快的超级计算机，每秒钟可运算8.162千万亿次。

奥妙科学篇

飞速发展的电脑

电脑如今已成为人们生活中不可缺少的一部分。电脑和电脑网络不仅改变了人类获取知识、信息的方式，还将改变人类社会的经济结构，改变人类社会的生产、分配、交换、消费等方式。因此，我们可以说，21世纪的世界是电脑和电脑网络的世界。

计算机主板
计算机主板是一块矩形电路板，上面安装了计算机的主要电路系统。它安装在机箱内，是电脑最基本、最重要的部件之一。

■ 电脑的发明

1946年2月16日，美国宾夕法尼亚大学莫尔电工学校物理学家穆奇里和工程师爱开尔特等一批研究人员经过四年的艰苦努力，终于研制出世界上第一台大型数字电子计算机，它的名字叫ENIAC（埃尼阿克）。

埃尼阿克一诞生，就成了先进生产力的代表，掀起了工业革命后的又一场新的科学技术革命。由于计算机具有日益智能化的趋势，所以人们干脆把微型计算机称为"电脑"。

■ 诱人的发展前景

尽管传统的基于集成电路的计算机短期内还不会退出历史舞台，但旨在超越它的超导计算机、纳米计算机、光计算机、DNA计算机和量子计算机却已经开始各显神通了。

超导计算机的耗电量仅为传统半导体计算机的几千分之一，它执行一条指令的速度却要比后者快上100倍。

电子式纳米计算技术仍然利用电子运动对信息进行处理，但它利用的是一个在很小的空间（纳米尺度）内有限电子运动所表现出来的量子效应。

光计算机是用光束代替电子进行运算和存储的。要想研制出光计算机，需要开发出可用一条光束控制另一条光束变化的光学"晶体管"。现有的光学"晶体管"庞大而笨拙，若用它们造成台式计算机，体积有一辆汽车那么大。因此，短期内使光计算机实用化还很困难。

DNA计算机的最大优点在于其惊人的存贮容量和运算速度。而且它的能耗非常低，只有普通电子计算机的一百亿分之一。

量子计算机没有传统计算机的盒式外壳，也不能利用硬盘实现信息的长期存储，但高效的运算能力使它具有广阔的应用前景。这使得众多国家和科技实体对这方面的研究乐此不疲。

网上聊天
网上聊天已经成了互联网服务很重要的一部分。人们在与素未谋面、只以匿名昵称示人的网友聊天时，往往能真正放松自己、敞开心扉，尽情地与其分享自己的心情和思想。

世界之最

美国亚马孙公司网络书店有470万册图书、光盘等，已向500多万人出售过商品，是世界上最大的网上商店。

▷ 什么是数字地球？
▷ 数字地球的技术基础和"3S"技术
▷ 数字地球的神奇作用

数字地球时代即将来临

目前，各行各业都在讲究"数字化"。交通讲究数字化，军事讲究数字化……1998年1月，美国前副总统戈尔在题为《数字地球——认识21世纪我们这颗星球》的报告中提出了"数字地球"的概念，他认为应构建一个数字地球，为信息高速公路提供一种重要的信息"货源"。

那么，究竟什么是数字地球？数字地球对人类生活会有什么影响呢？

■ 什么是数字地球？

通俗地讲，数字地球就是用数字的方法将地球上的活动及整个地球环境的时空变化状况装入电脑，实现在网络上的流通，并使之最大限度地为人类的生存、可持续发展和日常的工作、学习、生产、生活服务，实际上也就是地球数字化。

■ 数字地球的技术基础和"3S"技术

实现数字地球并不是一件容易的事情，它需要诸多学科特别是信息科学技术的支撑，这其中主要包括信息高速公路和计算机宽带高速网络技术、高分辨率卫星影像技术、空间信息技术、大容量数据处理与存贮技术、科学计算以及可视化和虚拟现实技术。

GPS

GPS卫星发送的导航定位信号是一种可供无数用户共享的信息资源。只要拥有一台GPS信号接收机，就可以随时免费接收、跟踪、变换和测量GPS信号，即使走在沙漠里，也不会迷失方向。

北斗卫星导航系统

该系统是中国自行研制的全球卫星定位与通信系统，由空间端、地面端和用户端组成。可在全球范围内全天候为用户提供高精度定位、导航、授时服务。

数字地球的核心是地球空间信息科学，地球空间信息科学技术体系的技术核心是"3S"技术及其集成。"3S"是全球定位系统（GPS）、地理信息系统（GIS）和航空航天遥感系统（RS）的统称。如果没有"3S"技术的发展，变化中的地球是不可能以数字的方式进入计算机网络系统的。

■ 数字地球的神奇作用

生活在城里的人们往往会被这样的现象所迷惑：一条路被反复地"开肠破肚"，今天铺电缆，明天铺水管，后天又铺煤气管道……好端端的一条路挖了填，填了挖，反反复复。为什么会这样呢？有没有更好的解决方法？

数字地球就是最好的解决方法。它能使城市数字化，建立立体地图，把城市地下的管线三维模化，地下管线的构成趋向就会变得一目了然，规划者和施工者也就能做到心中有数了。

如果某地发生了自然灾害或突发事件，数字地球能帮助人们迅速了解灾情和现场情况，找出最佳的救助方法和应急措施。人们还可利用数字地球对全球环境变化的过程、规律、影响以及相应对策进行多方面、多角度、多时空、多种类的三维描述和各种模拟，可以对地球变暖、荒漠化、厄尔尼诺、海平面上升等现象进行监测与预报，从而提高人类应对全球环境变化的能力。

- 数字地球带你遨游世界
- 信息时代的"数字化校园"

世界之最 拥有350多万用户的"热邮"（Hotmail）是目前世界上最大的免费网上电子邮箱提供商。

奥妙科学篇

■ 数字地球带你遨游世界

凭借数字地球，用户只要戴上显示头盔，就可以看见地球从太空中出现。接下来，就可使用用户界面的开窗放大数字图像。随着分辨率的不断提高，用户逐渐可看见大陆，然后是乡村、城市，最后是私人住房、商店、树木和其他天然和人造景观。当你对商品感兴趣时，可以进入商店，欣赏商场内的衣服，还可根据自己的体型虚拟试穿……

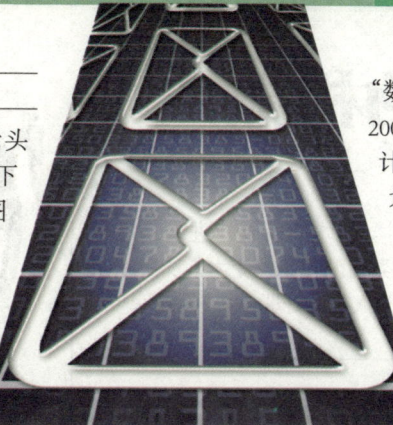

■ 信息时代的"数字化校园"

在数字地球的诸多应用中，"数字化校园"的建设可以说是走在最前列的。美国克莱蒙特大学的教授凯尼斯·格林早在1990年就发起并主持了一项大型科研项目——"信息化校园计划"。其中他提出了数字化校园的概念，成为数字化校园概念最早的提出者。

数字化校园是以数字化信息为依托，利用计算机技术、网络技术、通讯技术支持学校教学和管理信息交流，实现教育、教学、科研、管理、技术服务等校园信息的收集、处理、整合、存储、传输、应用，使教学资源得到充分优化利用的一种虚拟教育环境。简单来说，它就是可实现学校、老师、家长三者之间沟通的数字化平台。

2000年，清华大学提出了

电子邮件

电子邮件是电脑网络中应用最广的服务之一。通过网络的电子邮件系统，用户可以用非常低廉的价格，以非常快速的方式，与世界上任何一个角落的网络用户联系。

"数字校园"计划，2001年又提出了URP计划（大学资源计划）。URP利用统一的平台和接口规范将各种信息资源与应用系统集成起来，实现资源共享，为所有用户提供统一的访问界面。凭借特定的用户名和口令，用户可以漫游到"数字校园"的每个角落。

中国人民大学于2003年开始高起点、大规模、跨越式地开展"数字人大"建设工程，彻底重建校内各个应用系统。其中，新建的校园卡部分采用第二代电子身份证技术，纳入数字证书等多级安全认证模式，与银行卡信息同步捆绑，实现了校内金融消费、图书借阅的一体化，是目前全国全日制高校中使用CPU卡的唯一成功案例。

网上购物

因特网上的网站24小时都在运营，顾客在任何时候、任何地点都可与企业保持及时、密切的联系，并可随时随地与企业完成交易，这些都是传统业务联系无法比拟的。

世界之最　1959年，美国人乔治·德沃尔与美国发明家约瑟夫·英格伯格联手制造出工业机器人，这是世界上最早的机器人。

- 古代机器人
- 第一台现代机器人
- 现代机器人的分类
- 受欢迎的服务机器人

神奇的机器人

现在，随着科学技术的发展与进步，机器人的诞生已经使人类的很多梦想变为了现实。如今，机器人已经成为人类的好朋友、好助手。

■ 古代机器人

早在西周时期，我国的能工巧匠们就研制出了能歌善舞的伶人，这是我国有记载的最早的"机器人"。据《墨经》记载，春秋后期，我国著名的木匠鲁班，曾制造过一只木鸟，它能在空中飞行，"三日不下"。这些都体现了我国古代劳动人民的聪明智慧。

1800年前的汉代，大科学家张衡不仅发明了地动仪，还发明了计里鼓车。计里鼓车每行一里，车上木人就击鼓一下，每行十里木人就击钟一下。后汉三国时期，蜀国丞相诸葛亮成功地创造出"木牛流马"，并用其运送军粮，支援前方战争。

■ 第一台现代机器人

1959年，美国人乔治·德沃尔与美国发明

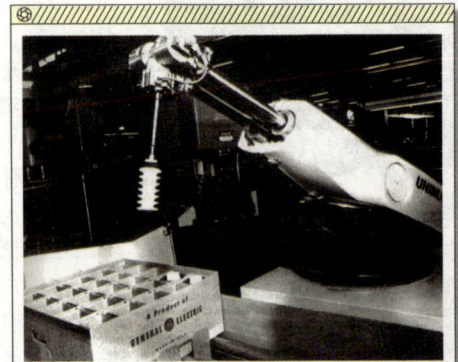

世界上第一台点焊机器人Unimate

Unimate是世界上最早的工业机器人之一，它的控制方式与数控机床大致相同，但外形特征迥异。Unimate主要由类似人类手臂的器件组成。

想象中的机器人部队

曾有人预言，21世纪地面作战的核心武器很可能是军用机器人。

家约瑟夫·英格伯格联手制造出第一台工业机器人。随后，他们成立了世界上第一家机器人制造工厂——Unimation公司。

第一台工业机器人的诞生，开创了机器人发展的新纪元。由于英格伯格为工业机器人的研发和宣传作出了重大贡献，他也被称为"工业机器人之父"。

■ 现代机器人的分类

我国的机器人专家从应用环境出发，将机器人分为两大类，即工业机器人和特种机器人。工业机器人就是面向工业领域的具有多关节机械手或多自由度的机器人；特种机器人则是除工业机器人之外的用于非制造业并服务于人类的各种先进机器人，包括服务机器人、水下机器人、军用机器人、农业机器人等。

目前，国际上也将机器人分为两类：制造环境下的工业机器人和非制造环境下的服务与仿人型机器人。这和我国的分类基本上是一致的。

■ 受欢迎的服务机器人

机器人可以为人类提供多种服务。在国外，经常抛头露面的"娱乐机器人"能歌善舞、能说会道，很招人喜欢。它们常在展览会上招待客人，招揽生意。

另外，还有其他类型的服务型机器人，它们可以照顾残疾人，为盲人引路，甚至可以为家庭和公共场所提供清洁服务。

- 一机多用的地面军用机器人
- 神通广大的微型机器人
- 聪明能干的智能机器人
- 美好的发展前景

世界之最 1959年成立的Unimation公司是世界上最早的机器人制造工厂。

奥妙科学篇

■一机多用的地面军用机器人

地面军用机器人是指在地面上使用的机器人系统。和平时期，它们可以帮助警察排除炸弹、执行要地保安任务；战时，他们可以代替士兵执行扫雷、侦察和攻击等各种任务。

在西方国家，恐怖活动始终是令当局头疼的问题。英国由于民族矛盾曾饱受爆炸物的威胁，因而早在20世纪60年代英国人就研制出了排爆机器人，这也是一种地面军用机器人。

吸尘器机器人Roomba
Roomba是目前世界上销量最大、最商业化的家用机器人。它能避开障碍，自动设计行进路线，还能在电量不足时自动驶向充电器。

■神通广大的微型机器人

微型机器人是一种非常小的机器人，它是人类认识微观世界的手段之一。微型机器人的组成包括机械部分、传动部分、传感器和动力部分，它的所有动作都由微型电脑控制。

目前，最具应用前景的微型机器人要数无损伤医用微型机器人。它主要用于人体内腔的疾病医疗，可以大大减轻或消除目前临床上广泛使用的各类内窥镜、内注射器、内送药装置等医疗器械给患者带来的严重不适及痛苦。

日本最近研制出了一种能被"注射"到病人血管中的机器人，它能随着血液的流动到达患者的病变部位，清除血管里出现的粥状硬化肿块、斑块和血栓等。

■聪明能干的智能机器人

智能机器人是多种高新技术的集成体，它融合了机械、电子、传感器、计算机硬件和软件、人工智能等许多学科的知识，涉及当今许多前沿领域的技术。

1968年，美国斯坦福研究所研发成功的机器人ShakeY可算世界第一台智能机器人。它带有视觉传感器，能根据人的指令发现并抓取积木。但美中不足的是，控制它的计算机有一个房间那么大。

现在，新一代智能机器人已经在医护领域"初露锋芒"。在美国，机器人成功地为一名心脏病患者施行了手术并进行了心脏缝合。机器人动作精确度高，且没有感情，能使预定的方案丝毫不差地在病人身上得到实施。所以，称它为"最冷静的外科医生"毫不为过。

■美好的发展前景

据统计，目前全世界每1万人就拥有1台机器人。据此预计，到21世纪中叶，平均1000人就能拥有1台机器人。

机器人的发展前景是美好的，智能化、小型化是机器人的发展方向，将来的机器人会更灵活、更精确、更便于使用，也更安全可靠。

军用机器人
军用机器人不仅可以帮助警察排除炸弹、完成要地保安任务，还可以代替士兵执行扫雷、侦察和攻击等各种任务。如今，美、英、德、法、日等国均已研制出多种型号的地面军用机器人。

世界之最　1990年，美国医生将修改了基因的白血球重新注入一位小女孩的静脉中，这是世界上第一例成功的基因疗法手术。

- 什么是基因工程？
- 广阔的农业应用前景
- 保护环境，促进工业发展
- 造就更健康的生命

划时代的基因工程

西红柿味道鲜美、营养丰富，深受大家喜爱，但是它不耐贮藏，放几天就会腐烂。美国加利福尼亚基因公司利用基因工程技术，培育出一种转基因西红柿。这种西红柿不会产生可引起自身腐烂的聚半乳糖醛酸酶，因此保持鲜味的时间较长，长途运输和较长时间贮藏均不会影响其口味和营养成分。

那么，什么是基因工程？它又有哪些用途呢？

■ 什么是基因工程？

基因指携带遗传信息的DNA或RNA序列，也称为遗传因子，是控制性状的基本遗传单位。DNA即脱氧核糖核酸，是染色体的主要化学成分，同时也是组成基因的主要材料。

所谓基因工程，就是按照人们预先的严密设计，通过体外DNA重组和转移等技术，有目的地创造新生物，并给予新生物以特殊功能。这项技术又称DNA转移技术、DNA重组技术、遗传工程。

■ 广阔的农业应用前景

虫害是降低农作物产量的主要原因之一，全世界每年都会因虫害损失数千亿美元。为此，人们大量使用化学药剂。而化学药剂的长期大量使用，已经产生了许多严重的问题。用基因工程培育出的作物，不仅能抗虫害、

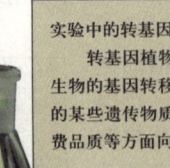

实验中的转基因植物
　　转基因植物利用现代分子生物技术将某些生物的基因转移到其他物种中去，改变了生物的某些遗传物质，使其在性状、营养品质、消费品质等方面向人们所需要的方向转变。

不需要施用农药，人、畜食用安全，种植效益好，还能有效地保护人类的生存环境。

■ 保护环境，促进工业发展

油轮的海上事故常常会使海面和海岸产生严重的石油污染，造成严重的生态问题。我们可以利用基因工程培养出分解烃基能力较强的工程菌。在发生石油污染时，只要把这种能"吃油"的工程菌和培养基喷洒到污染区，就能收到良好的效果。

另外，利用基因工程培育出的可作为生物反应器的转基因植物，能产生可分解的塑料原料、石油、工业用脂肪、糖类和酶类等。

■ 造就更健康的生命

人体基因的缺失往往会导致一些遗传疾病的发生，而应用基因工程技术则可以把缺失的基因归还人体，达到治疗相关疾病的目的。

另外，许多以前不能大量生产的生长因子、凝血因子等蛋白质药物，现在采用基因工程能大量生产。目前，用基因工程生产的蛋白质药物已达数十种。基因工程药物的疗效，在很多领域特别是在治疗疑难病症上，传统化学药物难以企及。

无子西瓜
　　无子西瓜是使用人工方式诱发西瓜基因突变，引起其染色体数目变异而产生的。

- 什么是克隆？
- 震惊世界的克隆羊"多莉"
- 克隆技术的利弊

世界之最 克隆羊"多莉"是世界上第一个克隆成功的动物。它利用体细胞作为供体细胞进行细胞核移植。

奥妙科学篇

克隆技术的正反作用

1997年，体细胞克隆羊"多莉"出世，克隆技术迅速成为世人关注的焦点。人们不禁会产生疑问：人类会不会跟在"克隆羊"后面"克隆人"？

■ 什么是克隆？

克隆是英语单词clone的音译，指利用生物技术由无性生殖产生与原个体有完全相同基因组的后代的过程。

克隆也可以理解为复制、拷贝，就是从原型中产生出同样的复制品，并使它的外表及遗传基因与原型完全相同。

克隆出来的牛群

克隆可以理解为复制、拷贝，就是从原型中产生出同样的复制品，并使它的外表及遗传基因与原型完全相同。因此，由同一个原型克隆出来的生物几乎一模一样。

■ 震惊世界的克隆羊"多莉"

1997年2月22日，英国生物遗传学家维尔穆特成功地克隆出一只绵羊，并给它取名为"多莉"。这是世界上第一个用乳腺上皮细胞（体细胞）作为供体细胞进行细胞核移植克隆成功的动物。

"多莉"的诞生震惊了世界。它的出现意味着人类可以利用哺乳动物的一个细胞大量生产出完全相同的生命体，完全打破了亘古不变的自然规律。这是生物工程技术发展史上的一个里程碑，也是人类历史上的一项重大科学突破。

■ 克隆技术的利弊

克隆技术对人类来说是一把"双刃剑"。一方面，它能给人类带来许多益处；另一方面，它将对生物的多样性提出挑战，而生物多样性是自然进化的结果，也是进化的动力。

更让人不寒而栗的是，克隆技术一旦被滥用于克隆人类自身，将使人类世界不可避免地失去控制，带来空前的生态混乱，并引发一系列严重的伦理道德冲突。

2003年2月14日，克隆羊多莉因患严重肺病而接受了"安乐死"。多莉的早夭无疑是在向人类发出警告：应用克隆技术需格外慎重，克隆人类更应该慎行！

克隆羊"多莉"

2003年2月，研究人员检查发现，6岁的"多莉"患有严重的进行性肺病，于是对它实施了安乐死。它的早夭再次引发了人们对克隆动物是否会早衰的思考与担忧。

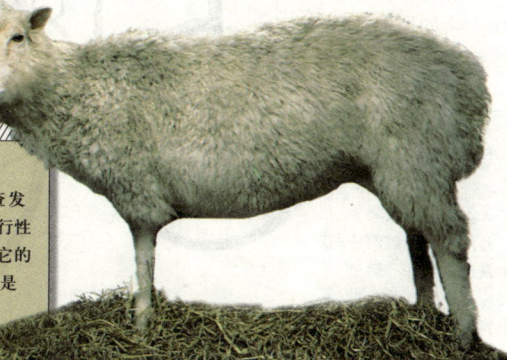

世界之最

德国的卡尔·本茨于1885年研制第一辆马车式三轮汽车,这是世界上最早的汽车。

- 世界上第一辆汽车
- 终于走向"封闭"的汽车
- "长鼻子"汽车短暂受宠

汽车的发明轨迹

如今,汽车对很多人来说已不仅仅是一种交通工具,还是一种文化、个性的体现。可是,你知道世界上第一辆汽车是什么样子吗?汽车发展至今又经历了怎样的演变过程呢?

长鼻子汽车
20世纪初期,长鼻子汽车曾风靡一时。

■ 世界上第一辆汽车

世界公认的汽车发明者是德国人卡尔·佛里特立奇·本茨。他在1885年研制出世界上第一辆马车式三轮汽车。该车采用的是一台两冲程单缸0.9马力的汽油机,已具备了现代汽车的基本特点,如火花点火、水冷循环、钢管车架、后轮驱动、前轮转向等。

本茨于1886年1月29日获得世界上第一项汽车发明专利。这一天被人们称为现代汽车的诞生日,而本茨则被后人誉为"汽车之父"。

■ 终于走向"封闭"的汽车

早期的汽车都是在三轮或四轮马车上装配一个汽油发动机改装成的,而且都是"敞篷"的,外形相当简陋,没有车身和底盘,车灯就挂在座椅旁边。

20世纪20年代左右,诸如风吹雨淋等最突出的问题很快被提出来并促使人们对汽车加以改良。从这以后,即使最廉价的汽车,也先后配齐了挡风玻璃、车门、车顶、轮罩、车灯等"补丁"。汽车车身最终成为一个封闭式的"箱子",乘员可以风雨无忧了。

■ "长鼻子"汽车短暂受宠

随着汽车制造技术的日渐成熟,各个汽车制造商开始竞相开发大排量和大功率的发动机,发动机的缸数一度由4缸发展到8缸、12缸甚至16缸。缸数的增加使得汽车的前部发动机舱越来越长,汽车成为名副其实的"长鼻子"。

而在车身的加工工艺方面,"长鼻子"汽车大多仍采用木制龙骨、平面挡风玻璃、夸张而容易增加风阻的大灯。

这种车显得浮华且不成熟,因此很快就被淘汰了。

马车式三轮汽车
1885年,德国人卡尔·本茨将一台两冲程单缸汽油发动机装在一辆三轮车上,这就是世界上第一辆汽车。

- 流线型汽车与"甲壳虫"
- 风格化、统一化格局形成
- 魅力独具的概念车
- 未来的汽车是什么样子?

世界之最 "甲壳虫"汽车是世界上销量最多的汽车,到1981年停产时,其累计生产量已达到2000万辆。

奥妙科学篇

■ 流线型汽车与"甲壳虫"

1921年,匈牙利一个工程师设计的流线型汽车迅速受到了汽车设计界的重视。流线型是指前圆后尖、表面光滑、略像水滴的形状。

德国人菲笛南德·保时捷设计的"甲壳虫"汽车是历史上最成功的流线型汽车,它开创了汽车外形设计的先河,成为一个划时代的经典。流畅的曲线造型和物美价廉的特色使得"甲壳虫"很快成为德国最畅销的国民车。

经典的福特T型车
1908年,基于简单、坚固、廉价的理念,福特公司生产出了世界上第一辆属于普通百姓的汽车——T型车,到1921年,T型车的产量已占世界汽车总产量的56.6%。

■ 风格化、统一化格局形成

二战后,西方发达国家的汽车工业进入了高速发展的黄金时期,汽车变得风格化十足。美国、法国、德国、日本都逐步形成了自己的民族汽车设计风格。

这时的汽车外形不光以圆线条为主,也把方线条、直线条、平面等广泛运用到设计中。各个品牌汽车公司通过车灯、进气网格的形状与布局、尾灯排气管等的统一设计,形成了自己的品牌风格。

■ 魅力独具的概念车

如今,概念车几乎是每届国际车展中的亮点。它们是厂商对汽车市场走势的探索,但并不是汽车制造商即将投产的车型,而且很可能永远也不会投产。

因为不是大批量生产的商品车,所以每一辆概念车都可以更大地摆脱生产制造水平方面的束缚,尽情地甚至夸张地展示自己的独特魅力。每辆概念车都是最新科技的结晶,都是设计师们艺术想象力的体现,都是艺术珍品,也都在不同程度上代表着未来汽车的发展方向。

■ 未来的汽车是什么样子?

未来的汽车应该是全自动的,而且用的是太阳能。汽车上会有一块太阳能板,它能把太阳光转换成电能并把其中的一部分储存起来,那样遇到阴雨天就不用怕没电了。

未来的汽车应该还会有很多神奇的功能:如果你想看电视,只要按一下"电视"的按钮就可以了;你想睡觉,椅子就会自动变成一张床;你睡着时,整辆车就进入"戒备状态",它如果发现有人偷车,就会用绳子把偷车的人绑起来,然后再联系最近的警察局……

概念车
概念车具有超前的构思,体现了独特的创意,并应用了最新的科技成果,不仅鉴赏价值极高,还代表了未来汽车的发展方向。

世界之最 美国"尼米兹"级核动力航空母舰是目前世界上吨位最大的一级航空母舰,其满载排水量在9.1万吨以上。

- ▶ 航空母舰的诞生及特点
- ▶ 航空母舰的巨大威慑力
- ▶ 最大的航空母舰——"尼米兹"级航空母舰

海上巨无霸——航空母舰

航空母舰是一种以舰载机为主要作战武器的大型水面舰只,可供军用飞机起飞和降落,它是现代海军水面战斗舰艇中最大也是作战能力最强的舰种。它在海陆、海空战争中都具有很大的威慑力,因此被人们形象地称为"海上巨无霸"。

歼-15

歼-15是中国第一代船载战斗机,自我攻防能力突出,飞行速度快,能轻易避开敌方雷达,数秒内探测、发现并摧毁敌方海上移动目标。

■ 航空母舰的诞生及特点

1918年,英国制造的世界上第一艘全通甲板的航母——"百眼巨人"号诞生了。它可载20架原本在陆地起降的鱼雷攻击机,有长168米的飞行甲板,有多部可将飞机升至甲板上的升降机。由于其良好的战斗力,航空母舰在战争中显示了巨大的优越性。

航空母舰有很多特点:

首先,它具有巨大的攻击力。现代大型航空母舰满载排水量为6万吨至9万吨,可载飞机70架至120架,能以30分钟弹射起飞20多架飞机的出动速度出动飞机,攻击空中、水面、水下和陆上目标。

其次,它具有良好的航海性能。现代航空母舰最大航速可达35节。常规航空母舰的续航力达8000至16000海里,核动力航母的续航能力达40万至70万海里。

最后,它还具有很强的抗沉性。航母有2500个水密舱,即便被几发导弹击中,也可以迅速关闭水密阀保证整艘航母不会倾覆。

■ 航空母舰的巨大威慑力

航空母舰在战争中初建功勋是在1940年11月11日。当时,英国海军的20架轰炸机从"光荣号"航母上起飞,击毁了塔兰托港内的3艘意大利战列舰。

1942年5月进行的美日珊瑚海大海战则完全是一场航母对抗战,是由舰载机决胜负的全新远距离海战。结果,美国1艘航母被击沉,另1艘受伤,损失飞机66架;日本1艘航母沉没,2艘受重创,损失飞机77架。战役从开始到结束,双方的舰队始终未曾见面,也未互射一炮。这一战改变了传统海战的面貌,开创了世界海战史上新的作战形式。

■ 最大的航空母舰——"尼米兹"级航空母舰

目前世界上吨位最大、在役数量最多的一级航空母舰是由美国建造的"尼米兹"级核动力航空母舰。该级航空母舰满载排水量在9.1万吨以上,其中"林肯号"由于在建造时格外加装了6000吨重的装甲板,其满载排水量可达10.2万吨。

辽宁号航空母舰

辽宁号航空母舰,简称"辽宁舰",是中国解放军海军第一艘可以搭载固定翼飞机的航空母舰。满载排水量6.75万吨。从底层到甲板共10层,甲板上的岛式建筑有9层之多,分别设有消防、医务、通信等部门。

- 能观测天气的"神人"——气象卫星
- 太空中的"国际信使"——通信卫星
- 无孔不入的"太空间谍"——侦察卫星

世界之最 世界上最早的综合型照相侦察卫星是美国的"大鸟"侦察卫星。

>>>>>>>>>>
奥妙科学篇

遨游天际的人造卫星

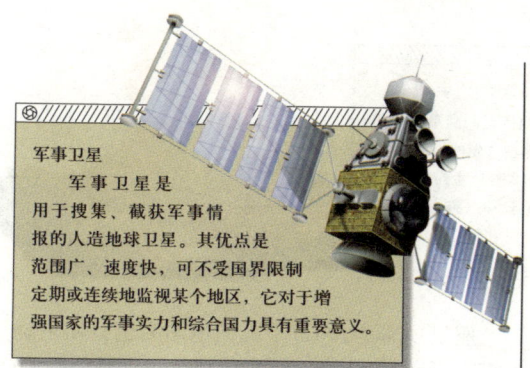

军事卫星
军事卫星是用于搜集、截获军事情报的人造地球卫星。其优点是范围广、速度快，可不受国界限制定期或连续地监视某个地区，它对于增强国家的军事实力和综合国力具有重要意义。

晴朗的夜空，抬头仰望满天星斗，有时你会看到一种移动的"星星"，它们像天幕上的"神行太保"，匆匆奔忙。这种奇特的"星星"就是人造地球卫星。人造卫星是"人造地球卫星"的简称，是指由人工制造的在空间轨道上环绕地球运行一圈以上的无人航天器。

■ 能观测天气的"神人"——气象卫星

气象卫星是专门用来对地球及其大气层进行气象观测的地球卫星。它具有范围广阔、及时迅速、连续完整等特点，并能准确地把云图等气象信息发给地面用户。

云、海水温度、大气温度和湿度、地球表面温度的垂直分布等气象资料都是利用气象卫星获取的。气象部门根据这些资料和气象卫星拍摄到的照片、云图等，就能做出天气预报。

■ 太空中的"国际信使"——通信卫星

作为无线电通信的中继站，通信卫星像一个国际信使，它收集来自地面的各种"信件"，然后再"投递"到另一个地方的用户手里。由于"站"在36000千米的高空，所以其"投递"的覆盖面特别广，一颗卫星就可以负责地球表面1/3的通信。

卫星接收到从地面站发来的微弱无线电信号后，自动把它变成大功率信号，然后发给另一个地面站或传送到另一颗通信卫星上，以便它再发到地球另一侧的地面站上。这样，我们就可以收到从很远的地方发出的信号。

■ 无孔不入的"太空间谍"——侦察卫星

以偷窃军事情报为主的卫星就是侦察卫星。它像间谍一样在180千米至36000千米高度的地球轨道上运转，是其发射国家获取情报的有效工具。

侦察卫星的工作效率相当高，它具备一双"千里眼"，长着一对"顺风耳"。可见光照相机是它的"千里眼"，红外遥感照相机的使用又给它增添了一双"夜视眼"，而专门用来收集各种电信号的窃听器则是它的"顺风耳"。太空间谍的工作几乎都是由侦察卫星来完成的。

气象卫星云图
气象卫星云图是气象卫星自上而下观测到的地球上的云层覆盖和地球表面特征的图像，是当今世界不可或缺的信息来源，它对提高天气预报的准确率起着重要作用。

世界之最　1942年12月2日，在美国芝加哥大学启动的核反应堆是世界上最早的核反应堆。

▶ 什么是核能？
▶ 应用核能发电
▶ 经济高效的核电站
▶ 崭新的核医学

无法估量的核能威力

1942年12月2日，世界上第一座核反应堆在美国芝加哥大学成功启动，这标志着人类从此进入了核能时代。

核聚变
核聚变会释放出巨大的能量。太阳内部连续进行着氢聚变成氦的过程，它的光和热就是由核聚变产生的。

■ 什么是核能？

核能又称原子能，是来自原子核的能量。原子由三种基本粒子组成，它们分别是质子、中子和电子。中子是很活跃的粒子，每秒钟可跑1万英里，这相当于其时速为57924000千米。原子核被中子撞击而分裂成两个不同的原子核或是被撞击而融合时，会释放出巨大的能量。这种由于物质的质能发生改变而得到的能量就是"核能"。

■ 应用核能发电

核能发电就是将"铀"当作燃料的新型发电方式。铀原料里的较重原子核受到中子碰撞时，会分裂成较小的原子核，并且放出大量的热能。水吸收热能会变成水蒸气，水蒸气带动发电机就可产生电能。

■ 经济高效的核电站

将原子核裂变释放的核能转变为电能的系统和设备通常被称为核电站。

核电站是一种高能量、少耗料的电站。以一座发电量为100万千瓦的电站为例，如果烧煤，每天需耗煤7000至8000吨，一年要消耗200多万吨。若改为核电站，每年只消耗1.5吨裂变铀或钚，一次换料可以满功率连续运行一年，从而大大减少电站燃料的运输和储存问题。

核电站基建投资高，但燃料费用较低，发电成本也较低，并可减少污染。因此，在今后相当长的一段时期内，核能将成为电力工业的主要能源。

■ 崭新的核医学

核医学主要应用于诊断中：将放射性物质注入人体脏器，可以检查其功能是否正常。

研究人员表示，核医学技术的不断发展有助于促进对人体各部位的癌细胞和循环系统疾病的研究治疗，还有助于监测腺体、骨骼和关节的健康情况。核医学检查中，病人所受到的辐射量少于X光拍片，医务人员受到的辐射也更低。核医学诊断不仅能获得影像，还可以对脏器的健康状况进行分析。

核电站
核电站基建投资高，但燃料费用较低，发电成本也较低，并可减少污染。中国大陆的核电业起步较晚，但发展很快，除了已经投入使用的几座核电站外，目前仍有多座核电站处于在建或规划之中。

Part 8
历史文化篇

| 世界之最 | 公元前3000年左右，苏美尔人创造了楔形文字，这是人类已知的最古老的文字。 | ▶ 重见天日的苏美尔文明
▶ 最早的城市文明 |

迄今最早的人类文明——苏美尔文明

底格里斯河与幼发拉底河之间的新月地区，曾经孕育了世界上最古老的文明——苏美尔文明。

苏美尔人是美索不达米亚平原上最早的居民，他们在6000多年前就居住在独立的城邦之中。到公元前3000年，他们已经发明了最早的人类文字；苏美尔人首先将1小时分为60分钟，将圆分为360度，还发明了代数和几何；大约在公元前3200年，他们就制造出了有轮子的车辆……

苏美尔鸟形容器 高31厘米、长27厘米、宽16厘米，制作于第一王朝时期(约公元前2900年)，伊拉克出土。这个陶质鸟形容器说明，苏美尔人的生活充满了情趣。

■ 重见天日的苏美尔文明

1877年，一个名叫萨才克的法国领事馆官员来到了两河流域的一个村落。他非常热衷于研究两河流域的古代文明。在村子中，他偶然听说附近有一处古迹，便立刻按照村民所指的路线前去探察。

萨才克发现一个不起眼的土丘周围都是陶器、泥版和雕像的碎片，土丘脚下还躺着一块巨大的石块。他对石块进行了仔细的观察，发现那是一座雕像，雕像的臂膀处还有一段铭文。雕像的雕刻手法十分原始、粗糙。

萨才克猜想，周围肯定还有其他文物，便动手挖掘，没挖多久就发现了大面积的建筑物和各种器物碎片。后来，萨才克以激动的口气向外界发布了这样一则消息："考古学终于又向前跨了一大步。我认为我发现了美索不达米亚平原上最古老的居民——苏美尔人。"这则消息好比一枚重磅炸弹，在全世界掀起了波澜。

通过对古物的研究，人们发现，早在公元前4000年左右，苏美尔人就已成为两河流域的居民，他们创造了比古埃及文明更久远的文明，人类文明的历史也由此推进到了6000年以前。

■ 最早的城市文明

从考古发掘看，公元前3500年左右，当世界上大多数人还居住在洞穴或简陋的小屋中时，苏美尔人就已用土砖建成了一座有数千人口的城市。城市里等级分明，职业官吏和神职人员已经出现，政界和宗教界上层人物统治着整个社会。

公元前3000年前后，苏美尔文明进入了奴隶制城邦的全盛时期，陆续出现了乌鲁克、乌尔、基什、拉格什、尼普尔等12个独立的城市国家。它们一般由中心城市连同周围的农村组成，面积普遍不大，人口多的有十几万人，少的只有两三万人。城市以神庙为中心，有自己的国王，有王宫建筑，也有城墙。这些城市是目前世界上公认的最早的城市。

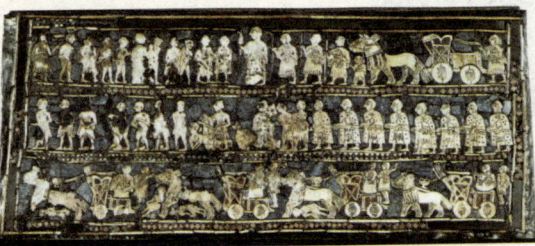

乌尔城出土的"军旗"
乌尔是苏美尔人建立的城邦。这幅"军旗"其实是一块刷有沥青的木板，上面用贝壳、闪绿石、粉红色石灰石镶嵌成战争和庆祝胜利的场面。

- 人类已知的最古老文字——楔形文字
- 最早的英雄史诗——《吉尔迦美什史诗》
- 苏美尔文明的衰落

世界之最 苏美尔的《吉尔迦美什史诗》是人类已知最早的英雄史诗，比《伊利亚特》约早1500年。

历史文化篇

■ 人类已知的最古老文字——楔形文字

苏美尔人创造了灿烂的苏美尔文明，最能反映这种文明特征的是他们的文字。苏美尔人用削成三角形尖头的芦苇秆或骨棒、木棒当笔，在用潮湿的黏土制作的泥版上写字，从左到右横着写，每一个笔画总是由粗到细，像木楔一样，所以这种文字被人们称为楔形文字。

为了长久地保存泥版，苏美尔人需要把它晾干后再进行烧制。这种烧制的泥版文书不怕虫蛀，也不会腐烂，还经得起火烧。但泥版文书很笨重，每块重约1千克，人们看书时总要费力地搬来搬去。

楔形文字是苏美尔文明的独创，它对西亚许多民族语言文字的形成和发展均产生了重要影响。西亚的巴比伦、亚述、叙利亚等国都曾对楔形文字略加改造。腓尼基人创制出的字母就含有楔形文字的因素。

■ 最早的英雄史诗——《吉尔迦美什史诗》

已出土的苏美尔文物中，只有少数是文学作品，其中最重要的是《吉尔迦美什史诗》。它讲述的是苏美尔首都乌鲁克城传说中人神参半的国王吉尔迦美什和朋友基杜的英雄事迹。

苏美尔楔形文字泥版

楔形文字与中国甲骨文及古埃及的文字一起被称为人类最早的三种古文字。公元前3000年，苏美尔人最早发明了表意的象形文字，因笔画形似木楔，所以被称为楔形文字。

这部人类最早的英雄史诗，比过去认为最早的史诗《伊利亚特》约早了1500年，它主要反映了苏美尔人的宗教信仰和世俗生活。苏美尔人的宗教信仰深受自然环境尤其是两河每年河水泛滥的影响。可见，河水泛滥的时间和洪水量的不可预见性给苏美尔人留下了深刻的印象。

■ 苏美尔文明的衰落

在公元前3000多年，由于苏美尔人内部不团结，12个城市之间互相争斗，征战连连，大大削弱了苏美尔人的整体力量。同时，外部的新兴文明如希腊和伊斯兰文明，也对苏美尔文明产生了很大的冲击。这些原因共同导致了苏美尔文明的衰落。

公元前2300年，两河流域北部的阿卡德人征服了苏美尔城邦。此后，巴比伦人、亚述人和迦勒底人又相继成了美索不达米亚的主人。至此，独特的苏美尔文明在两河流域永远消失了。

近年来，有人研究强调，外部新兴文明的入侵只是苏美尔文明消失的一个外因。1982年，美国学者雅各布森在《古代的盐化地和灌溉农业》一书中论述了苏美尔地区灌溉农业和土地盐化的关系，并指出，过度的农业开发使先天不足的生态环境极度恶化，这是苏美尔人过早退出历史舞台的一个重要内因。

萨尔贡一世国王浮雕像

萨尔贡一世是阿卡德王国的创建者。他执政期间，不仅不断地进行军事征服以扩大自己的势力，而且十分注重国内建设，大力发展经济。虽然阿卡德王国只存在了100多年，但它在古代西亚历史上占有重要地位，其军事组织更开创了国家常备军建设的先河。

153

| 世界之最 | 胡夫金字塔是世界上最大的巨石建筑，高146.7米，底边长232米，由230万块巨大的石灰岩砌成。 | ▶ 紧密坚固的巨大建筑
▶ 难以破解的数字巧合 |

奇诡难解的埃及金字塔之谜

在美丽的尼罗河河畔，散落着80多座古埃及金字塔，它们至今已有4500多年的历史。埃及金字塔被列为世界七大奇迹之一。

埃及的每一座金字塔都是一座坟墓，是被法老建造用来安置其尸体的地方。因为他们认为，这里可以帮助他们获得永恒的生命。《金字塔铭文》中说："为法老建造起上天的天梯，以便他由此到达天上。"金字塔就是文中所说的天梯。

法老太阳船模型
出土于胡夫墓的木制太阳船，长45米，是送葬的船只，也是传说中承载法老灵魂与太阳神一起周游宇宙的交通工具。

■ 紧密坚固的巨大建筑

在埃及的所有金字塔中，最宏伟的是位于吉萨的胡夫金字塔，它又叫大金字塔，建造于公元前2760年，是古王国第四王朝第二代法老齐阿普斯的陵墓。它底面呈正方形，向上是四面锥形，锥顶残失。

数千年来，见过胡夫金字塔的人无不为之惊叹不已。胡夫金字塔由230万块巨石堆砌而成，石块与石块之间没有任何水泥或灰浆之类的黏合物。每一方石块平均重2.5吨，最重的可达100多吨。古埃及人当时是如何把这些巨大的石块开采出来并且运到这里来的？又如何把它们垒砌起来？它们为什么能抗拒时间的侵蚀直至今日？这些都是金字塔研究者最为关注的问题。

据记载，胡夫金字塔表面本来还覆盖着一层磨光的覆面石，大约共11.5万片，每片约重10吨。但在1301年的大地震后，这些石片被当时的统治者拆下来充当重建开罗的石料了，所以现在只有底层还有少数覆面石片。不

可思议的是，胡夫金字塔内部石块之间的契合至今仍非常严密，连锋利的刀片都插不进去。那时的人们尚无金属工具，他们是怎样加工这些巨型石块的呢？

■ 难以破解的数字巧合

胡夫金字塔高146.7米，底边长232米，共用了230万块平均重量为2.5吨的石块，历时30余年建成。

有人曾对胡夫金字塔进行了一系列研究，指出了塔中蕴含的一系列神秘的数字巧合。例如：

胡夫金字塔底面正方形的纵平分线延伸至无穷处，正是地球的子午线，这条纵平分线把地球上的陆地和海洋分成了两半，也把尼罗河口三角洲平分；而底面正方形的对角线延长，则能将尼罗河口三角洲包括在内。

胡夫金字塔的底边长230.36米，为362.31库比特（古埃及一种度量单位），这个数字与一年的天数相近。

胡夫金字塔高146.7米，这个数乘以10亿，乘积相当于地球到太阳的距离。

胡夫金字塔4个底边长之和除以其高度值的两倍，恰好为3.14——圆周率。

阶梯金字塔
这是法老祖塞尔的阶梯金字塔，共有6层，是埃及金字塔建筑的先驱。埃及古代法老最早的坟墓是方形平台式的石砌陵墓，被称为"马斯塔巴"。为显示法老的权威，建造者在单层平台上又叠加了数层，便成了阶梯形的陵墓。

- 护卫死者的"咒语"
- 尼罗河谷的"星象图"

世界之最 在1889年巴黎埃菲尔铁塔落成前4000多年的漫长岁月中，胡夫金字塔一直是世界上最高的建筑物。

历史文化篇

从胡夫金字塔的方位来看，4个侧面分别朝向东、南、西、北四个正方向，误差小于0.5度。在朝向正北的塔正面入口通路的延长线上放一盆水，则可以把北极星映到其中。

胡夫金字塔中如此多的数字巧合，让我们不能不惊叹于古代埃及人的智慧。胡夫金字塔的设计者如果没有高深的数学造诣和天文知识，在遥远的史前时代，又怎能建造出蕴含有如此多数字巧合的金字塔呢？

■ 护卫死者的"咒语"

金字塔作为世界上最独特的陵墓，其塔文也成为探索者和科学家不愿错过的一部分。那些刻写在金字塔墓室壁上的塔文，主要是在葬礼中所用的各种咒语，用来帮助死者顺利进入永生之地。

埃及法老就是凭借这些咒语来保护自己的。胡夫金字塔上有这样一段让人不寒而栗的文字："不论谁打扰了法老的安宁，死神之翼都将降临在他的头上。"

令人费解的是，一个多世纪以来，进入法老墓室的人（无论是探险家，还是盗墓者）中，确实有很多人或染上了不治之症，或莫名其妙地死去了。法老咒语显灵之说，从此不胫而走。

■ 尼罗河谷的"星象图"

有科学家曾将尼罗河畔的金字塔与尼罗河的相对位置一一绘出，然后将它们与银河和猎户座的相对位置作比较，竟赫然发现：胡夫金字塔、哈夫拉金字塔和门卡乌拉金字塔正好构成了一幅极其完整的猎户星座图。

其中，胡夫金字塔体积最大，建造最为精致，结构最为复杂；哈夫拉次之；最小的门卡乌拉金字塔做工最为粗糙，好像是匆忙之中赶造出来的。而这三座金字塔的大小，恰好对应了猎户座三颗星的不同光度。如果将这幅星座图向南北延伸，正好可把吉萨高地上的其他建筑也囊括进来。这样一来，整个尼罗河谷就成了一幅巨大的星象图。

狮身人面像
哈夫拉是埃及第四王朝的第三位法老，他在吉萨建立了世界上第二大金字塔——哈夫拉金字塔和狮身人面像。狮身人面像又被译为"斯芬克斯"，其面部仿照哈夫拉的脸型所制。

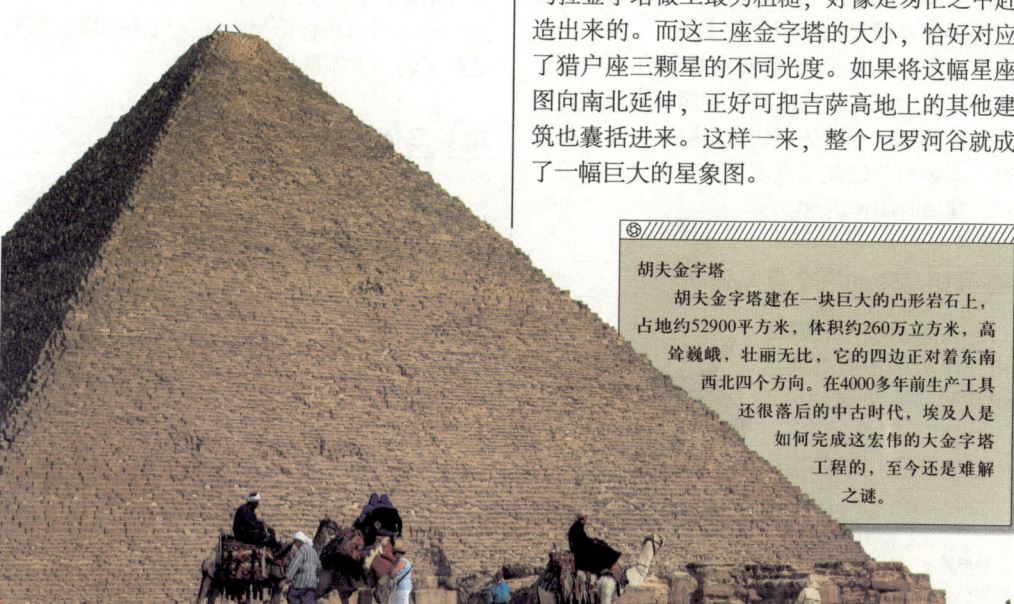

胡夫金字塔
胡夫金字塔建在一块巨大的凸形岩石上，占地约52900平方米，体积约260万立方米，高耸巍峨，壮丽无比，它的四边正对着东南西北四个方向。在4000多年前生产工具还很落后的中古时代，埃及人是如何完成这宏伟的大金字塔工程的，至今还是难解之谜。

世界之最 中国的秦始皇陵是世界上最大的地下皇陵,总面积达56.25平方千米。

- 世界最大的地下皇陵——秦始皇陵
- 秦始皇陵的三个兵马俑坑
- 兵马俑坑布局的奥秘

世界第八大奇迹——秦始皇陵兵马俑

1974年3月,秦始皇陵东侧西杨村的一个农民在一片荒瘠的砂石地上偶然发现了一些陶俑的残片和青铜兵器,他把情况报告给了相关部门。1974年7月15日,经过考古队精心的钻探和试掘,一座大型的兵马俑坑被人们发现了,它就是我们现在所知道的秦始皇陵兵马俑一号俑坑。就这样,一个埋藏了两千多年的地下军阵被挖掘出来了,它以卓绝的姿态展现在世人面前。

■ 世界最大的地下皇陵——秦始皇陵

秦始皇陵位于我国陕西省西安市以东35千米的临潼县城东边的骊山脚下。它南依层峦叠嶂、山林葱郁的骊山,北临逶迤曲转、似银蛇横卧的渭水之滨。高大的封冢在巍巍峰峦的环抱之中与骊山浑然一体,景色优美,环境独秀。

秦始皇陵是由中国历史上第一个皇帝——秦始皇于公元前246年至公元前208年营建的,也是中国历史上第一座皇帝陵园。它规模之巨大、陪葬物之丰富居历代帝王陵墓之首。据史载,秦始皇为造此陵墓前后共征集了70多万工匠,建造时间长达38年。

■ 秦始皇陵的三个兵马俑坑

秦始皇陵兵马俑是由三个大小不同的俑坑组成的,三个俑坑的编号分别为一号坑、二号坑、三号坑。

目前,一号兵马俑坑已发掘了1/3,三号兵马俑坑已全部发掘,二号兵马俑坑正在发掘。三个俑坑内现已发掘出土陶俑、陶马2000余件,战车30余乘,各类青铜兵器40000余件,还有大量的其他遗迹、遗物。其中,陶俑、陶马的大小和真人、真马相似,且种类众多;陶俑按车兵、步兵、骑兵等不同的兵种排列有序,气势磅礴。它们是秦王朝强大军队的缩影。

秦始皇像
公元前221年,秦始皇消灭六国,统一全国,奠定了自己在中国历史上的地位,被尊为"千古一帝"。

■ 兵马俑坑布局的奥秘

除了上述三个兵马俑坑外,在二号坑和三号坑之间,还有一个废弃的坑,其平面呈长方形。那么,兵马俑坑这样布局的意义究竟是什么呢?

秦始皇陵出土的二号彩绘铜马车
二号彩绘铜马车叫安车,因乘坐安稳舒适而得名。其车厢顶部有穹隆状的椭圆形车盖,车厢内宽敞,可任人坐卧。

156

世界之最 中国的故宫是世界上现存的最大的宫殿,面积达72万平方米。

有人认为,整个兵马俑坑就是一个完整的军阵布局:一号坑相当于军阵中的右军,二号坑为左军,被废弃的坑相当于中军,三号坑是统率三军的指挥部。由于当时农民起义军已打到骊山脚下,威胁到秦都咸阳,秦二世被迫派工匠去抵抗起义军,兵马俑坑的工程也被迫停止了,所以"中军"的坑就成了废坑。古书上说,"有三军方可一战"。所谓"三军",就是一个完整的军阵编列体系。秦兵马俑坑的四个坑,恰好符合这种编列体系。

也有人认为,秦始皇陵兵马俑坑是一项未完成的工程,全部建成后应有五个兵马俑坑。秦俑坑是按八阵的第一阵——方阵设计的。兵马俑一、二、三号坑建成后,即爆发了陈胜、吴广农民大起义,所以陵墓修建工程被迫停止了。被废弃的坑仅挖了土塘,还未来得及放置兵、车、马等物;而第五个坑还没有开始动工挖掘,所以现在看不到任何痕迹。

由于史书上没有留下任何有关秦兵马俑坑修建的记载,所以秦兵马俑坑布局的真正意义也只有随着考古发掘的进展才能日益明朗。

■ 高超的艺术水平

秦始皇陵兵马俑个个形体高大,比例匀称,形象生动,是以现实生活为基础创作出来的。其艺术手法细腻、明快,具有鲜明、个性、强烈的时代特征,是秦代写实艺术的完美体现,在艺术史上具有很高的价值。最令人惊叹的是,每个陶俑的装束和神态都不尽相同,光发式就有许多种,手势也各不相同,脸部表情更是神态各异,可谓千人千面,栩栩如生。

现代人仅从陶

秦始皇陵兵马俑

秦始皇陵兵马俑坑是秦始皇陵的陪葬坑,是世界上最大的地下军事博物馆。三个兵马俑坑中,最早被发现的是一号俑坑,它呈长方形,东西长230米,南北宽62米,深约5米,总面积14260平方米,四面有斜坡门道,左右两侧又各有一个兵马俑坑,分别为二号坑和三号坑。

俑的装束、表情和手势,就可以判断出他们是官还是兵,是步兵还是骑兵。身高达1.96米的将军俑,巍然直立,凝神沉思,表现出一种坚毅威武的神情;有的武士俑头部微微抬起,两眼直视前方,显得意气昂扬而又带有几分稚气;有的陶俑身披铠甲,右手执矛,左手按车,显示出他是负责保卫的车士俑。

在这些兵马俑中,既有长了胡子久经沙场的老兵,也有初上战场的青年;有手持青铜兵器的武士俑,也有拖着木质战车如真马大小的陶马……它们组成了一支威武雄壮的军队,再现了当年的旷世军威。

秦始皇陵兵马俑以其巨大的规模和高超的科学、艺术水平令世人叹为观止,为中华民族灿烂的古老文化增添了光彩,也为世界艺术史书写了光辉的一页。

骊山秦始皇陵

秦始皇陵是中国历史上第一个皇帝陵园。其巨大的规模、丰富的陪葬物居历代帝王陵墓之首。

| 世界之最 | 中国的长城是世界上最长的建筑物，全长约12700华里，被称为"万里长城"。 |

- 邂逅古城遗迹
- 显赫一时的丝路古城
- 神秘消失的古代商城

楼兰古城的神秘消失

早在2100多年前就已见诸文字的古楼兰王国，作为丝绸之路上东西方贸易的中转站，曾是世界上最开放、最繁华的"大都市"之一。然而，仅辉煌了500年左右的时间，它便从中国的史册上神秘地消失了，众多居民也同时"失踪"。他们到底去了哪里？

楼兰民居遗迹

4世纪前后，楼兰的名字从中国史籍中消失。种种迹象表明，这座长期活跃于丝绸之路上的城市从这时起逐渐被废弃，这里的居民远徙他方，整座城市最后完全被风沙湮没。

■ 邂逅古城遗迹

1900年3月27日，瑞典探险家斯文·赫定率领的探险队沿着干枯的孔雀河左河床来到了罗布泊荒原。傍晚时分，突然狂风大作，沙暴过后，一座古城奇迹般地出现在了他们眼前。斯文·赫定在这里发掘了大量文物，回国后，他把文物交给德国的希姆莱鉴定。经鉴定，他们发现，这座古城就是赫赫有名的楼兰古城。

■ 显赫一时的丝路古城

《史记·匈奴列传》记载，大约在公元前3世纪时，楼兰人建立了国家，受大月氏人统治。公元前177至前176年，匈奴打败了大月氏，楼兰又为匈奴所辖。到公元前2世纪时，楼兰已有人口14000多人，成为西域的泱泱大国。

楼兰城是楼兰王国前期的政治、经济、文化中心，它东通敦煌，西北到焉耆、尉犁，西南到若羌、且末。楼兰曾是"丝绸之路"的必经之地，是古丝路上西出阳关的第一站。当年，这条交通线上曾"使者相望于道"，驼铃悠悠，商贾不绝，一派繁荣景象。

楼兰古城遗址

楼兰古城遗址位于今新疆若羌县境内罗布泊以西、孔雀河道南岸7千米处，整个遗址散布在罗布泊西岸的雅丹地形之中，人迹罕至，环境较凶险。

■ 神秘消失的古代商城

这个显赫一时的古代商城为何会在极短的时间内消失得无影无踪呢？有考古学家称，声势浩大的"太阳墓葬"为楼兰的毁灭埋下了巨大隐患。"太阳墓葬"的盛行，使树木被大量砍伐，生态环境遭到严重破坏，加之楼兰气候本来就干燥，久而久之，原来的绿洲逐渐消失，恶劣的环境迫使人们迁徙他地。此外，战争直接导致楼兰古国的消亡也是完全可能的。但这些仅是推测，楼兰古城消失的真正原因至今仍是一个谜。

- 历史上的"埃及艳后"
- 克里奥帕特拉的猝死
- 对自杀之说的质疑

世界之最 新西兰于1893年首次授予女性参政权，是世界上最早授予女性参政权的国家。

历史文化篇

埃及艳后的猝死

有人说，她是"尼罗河畔的妖妇"，是"尼罗河的花蛇"；也有人说，她是世界上所有诗人的情妇，是所有狂欢者的女主人。

罗马人对她痛恨不已，因为她差一点让罗马变成埃及的一个行省；埃及人称颂她是勇士，因为她为弱小的埃及赢得了22年的和平。

她就是绝世尤物——"埃及艳后"克里奥帕特拉。

莎草纸上的克里奥帕特拉像
"埃及艳后"克里奥帕特拉是古埃及托勒密王朝的末代女皇，其传奇般的绝世美貌以及与恺撒、安东尼等英雄人物的情缘总是引起世人的关注，也曾激发了历代诗人、作家、画家和艺术家的想象力。

■ 历史上的"埃及艳后"

克里奥帕特拉是古埃及王国最聪明能干的统治者之一，她懂得如何利用自己的美艳和智慧来实现远大的政治目标——维护埃及独立。她重现了亚历山大大帝的辉煌，使埃及达到了前所未有的全盛时期。

传说，克里奥帕特拉有青春少女般的苗条体态，有一双乌黑灵动的大眼睛，有高高隆起的鼻子，有一头乌黑发亮的长发，有微微翘起的嘴唇。她总是似笑非笑，蕴藏着一种高深莫测的神秘。

■ 克里奥帕特拉的猝死

克里奥帕特拉的父亲去世后，她和她的异母兄弟托勒密共同执政。但二人因派系斗争和争夺权力很快失和。后来，克里奥帕特拉以色相引诱恺撒大帝，在其帮助下击溃托勒密而执掌王权，成了埃及实际的统治者。

恺撒遇刺后，她又迷倒了刚刚在罗马崛起的安东尼。但安东尼的作为激起了罗马市民的愤怒，最终导致战争，安东尼本人在与罗马人的交战中彻底败北。据说，当时的克里奥帕特拉见大势已去，便以毒蛇噬胸自杀，结束了自己的一生，她死时年仅38岁。

■ 对自杀之说的质疑

随着时间的推移，埃及艳后自杀说的真实性在现代受到了法理学家和犯罪研究专家的广泛质疑。主要疑点包括：

1. 克里奥帕特拉用毒蛇自杀的叙述最早见于公元1世纪希腊哲学家普鲁塔克的名人传记中。可普鲁塔克是在埃及艳后死去75年后才出生的，并且，他的叙述中充满了太多的矛盾、错误和不可思议的巧合。

2. 相关记载称，克里奥帕特拉在自杀前曾向屋大维送出了一封自杀信。犯罪研究专家表示，这显然不符合自杀者的心理。

3. 史料记载，克里奥帕特拉自杀用的是一条埃及眼镜蛇。实验证明，被眼镜蛇咬后最快也要2个小时才死亡，可史料记说，埃及艳后仅几分钟就香消玉殒了。

恺撒大帝
恺撒是古罗马的统帅、政治家。他连年征战，获终身独裁官、执政官、保民官等职，兼任大将军、大祭司长荣衔，并被尊为"祖国之父"，成为无冕之王。

众多证据都显示出，埃及艳后之死十分可疑，她很可能是死于一场精心策划的政治谋杀。

世界之最 美国圣哈辛特纪念碑高173.7米,是世界上最高的石造建筑。

▶ 壮观的无字碑
▶ 关于无字碑的两种说法

武则天留下的无字碑

陕西乾县有一座乾陵,唐高宗和武则天合葬在这里。墓前立有两块碑:西边是唐高宗的碑,上有武则天为高宗写的碑文;东边是武则天为自己立的"无字碑"。

武则天是中国历史上唯一的女皇帝,民间关于她的传说有很多。但其中最让人摸不透的,就是她死后留下的这块无字碑。

主要的说法有两种:

一说,武则天认为自己功高德大,非文字所能表达。在她看来,自己虽是女人,但在她统治期间政治清明,社会

武则天像
武则天前后执政近半个世纪,上承"贞观之治",下启"开元盛世",是我国封建时代杰出的女政治家。

■ 壮观的无字碑

705年11月,中国历史上唯一的女皇武则天病逝,终年82岁。临终时,她立下遗嘱:和高宗合葬在乾陵,只许为她立碑,不许立传。

武则天的"无字碑"由一块巨大的整石雕成,高6.3米,宽2.1米,重98.8吨。碑头上雕有8条互相缠绕的螭首,并饰以天云龙纹,碑座则用骏马饮水、雄狮、云纹等图案刻画装饰。

无字碑
无字碑是用一块完整的巨石雕凿而成的,是中国历代群碑中的巨制,给人以凝重厚实、浑然一体的美感。

安定,人民安居乐业,这应该算是她的一大政绩。可惜当时有很多人认为她抢了大唐江山,是叛臣逆贼,对于她的功劳视而不见。因而,武则天要把自己的功劳留给后人去评述、记载。这便有了无字碑。

二说,武则天自知罪孽深重,刻了碑文恐招世人辱骂,与其贻笑后世,不如一字不刻。

也有人认为,武则天建立大周朝后,内心愧疚不安,一心想在死后将江山归还李氏,但她对自己死后的境遇没有信心,更怕世人责骂其篡位之罪,故留下无字碑借以自赎。

这两种说法似乎都有道理,但究竟哪一种更接近历史真相,现已无从考证,人们只能根据历史探究去推测猜想。

■ 关于无字碑的两种说法

武则天为什么只为自己树碑而不立传呢?历代众说纷纭。综观诸说,最

乾陵
乾陵位于陕西乾县城北的梁山上,是中国历史上唯一的女皇帝武则天与其夫唐高宗李治的合葬地。

- 高棉古典建筑艺术的杰作
- 梦幻般的浮雕回廊
- 吴哥窟的离奇荒弃

世界之最 柬埔寨的吴哥窟是世界上最大的庙宇，占地面积达195万平方米。

历史文化篇

庞大的吴哥窟建筑群

吴哥窟的浮雕

吴哥窟中有很多精致的浮雕，在回廊的内壁及廊柱、石墙、基石、窗楣、栏杆之上都可见到。画廊壁朝西的一面一般饰以舞女浮雕，朝东的一面则装饰着跳舞或骑兽的武士和飞天女神。

吴哥窟位于柬埔寨西北方，是柬埔寨的象征。它是世界上最大的庙宇，与埃及的金字塔、中国的长城、印度尼西亚的婆罗浮屠并称为"东方四大奇观"。

■ 高棉古典建筑艺术的杰作

吴哥窟整座建筑占地195万平方米，是高棉古典建筑艺术的巅峰之作。它具备高棉寺庙建筑的两个基本要素：祭坛和回廊。祭坛由三层长方形有回廊环绕的须弥台组成，一层比一层高，象征印度神话中位于世界中心的须弥山。祭坛顶部矗立着按五点梅花式排列的五座宝塔，象征须弥山的五座山峰。寺庙外围环绕一道护城河，象征环绕须弥山的咸海。

五座宝塔状若莲花，最高一层的尖塔离地面65米，另外四座分布在第二层须弥台的四角。每座石塔顶部的四周都雕刻着一张巨大的人脸，头戴王冠，面容端庄，嘴唇宽厚，慈祥含笑，这就是著名的"四面像"。

■ 梦幻般的浮雕回廊

吴哥窟的每层台基四周都有浮雕回廊。置身回廊之中，就如同处于梦幻般的神话世界。

最低一层浮雕回廊壁高2米，四边合计长达800米。整个壁面都布满浮雕，刻工精细，共有90幅，最长的一幅达60米。浮雕内容大都取材于印度著名梵文史诗《摩诃婆罗多》和《罗摩衍那》中的神话故事，也有少数是表现吴哥历史及高棉人民同外族入侵者的战斗的。

■ 吴哥窟的离奇荒弃

15世纪上半叶，吴哥窟被荒弃。这是什么原因造成的呢？

有学者认为，暹罗人的不断入侵使高棉人蒙受了深重的灾难和巨大的损失。日益衰竭的国力使高棉人无法应付暹罗人的挑战，他们只好撤离了吴哥窟。

但也有学者认为，吴哥王朝的衰弱和抵抗力的丧失是高棉王族之间内部斗争发展的后果。暹罗人也正是趁此机会入侵，从而迫使高棉人放弃古城。

吴哥窟

12世纪时，吴哥王朝国王苏耶跋摩二世希望在平地上兴建一座规模宏伟的石窟寺庙作为吴哥王朝的国都和国寺。于是就有了吴哥窟，修建这座宏伟的佛寺建筑大约花费了35年的时间。

| 世界之最 | 中国甘肃的敦煌莫高窟是世界上规模最大、保存最完整的佛教石窟寺。 | ▶ 石头上的画卷
▶ 奇妙的数字组合
▶ 建筑与设计之谜 |

印度尼西亚的婆罗浮屠

印度尼西亚的婆罗浮屠是现今世界上最大的佛塔，以其精美的浮雕闻名于世。若将婆罗浮屠的全部浮雕连接起来，长度可达3000多米。婆罗浮屠有"石头上的画卷"之美誉。

■ 石头上的画卷

婆罗浮屠约由200多万块玄武岩石块砌成，石块体积总计5.5万立方米。佛塔的基座呈正方形，边长112米，台基由面积依次递减的5层方台组成，每边都有数层曲折。方台之上又由依次递减的三层圆台组成，顶端为1座巨大的钟形宝塔。从地面至塔尖，婆罗浮屠高达40米。

方台各层的主壁和栏楯间有4条回廊，回廊两壁是连续的浮雕，共有1460幅叙事浮雕和1212幅装饰浮雕，每一幅都十分逼真、精美。

■ 奇妙的数字组合

在婆罗浮屠的整个建筑中，多次用到了"8""10"等数字。3层圆台上的小舍利塔数目分别为32、24、16，塔内佛像总共有504尊，这些数字全都是8的倍数。佛塔建筑中共有73座舍利塔。而"73"的个位数与十位

婆罗浮屠石壁上的浮雕

婆罗浮屠的石壁上刻有各式浮雕，其中有很多是佛本生经故事浮雕，也有反映当时人民生活习俗、人物、花草、鸟兽、热带果品等的，因此这些浮雕也被称为"石头上的史诗"。

数之和恰好是10，这是佛教中圆空、轮回教义的体现。

据说，原来塔内佛像总数为505尊。后来，塔顶的佛像修行圆满，涅槃后远走高飞了，所以现在只剩下504尊。原佛像数505的3位数字之和也正好是10。在此，佛教中抽象的"空"观念得到了充分体现。

■ 建筑与设计之谜

当初建造婆罗浮屠的目的是什么，现在已无法得知。有人说是为了安奉佛陀的舍利子，有人说它是帝王等有权阶层的陵墓，也有人说它是佛教徒们朝拜的圣地。

至于佛塔的设计者，民间传说可能是萨玛拉罗国王，但已无从可考。人们只知道，1006年默拉皮火山喷发时，婆罗浮屠被火山灰湮没了，直到19世纪初才得以重见天日。此后，又经过整整一个世纪的修缮，婆罗浮屠才重新绽放出佛教艺术的瑰丽光辉。

大窣堵坡中的佛像

婆罗浮屠的三层圆台上布置着三圈共72个石刻镂空的窣堵坡，里面均有佛像。而中央则是一个直径9.9米的大窣堵坡，大窣堵坡为实心体，寓意着不可捉摸的非物质形态的最高境界，里面供着一尊神态安详的石佛。

"迷宫"克诺索斯

世界之最 位于意大利米兰市中心的斯卡拉歌剧院是世界上面积最大、层次最多的歌剧院,它共有7层观众台,可容纳3000多人。

历史文化篇

克诺索斯王宫的御座之室
"御座之室"位于中心庭院西面,分为前后两部分。前室面向中心庭院,内有一个长方形地穴;后室较大,内有一个石制宝座,座下有奇异的卷叶式凸雕。

公元前1700年前后,希腊克里特岛上的克诺索斯城毁于地震。后来,人们在其废址上重建了新城。其中新建的克诺索斯王宫不但巍峨壮观,而且处处神秘莫测,是一座闻名遐迩的"迷宫"。

■ 传说中的迷宫

1900年3月,英国考古学家亚瑟·伊文思被传说中的"迷宫"吸引,专程来到克里特岛进行发掘。后来,他果然在克里特岛的北端发现了克诺索斯王宫的遗址和大量古代文物。

克诺索斯王宫是一座规模巨大的多层平顶式建筑,占地22000平方米,有大小宫室1500多间。其中,位于高坡地区的西宫的大部分宫室为三层建筑,而低坡地区的东宫则多为四层建筑。1400多平方米的长方形中央庭院,把东宫和西宫联结成一个整体。庭院四周建有国王宝殿、王后寝宫以及庙宇、珍宝库、住所等,各建筑之间均有长廊、门厅、复道、阶梯等相互连接。

■ 名不虚传的迷宫

克诺索斯王宫经历过数次破坏和重修,但其内部空间仍能显示出它的奥妙非凡。从遗址平面图上看,其间宫室厅堂围抱,通道纵横交错,整个王宫就像一块集成电路板。

因建筑物处于不同水平面而建造的阶梯和坡道以及为了解决房间的通风和采光问题而建造的天井,使建筑群的空间与采光变幻无穷。所有的房间构成了一个封闭的整合体,这个整合体仿佛是一个没有出口的大陷阱,不愧"迷宫"之誉。

■ 炫目的壁画艺术

克诺索斯王宫中,最令人炫目的还是其精湛的壁画艺术。其壁画题材多样,其中有一些是装饰性壁画,多以花草、海洋生物为内容,风格妩媚;也有些壁画描绘的是宫廷宴乐、礼仪和竞技等活动。

这些形象生动、生气勃勃、充满情趣的壁画是古希腊绘画艺术最突出的代表。它们让后人看到了一个富裕、安闲、友善、文雅的米诺斯社会:那时的人们欢庆节日,观看演出,尤其迷恋斗牛和体育等娱乐活动;妇女穿着出奇地像"维多利亚"时代的服装,她们穿着紧身胸衣和镶荷叶边的服装;国王头戴装饰有百合花和孔雀羽毛的王冠,脖子上挂着用百合花串成的项链,腰束皮带,身着短裙,威严而文雅……

克诺索斯王宫北通道
克诺索斯王宫被称为"迷宫",真是名副其实。尽管它被多次破坏,早已不见当年风貌,但其内部空间仍能显示出它的奥妙非凡。宫内过道和楼梯曲折迂回,楼上楼下高低错落,使人眼花缭乱。

163

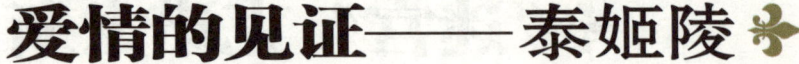

世界之最: 位于瑞典尤卡斯耶尔维的冰旅馆是世界上最大的冰建筑物,其建筑时所用冰块达3000多吨。

- 永恒面颊上的一滴眼泪
- 完美的独特建筑
- 世界上最美丽的陵墓

爱情的见证——泰姬陵

有人说,不看泰姬陵就不算到过印度。的确,在世人眼中,泰姬陵就是印度的代名词。无论国际政要还是普通游客,但凡到了印度,哪怕日程再忙,也要挤出时间去瞻仰一下这座举世闻名的爱情丰碑。

■ "永恒面颊上的一滴眼泪"

泰姬陵坐落于印度恒河支流亚穆纳河之滨,它是伊斯兰晚期建筑的典范,被誉为"大理石的梦境",是举世闻名的世界建筑奇迹。诗人泰戈尔说,泰姬陵是"永恒面颊上的一滴眼泪"。一个如此凄美的比喻背后,必然有一个凄美的故事。

美丽聪慧的阿姬曼·芭奴是莫卧儿王朝第五代君主沙·贾汗的王后。她入宫19年,深受沙·贾汗宠爱,被封为"泰姬·玛哈尔",意为"宫廷的皇冠"。可惜红颜薄命,泰姬在生下第14个孩子后就死去了。

为此,伤心至极的沙·贾汗竟然一夜白头,他倾举国之力,用22年的时间,为爱妻"写"下了这段瑰丽的绝响——泰姬陵。

■ 完美的独特建筑

泰姬陵占地极广,由前庭、正门、莫卧儿花园、陵墓主体以及两座清真寺组成。陵墓的四周砌有长576米、宽293米的红砂石围墙,陵园占地17万平方米,中间有一个十字形水池,水池中心为喷泉。从陵园大门到陵墓,有一条用红石铺成的笔直的长甬道。陵墓就建在高7米、长95米的长方形大理石基座上。

陵墓通体用白色大理石砌成,外形华美。寝宫的门窗及围屏都用白色大理石镂雕成带花边的菱形小格,墙上用翡翠、水晶、玛瑙、红绿宝石镶嵌着色彩艳丽的藤蔓花朵,光线所至,璀璨有如天上的星辉,令世人赞叹不已。

■ 世界上最美丽的陵墓

晨光中,初升的一轮红日伴着亚穆纳河袅袅的晨雾,仿佛要将泰姬陵从睡梦中唤醒。此时的泰姬陵显得静谧而安详。

中午时分,泰姬陵头顶蓝天白云,脚踏碧水绿树,在南亚耀眼阳光的映衬下,更显得玲珑剔透、光彩夺目。

傍晚是泰姬陵最妩媚的时刻。斜阳夕照下,白色的泰姬陵从灰黄、金黄逐渐变成粉红、暗红、淡青色,随着月亮的冉冉升起,它又最终回归为银白色。

毫无疑问,泰姬陵是世界上完美艺术的典范,它不仅是沙·贾汗对爱妻深切纪念的见证,也是献给人类的一份厚礼。

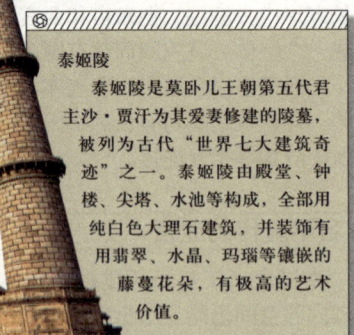

泰姬陵

泰姬陵是莫卧儿王朝第五代君主沙·贾汗为其爱妻修建的陵墓,被列为古代"世界七大建筑奇迹"之一。泰姬陵由殿堂、钟楼、尖塔、水池等构成,全部用纯白色大理石建筑,并装饰有用翡翠、水晶、玛瑙等镶嵌的藤蔓花朵,有极高的艺术价值。

世界之最　美国华盛顿的五角大楼是美国国防部所在地，总建筑面积60.8万平方米，是目前世界上最大的行政建筑。

拿破仑的至爱——枫丹白露宫

枫丹白露宫位于塞纳河左岸的枫丹白露镇，自12世纪上半叶始即为王室行猎、休憩之地，后经数百年翻修、扩建，成了法国历史上著名的国王行宫。

■ 富丽气派的行宫府邸

枫丹白露宫始建于1137年，建筑工程由法国建筑师完成，而内部装饰由意大利艺术家负责。因此，它融意法两国风格于一体，由此形成了建筑艺术史上著名的"枫丹白露派"。

枫丹白露宫

枫丹白露宫是法国最大的王宫之一，坐落于法国北部法兰西岛地区塞纳－马恩省的枫丹白露镇。自1137年始建起，历代君主都对它进行过扩建修缮。

枫丹白露宫现存一座封建古堡主塔、六朝国王修建的王府、五个院落和四座具有四个时代特色的花园。从西到东依次有"白马广场""鲤鱼池""狄安娜花园"等特色景观。

白马广场是宫苑的主要入口，起先为查理六世的王妃伊莎贝尔所建，后经过亨利四世与拿破仑的修建，才形成了今天的风貌。

鲤鱼池是一个面积为4万平方米的人工湖泊。从16世纪开始，宫廷就在这里举行水上娱乐比赛及各类庆祝活动。池内成群的鲤鱼同水上栖息的野鸭相映成趣。

狄安娜花园的名称源于其中的狩猎女神狄安娜雕像。现在的花园带有浓重的英国色彩，是在拿破仑一世和路易·菲利普时期完成的。

■ 拿破仑的辉煌见证

法兰西共和国近代史上著名的军事家和政治家拿破仑与枫丹白露宫可谓机缘甚深：1804年，拿破仑在枫丹白露宫登基，并在此接待了专程前来参加其加冕仪式的庇护七世教皇；1814年，拿破仑又被迫在这里签署了退位诏书。

后来，为了纪念拿破仑及其家人，法国于1986年成立了枫丹白露宫纪念馆。这里展出的绘画、雕塑、室内陈设、艺术品、拿破仑用过的武器及其个人物品等，均反映了这位传奇帝王的点点滴滴，也体现了第一帝国时代丰富的装饰艺术。

拿破仑加冕仪式

1804年12月2日，拿破仑加冕称帝。图中，他正托起皇后的王冠，给跪在主教坛前的约瑟芬加冕，教皇则坐在拿破仑身后，参加加冕仪式的官员、红衣主教和各国使节都列席在旁。

神秘的玛雅文明

世界之最 玛雅人是世界上最早发明"0"的民族，1000多年后，阿拉伯商队才把这个概念从印度带到了欧洲。

- 丛林中的巨石遗迹
- 戛然而止的文明音韵
- 气度非凡的金字塔

玛雅文明是世界文明之苑中一朵耀眼的奇葩。它在中美洲贫瘠的火山高地和茂密的热带雨林中隐藏了近千年，直到最近两个世纪才被人们陆续发现。而它给人类留下的谜，更不知何时才能得到解答。

科潘石雕
在科潘古城的祭坛中，有四个盘腿对坐的祭司雕像，它们身上佩戴着古老的装饰品，手里拿着书，身上还刻有象形文字。

■ 丛林中的巨石遗迹

1839年11月17日，在中美洲洪都拉斯的丛林中，美国探险家史蒂文斯和英国探险家凯塞伍德无意中闯入了一处藤缠蔓绕的古城废墟，这就是玛雅古城科潘的遗址。

坍塌的神庙留下一块块巨大的基石和纪念碑，上面有精美的雕饰和象形文字。石板铺成的马路、路边修砌的排水管，无一不在启示发现者：这里曾经是一个文明高度发达的城市。而从倒塌的石砌民宅与贵族宫殿中，也依稀可见当年的喧杂和欢乐……

■ 戛然而止的文明音韵

玛雅文明是玛雅人于公元前2000年左右至公元800年这段时间在墨西哥湾沿岸及中美洲的热带雨林中所创造的高度发达的古代文明。

玛雅人笃信宗教，崇拜太阳神。他们认为，由奎特查尔凤鸟羽毛和响尾蛇组合而成的羽蛇是太阳的化身，所以他们将"羽蛇神"视为最崇高的神。

然而，就在玛雅文明极盛之时，玛雅城邦却突然被纷纷遗弃了，辉煌的文明也随之戛然而止。至今，玛雅文明失落的原因依然是个不解之谜。

■ 气度非凡的金字塔

可以说，玛雅金字塔是仅次于埃及金字塔的最出名的金字塔建筑了，它们主要被古玛雅人用来举行祭祀和进行天文观测。

位于玛雅蒂卡尔城的美洲豹金字塔是其中具有代表性的一座。该金字塔高56米，占地700平方米，共有9个梯层，因为玛雅人认为，地下冥界共有9层。这也体现了玛雅人的宗教观念。

科潘祭坛金字塔
该金字塔高30米，共有63级台阶。它是由2500块刻着花纹及象形文字的方石块垒成的，有一条宽约10米、长约60米的石梯直通塔顶，每级石阶上都刻着玛雅人的象形文字。

人像石柱
庙宇附近矗立着一座硕大的人像石柱，上面雕刻有各种图案。据研究，它可能和古玛雅人的祭祀活动有关。

- 令人惊叹的数学体系
- 超越时代的天文历法

世界之最 玛雅人最崇拜的神是太阳神。另外，他们还崇拜雨神、五谷神、战神、风神、玉米神等。

历史文化篇

库库尔坎金字塔
库库尔坎金字塔是玛雅文明前古典期晚期（公元前800～前200年）的重要文化遗址之一。其底座呈正方形，阶梯分别朝着正北、正南、正东和正西，四周各有91层台阶，加起来一共364级台阶，再加上塔顶的羽蛇神庙，共有365阶，正好象征一年的365天。金字塔上52块有雕刻图案的石板则象征着玛雅历中52年为一轮回。

蒂卡尔城中最高的金字塔为75米，站在塔顶可眺望古城全貌。令人惊奇的是，该金字塔斜度达70度，外形有如欧洲哥特式教堂，奇峭大气，因而又有"丛林大教堂"之称。

■ **令人惊叹的数学体系**

玛雅人创造了一个被称为"人类头脑最光辉的产物"的数学体系。玛雅人早就知道了相对值的用处及二十进位法，他们把大数目以纵行表示，从最下面起向上念，垂直进位，由一而二十，由二十而四百，由四百而八千……这个计数法的根据何在？目前还没有人能够回答。

玛雅人还发明了一种仅使用三个符号（代表1的一点、代表5的一横、代表0的贝形符号）来表示任何数字的计数法。最让人惊叹的是，世界上最早发明"0"的民族就是玛雅人，这比阿拉伯商队横越中东的沙漠把这个概念从印度带到欧洲要早1000多年。

■ **超越时代的天文历法**

玛雅人的历法是奇特而精准的。他们把一年分成18个月，每月20天，年终再加5天为禁忌

日，合为365天。他们测算的地球年是365.2420天，现在的准确计算值是365.2422天，也就是说，二者误差不过0.0002天！他们测算的金星年是584天，和现代的测算值相比，误差只有7秒。

玛雅人掌握天文知识的深刻程

科潘武士雕像
科潘是古代玛雅人的宗教和政治中心之一，其遗址中用于祭典神灵的石雕随处可见。图中这座风格独特、表情惊异的武士雕像，可能是古玛雅人祭祀活动中的守卫。

度还体现在他们的建筑中。奇琴·伊察天文台是代表玛雅文明的最古老的圆形建筑物，其上建有观察窗，但这些观察窗并不对准夜空中最明亮的星星，而是对准人们肉眼根本无法看见的天王星和海王星。然而，天王星是1781年发现的，海王星是1846年发现的。千百年前的玛雅人是怎么知道它们存在的呢？这实在让人惊叹不已。

玛雅饰武士像的彩绘罐
此彩绘罐为玛雅文明后古典期晚期（大约公元550～900年）的作品，彩绘烧陶，高34厘米，宽30厘米，现被宝尔文化艺术博物馆收藏。

世界之最 868年中国唐代雕刻的《金刚经》上的一幅木刻版画《说法图》是世界上最早的版画。

▶ 纳斯卡地画的发现
▶ 神秘的纳斯卡地画

秘鲁纳斯卡地画的奥妙

在秘鲁南部广袤的荒原上，分布着一些卵石和碎石块堆成的长垄，它们中有的形成长长的一条直线，有的却莫名其妙地拐了弯……虽然人们早就知道它们存在，但始终猜不透其存在的意义。

直到1939年的一天，学会飞行的现代人才突然发现，这些垄堆竟然是只有在高空中才能看到全貌的无比巨大的图画。

纳斯卡木乃伊　纳斯卡古代墓葬出土的木乃伊与埃及木乃伊的制作方法不同。纳斯卡木乃伊都是自然形成的，这与当地干燥的气候有极大关系。

■ 纳斯卡地画的发现

1939年，纽约长岛大学的保罗·科孛克博士正在纳斯卡地区研究古印第安人的灌溉系统。当他驾着小型运动飞机沿着古代引水系统的路线飞越干涸荒原的上空时，竟然发现地面上有一幅巨大的平行跑道似的直线图画！他激动不已："我发现了世界上最大的天书！"

科孛克博士这个惊人的发现震惊了考古学界，也使各地的考古学家们陆续来到了纳斯卡高原。他们不仅发现了更多的直线条和弧线图案，还在沙漠地面上和相邻的山坡上发现了巨大的动物形体图案。

■ 神秘的纳斯卡地画

纳斯卡高原上的地画，几乎每一幅都规模宏大、精致严谨。更令人称奇的是，这些画全都是用难度极大的"一笔画"的方法"画"出来的。

一幅兀鹰图长达135米，翼展宽达128米。一幅蜥蜴图长度竟然将近200米。还有一幅巨大的卷尾猴图，长达130米，由一连串几何图形构成：卵石堆砌成线条，越过山丘，穿过沟渠，通过一切阻碍，精确无误地勾勒出猴子的身形。

长达46米的蜘蛛图是纳斯卡地画中最耐人寻味的图案之一。图画十分准确地勾勒出蜘蛛的体形，但这种蜘蛛并非产于纳斯卡当地，而是一种十分罕见的"节腹目"蜘蛛，它只生存在亚马孙河流域最偏远、最隐秘的森林中。可是，远古的纳斯卡人为什么要画一只产于千里之外的蜘蛛呢？

纳斯卡高原巨型蜂鸟图案　科学家无意中发现，荒凉无比的纳斯卡高原谜团重重，除了那些不知何为的线条外，还有许多巨大无比的动物图案。图为长约300米的巨型蜂鸟图案。

- 谁是巨画的主人?
- 探寻地画制作的奥秘
- 纳斯卡地画是供水系统图吗?

世界之最 中国香港香格里拉酒店的《大好河山》壁画长51米、宽14米,是目前世界上最大的酒店壁画。

历史文化篇

纳斯卡地画的发现在给世人带来震惊的同时,也带来了巨大的疑问:在这种不适合人类居住的沙漠化环境中,这些巨大无比的地画的制作者到底是谁?它们究竟是怎么被制作出来的?人们制作这些地画又是出于什么目的?

■ 谁是巨画的主人?

1983年,一支意大利考古队在纳斯卡地区发现了大量的陶器,这些陶器上都装饰着一些动物图案。而这些图案与地画图案相同,这使人们相信,这些神秘的地画正是古纳斯卡人所作。

那些陶器是考古学家在线条所处的地层里找到的,因此纳斯卡地画的年代与陶器的年代是非常接近的。通过对陶器的碳14测定,人们得知了陶器的年代,从而也就间接得出了纳斯卡地画的制作年代,即为公元前200年到公元300年。

纳斯卡动物图案的临摹图

在纳斯卡的沙漠地面和相邻山坡上,人们发现了更多更复杂的动物图案。根据拍摄的照片临摹下来的这些图案,除了蜂鸟和卷尾猴外,还有飞鹰、蜘蛛、蜡烛台、猎狗、树木等。但人们对它们所蕴含的实际意义仍不得而知。

甚至更大的土地上的呢?他们又是怎样在施工过程中保证图案不变形或走样呢?

因此,有人认为,这些巨画是按照空中的投影在地面上制作的。但是,古代纳斯卡人又怎样在空中进行投影呢?

■ 纳斯卡地画是供水系统图吗?

美国麻省理工大学研究员戴维·约翰逊多年来一直在研究纳斯卡地区的古代灌溉系统。他认为,这些巨大的地画是纳斯卡人用来记录地下水源位置的标记,是古纳斯卡人绘制的供水系统图。

根据纳斯卡地区出土的陶器和织物上的图案,可以推想,古代纳斯卡地区的社会是由许多不同的家族组成的。当安第斯山上珍贵无比的水顺着天然断层流淌下来时,各家族之间为了争夺水资源,曾发生多次惨烈的战争。最终,大家商定将纳斯卡地区的水渠分割,分别为不同的家族所有。为了区分各自的水源地,每个家族根据水流的方向和范围,在地面上绘出了自己家族所独有的族徽。于是,陶器上的蜘蛛、猴子、巨鸟等图案便出现在了纳斯卡高原的大地上。

但这个说法仍有待考证。

■ 探寻地画制作的奥秘

那么,这些巨画究竟是怎样制作出来的呢?

有人认为,古代纳斯卡人可以先在图纸上设计图案,确定弧线、中心点和辐射线的适当比例后,再将图案按比例放大到地面上。然而,古纳斯卡人是怎样将图纸上的图案放大到1万平方米

纳斯卡灌溉系统

纳斯卡高原干旱少雨,古代纳斯卡人对水有着天生的渴求和崇拜。他们精心修筑的灌溉系统,既能达到灌溉农作物的目的,也能储水以满足人们生活的需要。

世界之最　产生于3000多年前的奥尔梅克文明是中美洲最古老的文明。

- 古老文明神秘现身
- 3000多年前的文明火花
- 玄妙的巨石头像

中美洲最古老的文明——奥尔梅克文明

3000多年前，中美洲墨西哥海湾的炎热海岸上，一个神秘的民族在几个世纪的时间里成就了一种灿烂辉煌的文明——奥尔梅克文明。奥尔梅克文明享有"中美洲文明之母"的美誉。

龙形神像
出土于奥尔梅克文明遗址。这尊龙形神像以翡翠为原料，雕刻精细，造型独特，与中国龙的传统形象有几分相似。

波特斯文化出现最晚，约为公元前500至前100年。

由这三个文化点组成的奥尔梅克文明的影响不仅仅局限于墨西哥本地，而是遍及整个中部美洲地区。奥尔梅克人曾在高原上大兴土木，他们还发明了象形文字、数学和历法。这一切，都体现了奥尔梅克人高度的智慧和创造力。

■ 古老文明神秘现身

1938年，墨西哥考古学会的一支考古队在拉文塔族森林里发现了11颗巨石头像，其中最重的一个达20吨。

之后，考古学家们又在墨西哥湾沿海地区发现了两处遗址：一处是拉文塔，另一处是特雷斯·萨波特斯。根据测定，两种文化最晚出现于公元前100年，这是当时发现的中美洲最早的文明遗址。

20多年后，又一重要遗址——圣洛伦佐遗址被发现。这三处遗址所在地都是古代墨西哥的奥尔梅克人居住的地方。从此，奥尔梅克文明的"内幕"逐渐为世人所知。

■ 3000多年前的文明火花

三个文化发展繁荣期有先有后，相互衔接：圣洛伦佐文化最早，约出现于公元前1200至前900年间；拉文塔文化约出现在公元前900至前600年间；特雷斯·萨

玉石面具
奥尔梅克玉石面具面部表情丰富，琢磨细腻，显示了奥尔梅克人高超的玉器制作技术。

■ 玄妙的巨石头像

1938年发现的"奥尔梅克巨石头像"是奥尔梅克文明中最著名的艺术品。这些头像都由整块玄武岩雕成，构思精巧，具有极强的写实性。

奥尔梅克武士头像
这个头戴饰有花纹头盔的武士，厚唇塌鼻，是典型的非洲人长相，眉目之间冷峻严肃，好像将要出征的样子。

14个巨石头像中，最大的是一个青年的头面雕像，高3.05米左右，重达30吨，生动逼真。雕像鼻子扁平，嘴唇厚大，眼睛半睁且呈扁桃状，眼皮显得十分沉重，其面部特征很像非洲人，头上一顶装饰有花纹的头盔遮住了两耳。

考古学家认为，该头像可能是当时奥尔梅克人领袖的雕像。

- 黄泉大道与蝴蝶宫
- 举世闻名的金字塔
- 神秘的黄泉大道与星象

世界之最 位于西经175°12′的汤加王国的首都努库阿洛法是地球上最后看见太阳落山的城市。

历史文化篇

美洲的"黄泉大道"

美洲的著名古城特奥蒂瓦坎城中，有一条纵贯南北的宽阔大道，它就是闻名世界的"黄泉大道"。

■ 黄泉大道与蝴蝶宫

黄泉大道全长4000米、宽45米，就像珍珠引线一样将特奥蒂瓦坎古城的主要建筑连成一体。大道南端为古城的大建筑群，是宗教、贸易和行政管理中心；对面是占地6.75万平方米的城堡，里面有一座羽蛇神庙。

黄泉大道北端西侧的蝴蝶宫是当时古城中最繁华的地方。蝴蝶宫里的壁画完整无损，至今还保持着原来的鲜艳色彩。宫内大厅的石柱上刻满了精致的蝶翅图像。

■ 举世闻名的金字塔

黄泉大道的东面和北端矗立着两座巍峨壮观的金字塔：太阳金字塔和月亮金字塔。这两座金字塔都是用沙石和泥土垒砌而成的，表面覆盖着石板，里面分别供奉着太阳神和月亮神。当太阳从东方升起照在镶嵌着金银饰片的神像上时，神像便会放射出神圣的光芒，美丽无比。

■ 神秘的黄泉大道与星象

1974年，一位名叫休·哈列斯顿的人在特奥蒂瓦坎城遗址中找到了适合测量所有建筑和街道的单位，该单位的长度为1.059米。

哈列斯顿用"单位"测量黄泉大道两侧的神庙和金字塔遗址时，发现了一个更加惊人的情况：黄泉大道上这些遗迹的距离，恰好表示太阳系行星的轨道数据——地球和太阳的距离为96个"单位"，和水星的为36个，和金星的为72个，和火星的为144个。城堡背后有一条运河，运河的中轴线为288个"单位"，这正好是火星、木星之间小行星带的距离。而距轴线520个"单位"处有一座无名神庙的废墟，这相当于从太阳到木星的距离……

黄泉大道

黄泉大道在今天的墨西哥城东北大约25英里处，具体位置为西经99.1度，北纬19.5度。10世纪时，最先来到这里的阿兹特克人沿着这条大道进入古城时，发现全城空无一人，他们便认为大道两旁的建筑都是众神的坟墓，于是就给它起了"黄泉大道"这个名字。

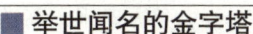

太阳金字塔

太阳金字塔是特奥蒂瓦坎人祭祀太阳神的地方。整座建筑显得非常宏伟，呈梯形，坐东朝西，正面有数百级台阶直达顶端。塔的基址长225米，宽222米，塔高66米，共有5层，体积达100万立方米。

| 世界之最 | 位于东经179°13′的英属岛国图瓦卢的首都富纳富提是地球上最早看见太阳升起的城市。 |

▶ 离太阳最近的城市
▶ 印加文化的摇篮
▶ 巍然屹立的古堡

印加文化的摇篮——库斯科城

坐落于秘鲁东南部安第斯山谷中的库斯科城，曾是印加帝国的统治中心。秘鲁人称其为"安第斯山王冠上的明珠"，它现已被联合国列为"世界文化和自然遗产"。

■ 离太阳最近的城市

库斯科，印第安语的意思是"离太阳最近的城市"，其海拔为3400米。关于它的建立，有一个美丽的传说：太阳神创造了一对男女，分别命名为曼科·卡帕克和玛玛·奥柳。两人结为夫妻后，就带着族人在神的指引下来到库斯科盆地定居下来，并建立了印加王国。太阳神的子孙们就这样在此繁衍生息。

此后，历代印加帝王不断扩张领土，至第9代帝王帕查库提（1438—1471年在位）时，印加帝国已成为南美洲历史上的空前大国，被后人誉为"美洲的罗马"。库斯科城作为印加帝国的政治、经济、文化和宗教中心，被印第安人视为神圣之地。

■ 印加文化的摇篮

以首都库斯科为中心，印加帝国不同的风俗文化在这里交汇融合，所以库斯科城便成了印加帝国的缩影，也被称为"印加文化的摇篮"。

印加人在天文、历法和数学领域均达到了相当高的水平。在库斯科，印加人在城东、城西分别建有四座天文观象台，中心广场另设一座。根据长期的观测，印加人测得地球运行周期是365天零6小时，并据此制定了太阳历。印加人还有一种阴历，一年为354天，这是根据对月亮的观测结果制定的。与玛雅人不同的是，印加人的数学采用的是10进位制。

印加人的建筑艺术更是让世人惊叹，库斯科的太阳神庙就是其中的典范。太阳神庙被称为"黄金花园"，非常宏伟，全部用巨石砌成，墙角均贴有金板，过道用黄金铺就，连门也是用黄金制成的。可以说，整座太阳神庙就是一个用黄金堆起来的"金窟"。

■ 巍然屹立的古堡

为了护卫首都，印加人还在库斯科城周围建起了许多巨石堡垒，其中以萨克塞华曼古堡最为有名。这座古堡占地约4平方千米，高18米，外围围墙全长540米。整座城堡共用了30多万块石料，这些石料全都是重达数十甚至数百吨的巨石，最大的石块高9米、宽5米，重约361吨。这些石块被精细地雕成多角形后，再巧妙地拼合在一起，手法轻巧流畅，缝隙细如发丝。

1950年，库斯科地区发生了强烈地震，许多建筑都轰然倒塌，而萨克塞华曼古堡却安然无恙。

> **库斯科天主大教堂**
> 库斯科天主大教堂位于库斯科市中心，建在原来的维拉科查宫殿遗址上。

庞贝古城的毁灭

世界之最 意大利罗马的弗拉维圆形剧场是世界上现存最大的古代圆形剧场，占地约2万平方米。

在意大利半岛西南角的坎佩尼地区，有一座历史悠久的古代名城——庞贝城。它曾经是罗马富人寻欢作乐的胜地，是一座人口超过2.5万的酒色之都，它也曾经是一座背山面海的避暑之城……

然而，就在一夜之间，这一切都灰飞烟灭了！

庞贝遗骸
图为庞贝古城中被火山灰掩埋的人类遗骸。维苏威火山爆发，酿造了历史上空前的惨剧，庞贝全城超过2.5万人皆命丧黄泉，繁华古城从此深埋地下。

■ 一锄掘出千古奇观

1748年春天，一名叫安得烈的农民在用锄头深挖自己的葡萄园时，意外地掘出了一个金属柜子。他打开一看，里面竟是一大堆熔化、半熔化的金银首饰及古钱币！

消息一传开，人们都联想到了关于庞贝城失踪的传说。于是盗宝者蜂拥而至，一批批历史学家与考古专家组成的考古队也来了。

意大利政府于1876年开始组织科学家对庞贝古城进行正规有序的发掘，不久，这座古城终于重见天日。

■ 令人惊叹的古城遗迹

公元前10世纪，庞贝还只是一个小部落，庞贝人主要以农业和渔业为生。公元前6世纪，希腊人征服了这一地区，并将它作为海上商道的一个重要据点。后来，庞贝屈服于罗马强大的军事威胁，成了一个繁华的罗马城市。

庞贝古城略呈长方形，面积1.5平方千米，城区有城墙环绕，四面设置城门，城内街巷纵横，路面用碎石铺成。主街道宽10米，铺着平坦的石板，两侧为人行道，中间走车。金属车轮滚碾石板路面所留下的辙痕，至今使人不难想象当年这条街上是何等的繁华。

■ 比罗马大剧场还古老的角斗场

庞贝古城的东南角是规模宏大的露天角斗场。它呈圆形，周围是阶梯状看台，可容纳20000名观众，这个数字相当于当时整个庞贝城的人口数。而从时间上来说，它建成于公元前70年，比罗马的圆形大剧场还要早40年。

■ 千年古城一夜消失

公元79年8月24日清晨，庞贝城北面的维苏威火山突然爆发了。瞬息之间，火山喷出的灼热岩浆遮天蔽日，四处飞溅；滚烫的火山灰铺天盖地地降落到庞贝城之上；令人窒息的硫黄味弥漫在空气中……

18个小时之后，约100亿吨的浮石、岩石和火山灰将庞贝城"包裹"得密不透风。大自然毫不犹豫地将庞贝城从地球上抹掉了，古罗马帝国最繁荣的城市之一——庞贝就这样被毁灭了。但庞贝城却以瞬间痛苦的毁灭为代价，穿越了千余年的时空，给现代人留下了一个灿烂又悲壮的不朽文明！

庞贝古城遗址
庞贝古城被称为"天然的历史博物馆"，人们至今只发掘出1/3，其余部分仍然埋在地下。看着庞贝古城的街道和古宅，会产生一种繁华落去、怅惘无尽的惋惜之情。

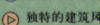

世界之最 建于1958年的东京铁塔高332.6米，是世界上最高的自立式铁塔。

▶ 两次暂停的建造历史
▶ 独特的建筑风格

斜而不倒的比萨斜塔

1590年，出生在比萨城的意大利物理学家伽利略站在比萨斜塔上，将两个重量不等的球体从相同的高度同时扔下，结果两个球体同时落地。通过这一实验，伽利略一举推翻了古希腊著名学者亚里士多德提出的重的物体会先到达地面、落体的速度同它的质量成正比的观点。

这个著名的实验，也使得比萨斜塔一时名噪全球。但比萨斜塔的名声之所以经久不衰，主要还在于它那独特的斜而不倒。

■ 两次暂停的建造历史

比萨斜塔位于意大利中部比萨古城内的教堂广场上，是古罗马建筑群中的一座独立式钟楼。它的建造完全遵循了最初的设计，历经约200年才完工，但它的设计者是谁，却至今未明。

作为比萨大教堂的钟楼，比萨斜塔于1173年8月9日动工，当时的设计是垂直竖立的，塔身为8层，高54.8米，具有独特的白色闪光的中世纪风格，因此即使它后来没有倾斜，也将会是欧洲最值得注意的钟楼之一。1185年，当钟楼兴建到第4层时，建造者发现它已经开始偏向东南方倾斜，工程因此暂停。其间的1198年，人们在塔内悬挂了一个撞钟，这标志着钟楼虽然倾斜了，但它作为钟楼的初衷还是实现了。

1231年，工程继续。建造者采取各种措施修正倾斜，刻意将钟楼上层搭建成反方向的倾斜，以补偿已经发生的重心偏离。1278年工程进展到第7层的时候，塔身不再呈直线，而呈凹形。于是工程再次暂停。

1360年，在工程停滞了差不多一个世纪后，钟楼开始了最后一次重要的修正。1372年，摆放钟的顶层完工。54米高的8层钟楼上共有7口钟，但是由于钟楼时刻都有倒塌的危险，钟一次也没有被撞响过。

伽利略

1590年，出生在比萨城的意大利物理学家伽利略曾在比萨斜塔上做了自由落体实验。他将两个重量不同的球体从相同的高度同时扔下，结果两个球体同时落地，由此发现了自由落体定律。

■ 独特的建筑风格

毫无疑问，比萨斜塔是世界建筑史上的一件重要作品。在发生严重的倾斜之前，它大胆的圆形设计已经向世人展现了它的独创性。虽然在更早年代的意大利钟楼中，采用圆形地基的设计并不少见，但是，比萨钟楼却是独立于这些原型的。它在借鉴前人建筑经验的基础上，独立设计并对圆形建筑作了发展，最终形成了独特的比萨风格。

比萨斜塔

比萨斜塔位于意大利托斯卡纳省比萨城北面的教堂广场上。比萨斜塔是比萨城的标志，它和相邻的大教堂、洗礼堂、墓园一起对11世纪至14世纪的意大利建筑艺术产生过巨大影响。1987年，比萨斜塔被联合国教育科学文化组织评为世界遗产。

- 不断倾斜的原因
- 斜而不倒的建筑奇迹

世界之最 加拿大国家电视塔高553.3米，是世界上最高的独立式建筑物。

历史文化篇

比萨钟楼的圆形设计，是为了同一旁的大教堂建筑形成反差，同时又相对应，因此是有意模仿教堂半圆形后殿的曲线设计的。更重要的是，钟楼与整个广场对圆形结构的强调是一致的，尤其是在宏伟的同样是圆形的洗礼堂奠基以后，整个广场更像是有意被设计成耶路撒冷复活教堂的现代版本。这种设计思路正来源于经典的古代建筑。

钟楼的装饰继承了大教堂和洗礼堂的经典风格。墙面用大理石或石灰石砌成深浅两种白色带，半露方柱的拱门、拱廊中的雕刻大门、长菱形的花格平顶、拱廊上方的墙面在阳光的照射下形成光亮面和遮阴面的强烈反差。这样一来，大教堂、洗礼堂和钟楼之间就形成了视觉上的连续性。

■ 不断倾斜的原因

过去，人们曾一度认为比萨斜塔倾斜是意大利建筑师有意为之，用来显示自己高明的建筑技艺，后人不解其中奥妙才会大惊小怪。但是现在，人们清楚地知道，事实并非如此。

比萨斜塔之所以会倾斜，是由于它地基下面的土层很特殊。比萨斜塔下的土层由各种软质粉土的沉淀物和非常软的黏土相间形成，而其下深约一米的地方则是地下水层。这个结论是在对地基土层成分进行观测后得出的。

最新的挖掘研究表明，比萨斜塔建造在古代的海岸边缘，因此土层在它开始建造时便已经沙化和下沉了。

■ 斜而不倒的建筑奇迹

为了确保游人的安全，也为了保护比萨斜塔这一罕见的古迹，避免其因过度倾斜而倒塌，意大利政府不得不于1990年取消了比萨斜塔对外开放的规定，同时，加固和纠偏工程也自此开始。经过12年耗资约2500万美元的修缮，斜塔在一定程度上被扶正，基本达到了预期的效果。专家认为，只要不出现不可抗拒的自然因素，经过修复的比萨斜塔300年内不会倒塌。

2001年12月15日，比萨斜塔再次向游人开放。据说，其高峰期平均每天的游客多达10万人之众，而整个比萨小城的常住人口也不过10万。

如今，比萨斜塔已经成为比萨城的标志。1987年，比萨斜塔更因它对11世纪至14世纪的意大利建筑艺术产生过巨大影响而被联合国教育科学文化组织评为世界遗产。

> **比萨斜塔和大教堂**
> 意大利比萨大教堂是意大利著名的宗教文化遗产，是意大利罗马式教堂建筑的典型代表。
> 比萨斜塔不过是大教堂的一个钟楼，然而它特殊的外形和建造过程却使得它喧宾夺主，更为著名。